给变革一个空间

《经济社会体制比较》创刊30周年纪念丛书

丛 书 主 编：周红云
丛书副主编：刘 英

Government Reform and
Public Administration

政府改革与
公共治理

龙宁丽◎主编

中央编译出版社
Central Compilation & Translation Press

目 录
Contents

第五辑　地方治理创新

序 一

《经济社会体制比较》创刊回顾 *

荣敬本**

一、《经济社会体制比较》杂志创办的缘由

《经济社会体制比较》杂志创办于 1985 年，到现在正好 30 年。在杂志创办的前一年，正好中共中央通过决议，肯定了以公有制为基础的有计划的商品经济，这个决议在当时意义非常重大。是否发展商品经济，新中国成立以来在理论界一直存有争议。因此，1984 年党的十二届三中全会通过了被邓小平同志称为马克思主义基本原理和中国社会主义实践相结合的《中共中央关于经济体制改革的决定》，对当时的经济体制比较研究起到了关键作用。

新中国成立后，我们大都怀着革命的理想，从事马克思主义政治经济学的研究。但现实中，却出现了实践和理论相背离的现象。作为以翻译《马克思恩格斯全集》为己任的中央编译局，最早是从事马克思恩格斯著作翻译的。

---

 * 为纪念《经济社会体制比较》创刊 30 周年，杂志社对荣敬本教授进行了访谈，本序是根据访谈录音整理而成，原载于《经济社会体制比较》，2015 年第 5 期。

 ** 荣敬本，中央编译局世界发展战略研究部研究员，《经济社会体制比较》创刊主编之一。

但从建局伊始，中央编译局的领导就强调理论和实践相结合，翻译和研究相结合，并于1985年成立了专门研究马克思主义的研究所，即当代马克思主义研究所。时任中央编译局局长的王惠德同志多次指出，马克思主义的生命力在于不断创新，对传统的社会主义理论需要重新认识，局领导们也认为中央编译局的发展在于"走出36号院"。因此，中央编译局的领导派我到中国社会科学院经济研究所做访问学者，从事经济体制改革的研究工作。当时经济研究所的刘国光所长和董辅礽等同志给予了很大的支持，吴敬琏、赵人伟老师提出研究比较经济学，首先要搜集一些比较经济学方面的研究资料。我记得我最早搜集的资料是一本关于比较经济学的书，书里面有一个明确的提法："主义"的比较已经过时，应该用比较的方法来研究体制。因此，在经济体制的比较研究中，应该摒弃"主义"的简单对立方法，对发达国家和发展中国家的经济体制采取比较借鉴的方法，去探索适合我国经济发展的经济体制。在开展经济体制比较研究时，我们把一些比较经济学的重要文献翻译过来，汇编成册，供大家研究。与此同时，经济研究所也邀请了一些东欧国家最早主张对苏联计划经济体制进行改革的经济学家到中国访问讲学。这些讲学材料和有关著作，依靠中央编译局的翻译力量很快译成中文，并向中央有关部门作了报告。

在比较研究中，我们发现，经济体制的差异归根到底是资源配置方式的差异，也就是说，是按市场配置资源还是按行政命令配置资源。在经济所访学期间，我们曾到深圳去调研，那时刚刚改革开放，火车站内全是从香港运来的产品。根本问题在哪？在于我们的企业没有自主权，只是按照行政命令而不是市场需求来确定生产的产品和数量，企业缺乏激励和动力，提供的产品不是消费者所需要的。

因此，在中央经济体制改革决定的大背景下，当时分管中央编译局研究工作的副局长林基洲同志和常务副局长顾锦屏同志建议我们主办一个刊物，以便开展更广泛系统的比较研究，探索中国的经济体制改革，丰富和发展马克思主义。林基洲同志多次主持召开座谈会研究办刊的问题，刊物的名称也是经过多次反复的讨论。大家都赞成要突出"比较"，但在刊物名称上，当时提出了两种方案：一个是"比较社会主义"，另一个是"经济社会体制比较"。前一个名称容易陷入"主义"的比较，后一个名称虽然太长，不容易为人们所理解，但考虑到经济社会体制是经济社会形态的具体组织形式，通常包括经济体制、政治体制和文化体制。我们相信，随着时间的推移，我国经济社会体制改革必将成为时代的主流，成为推动我国经济、社会、政治和文化发展的动力。因此，经过讨论，大家同意采用"经济社会体制比较"这个刊名，现在回想，这个刊物的名称不仅具有前瞻性，而且经受住了考验。

在确定刊物名称后，就进入了紧张的筹备工作。在当时，办刊物本身就存在很多困难，主要有三大困难，或者说是三大风险：一是政治上的风险，万一犯错误怎么办？二是经济上的风险，如果办刊物亏损怎么办，谁来承担这个风险呢？三是工作风险，谁来做，谁来编，如果自己做，那么意味着编者要额外承担很多工作，翻译、编辑、出版、发行等，纷繁复杂。但是，回头一想，我们为发展商品经济已经冒了很大的风险，现在中央给了很好的有利条件，我们要相信党。经济困难虽然有，但是如果能得到社会资助，困难可以克服。至于工作风险，一些青年人表示他们会大力支持。吴敬琏老师当时也很支持，说任何报酬都不要，要把杂志办好。因此，在中央编译局领导和社会各方的大力支持下，《经济社会体制比较》于1985年面世了。

二、比较杂志的办刊宗旨——理论联系实际

杂志在创刊之初目标就很明确，不搞"主义"的比较，不去评论社会主义好还是资本主义好，而是要作体制的比较研究，通过各个体制的比较来吸取经验，探索中国如何从计划经济走向商品经济、市场经济，也就是说怎样从原来的计划经济过渡到市场经济。

《经济社会体制比较》杂志创刊时以经济体制改革的总体思想为基础开展研究，系统介绍了东亚新兴工业化国家和地区、拉丁美洲国家从管制经济向市场经济转轨过程中的经验和教训，同时还翻译和刊载了以这些经验教训为蓝本的经济学重要文献。在比较研究的基础上，杂志当时围绕我国的经济体制改革组织刊发了一系列文章，提出我国的经济体制改革是一项复杂的系统

工程，包括价格、金融、财税、外贸、劳动、企业等方方面面的改革。同时，改革也会涉及各方面的利益调整，必然会引起社会各方面的波动，因此维持社会稳定对改革顺利进行意义重大。要保持社会稳定，需要注意三个方面的问题：控制总需求，防止通货膨胀；加强法制建设，惩治腐败；调整收入分配政策，防止收入不合理扩大，等等。

这些论文在当时影响很大，也引起了体改委领导的重视，时任体改委副主任的安志文同志曾召开座谈会，并把《经济社会体制比较》杂志推荐给其他相关部门。我们在座谈会上主张财税、价格联动改革。但是改革并不是一帆风顺的，后来大家主张价格改革，在讨论价格改革怎么改的时候，有的学者主张实行价格双轨制，但这样又产生了寻租现象。因此，从1988年起，我们就组织了关于寻租问题的讨论，把"寻租"这个概念引入到国内来，并指出"寻租"是我国改革进程中某些官员腐败的根源。当年关于寻租问题的讨论引起了社会的关注，有关寻租问题的文章和资料于1989年汇编成《腐败：权力和金钱的交换》一书出版，成为研究腐败问题的重要参考文献。

企业改革是《经济社会体制比较》杂志在20世纪80年代关注的又一个焦点问题。杂志当年曾刊登过一篇文章，问："中国有企业吗？"答案是否定的。不久，杂志又在国内首先发表了科斯的著名论文《论企业的性质》，由此引入对企业性质的探讨。构成企业最重要的因素是产权明晰，而我们的国企名义上产权属于国家，但实际上产权是模糊不清的。关于企业改革，当时各方意见不一。有人提倡承包制，因为农村实行承包制取得了成功，那么是不是承包制进城，就能取得成效？但企业的承包远非那么简单。因为企业的承包关系到企业包给谁，如何监督，在缺乏监督的情况下会造成更严重的腐败。所以我们一开始就反对搞承包，因为"承包制"解决不了产权明晰问题，不是国企改革的方向。那时的青年学者周小川发表了很多文章讲法人资本主义，提出对资本主义的企业管理，不要关注它姓资姓社，西方国家的企业管理形式是可以研究的。我们当年对企业管理形式的讨论是很有意义的，还多次专门召开了企业家座谈会。参会的不仅有学者，还有各类企业如国企、乡镇企业和民营企业的代表。

1988 年的企业座谈会在江门召开，与会学者指出，不改变原来的所有制形态，很难推行面向市场竞争的企业改革。那时有人提出搞企业承包制，但搞企业承包，负面作用很大，也许暂时会收到效果，但长远不行。周小川提倡法人资本主义，研究现代化的企业管理。当时国内很多有名的企业领导都来参加江门会议。我们讨论了一个问题，中国有企业家吗？当时得出的结论是中国没有企业家。没有企业创新，何来企业家呢？没有企业家，又如何能办好企业呢？企业都是依指令定生产，缺乏创新精神。所以杂志主张，真正地实行现代化的、科学的、产权明晰的、有科学管理的企业制度。这个议题我们当时讨论了很多很多，认为不能说姓资姓社，对计划经济和市场经济不能评判姓资姓社，股份制企业不能说它姓资还是姓社，更不能否定西方的企业管理制度，要好好学习借鉴。

1988 年在庐山召开的企业家座谈会更明确地指出，企业改革的方向应该是产权明晰，建立有利于资产保值增值的现代股份公司，只有把企业改造成为现代股份公司，才能使企业真正成为在市场经济中展翅的雄鹰。杂志后来还曾在苏州召开座谈会，陈清泰和楼继伟都参加了会议。会后我们到了上海，时任市长的朱镕基接见了我们，他明确地告诉我们，有些人不懂经济，你们可以大胆地搞。碰巧的是，我们这次上海之行还见到了上海前市长汪道涵同志，他看了我为杂志出版的《腐败：权力和金钱的交换》一书所做的序言，说写得很好。在诸位领导的肯定和鼓励下，我们《经济社会体制比较》杂志此后放心地在市场经济的道路上继续前行。

三、开展政治体制改革研究

随着经济体制改革的深入，我们预感到政治体制改革也必将提上日程，因此有必要对中国的政治行政体制的改革展开深入研究。1996 年初，在福特基金会的支持下，我们以杂志为中心，组织了中央编译局当代马克思主义研究所的一些研究精英，成立了"县乡人大运行机制研究"课题组。考虑到研究的问题在当时比较敏感，因此，在反复讨论后，我们决定从县乡两级政府入手。课题组的调研选择在河南省的新密市进行,除了在新密市走访市级党政部门外,课题组还分别去当地的一些乡镇作实地调查。在新密的调查中,当地官员经常提到三句话:"加压驱动","热锅理论"(形容官员是热锅里的蚂蚁,必须不断运动来避免被灼伤),"一手乌纱帽、一手高指标"。显然,这三句话形象地描绘出基层政府运行的基本模式。上级给下级施压,制定各种指标,完成指标就可以提拔,但如果没有完成指标就要被降级、处罚,实行一票否决制。我们在《经济社会体制比较》1997 年第 4 期上发表了课题的研究报告之一:《县乡两级的政治体制改革:如何建立民主的合作新体制》,提出了"压力型体制"这一概念,并将其定义为"一级政治组织(县、乡)为了实现经济赶超,完成上级下达的各项指标而采取的数量化任务分解的管理方式和物质化的评价体系"。课题组的总报告又对"压力型体制"的运行过程展开了分析,认为"压力型体制"是中国计划经济中的动员体制在现代化和市场化压力下的延续,是经济转轨过程的产物。1998 年,课题组将其研究报告汇编成书,以"从压力型体制向民主合作体制的转变"为书名,由中央编译出版社出版。"压力型体制"这一概念出来以后,在当时获得了学术界,尤其是刚刚兴起的农村问题研究领域学者的认可。

四、寄语未来

与以往相比,杂志现在所处的境况要好得多,领导也非常重视。尽管也存在一些困难,但机会和机遇也很多。因此,在杂志未来的发展中,比较研究的视野可以更开阔些,不仅要研究分析发达国家的经验,也要研究分析发展中国家的经验和教训,比如阿拉伯世界和伊斯兰文化,很多问题都非常值得研究。此外,我们国家农业人口占比很大,农村地域广阔,三农问题的解决与否关系到我国未来的发展,因此,要理论联系实际,从经济、政治、社会和文化等角度加强对农业和农村问题的比较研究。

总之,希望杂志在回顾发展历史、总结以往经验的同时,在未来能把《经济社会体制比较》杂志办得更精彩、更有影响。

序 二

比较经济学的过去与未来*

[匈牙利] 雅诺什·科尔奈**

　　在《经济社会体制比较》杂志创刊 30 周年之际，我对杂志的编辑和读者表达真挚的祝贺。《经济社会体制比较》杂志在中国过去几十年发生的伟大变革中发挥了巨大作用，对精神生活的复兴，以及源自全球社会科学新思想的传播都作出了贡献。关于此，我还想说：鄙人与《经济社会体制比较》杂志有直接联系，杂志曾发表过我的多项研究成果。这使我感到荣幸，因为《经济社会体制比较》杂志使中国同仁了解了我的思想。

　　在以下内容中，我力图回答两个问题，它们看起来与此次庆典相吻合，

　　* 本序为科尔奈教授为纪念《经济社会体制比较》杂志创刊 30 周年提供的稿件。科尔奈教授是《经济社会体制比较》杂志的老朋友。早在《经济社会体制比较》杂志 1985 年的创刊号上，杂志就介绍了科尔奈教授的著作《短缺经济学》和他关于社会主义经济体制改革的思想。此后，杂志还介绍过科尔奈教授的《匈牙利经济改革的若干经验教训》（1986 年第 4 期）、《经济改革设想和现实的对照》（1986 年第 6 期）、《匈牙利经济学家眼中的中国经济改革——访问随笔》（1987 年第 5 期）等文章。本文原载于《经济社会体制比较》，2015 年第 5 期。

　　** ［匈牙利］雅诺什·科尔奈（János Kornai），哈佛大学经济学教授，匈牙利布达佩斯高级研究所终身研究员。科尔奈教授在 20 世纪 80 年代初对中国等传统社会主义国家如何由计划经济向市场经济转轨提出改革理论，曾多次获得诺贝尔经济学奖提名。译者张定淮，深圳大学当代中国政治研究所教授。

即两者都是展望未来的。一是大家熟悉的"比较经济研究"的前景如何？二是由比较经济研究衍生出的分支学科有什么样的前景？我想借此机会对这两个问题的讨论发表一点拙见。

一、"比较研究"的过去与未来

詹科夫等人在 2013 年曾撰写过一篇关于新比较经济学的文章（Djankov et al.，2013）。他们提出了一个有趣的新方法，引起很大关注并激发了一场生动的辩论。在导论中，该文为将比较经济学研究的历史划分为新旧两个阶段提供了依据。在"旧阶段"中，只要社会主义经济仍在发挥作用，对资本主义与社会主义的比较始终是比较经济学研究的主题。但随着一些社会主义经济崩溃，世界面临贫穷、低效和大规模杀戮，对"主义"进行比较的研究就不再是"比较研究"关注的议题。在"新阶段"中，唯一的论题是对如今胜利凯旋的不同类型的资本主义进行比较。[①] 在那些不相信这种划分法的人中，我是持中立立场的。

首先，在 20 世纪 80 年代末的制度巨变之前，学者们已经对各种社会主义和资本主义制度进行了比较。几十年来，围绕社会主义制度改革的争论从主题上看可以概括为如下内容：是否只有双手沾满血腥的极端集权的、让大众饥肠辘辘的斯大林主义是社会主义唯一可能的形式？我们是否可以描绘出另外一些社会主义？在经济领域，能否实行某种形式的市场社会主义？在政治意识形态领域，能否实行某种形式的"更像样的"的民主社会主义？

从时期来看，对不同类型的资本主义进行白热化的比较，与对社会主义改革的争论是同步进行的。事实上，早在 20 世纪 70—80 年代，日本的经济处在巅峰之时，美国和西欧的许多人士就以极大的兴趣关注过日本经济奇迹。

---

① 我在此处和本文其他地方所使用的"资本主义不同类型"和"社会主义不同类型"的术语与霍尔（P. S. Hall）和索斯凯斯（D. Soskice）所著的那本具有影响力的著作《资本主义的多样性：比较优势的制度基础》以及其具有开创性的工作之后出现的文本中对该术语的运用，是同样的意思。

他们试图理解：政府的产业政策在其中发挥什么作用；经济部门对经济过程进行积极干预的程度如何，以及最重要的问题：投资是如何分配的。① 多年来，无数的学者倾向于将日本奉为典范，这种倾向直到日本经济下滑并开始出现长期的停滞，才戛然而止。

尽管存在成王败寇的事实，但仍然有人雄辩地支持继续聚焦于对社会主义和资本主义"大制度"进行比较：

1. 如果我们将资本主义与社会主义进行对照，那么资本主义的属性就更好理解。严格的二分法（sharp dichotomy）能提供海量信息，并非唯独我们的研究领域如此。例如，自然科学对这种"大"的分类进行界定和比较：有机物质与非有机物质，活生物与死生物的比较，尤其是在有生命的世界中，对新近进化有机物族群与其他族群，如脊椎动物与非脊椎动物的比较，哺乳动物与其他脊椎动物之间的比较，等等。我的研究工作就是对"大体制"（great systems）进行比较。拙著《动力、竞争与过剩经济》（*Dynamism, Rivalry and the Surplus Economy*）对具有社会主义特点的短缺经济和具有资本主义特点的过剩经济作过比较。这种比较有助于我们理解特定制度因素的作用。两种制度在体制框架、动机和行为规律性上都彼此迥异，其中，一种制度存在普遍、长期和严重的短缺现象，而另一种制度则具有普遍、长期和严重的过剩现象。

2. 在资本主义经济中，不时存在着与某些社会主义特性相像的"岛屿"。公有制而非私有制在其中居于支配地位；是官僚机构而不是市场在协调着人们的活动。比如许多国家的公费医疗。在这些"岛屿"上，由于实行免费和行政开支大幅削减的缘故，大量事例可以证明短缺经济现象，也就是众所周知的社会主义症状存在，比如排队、漫长等待、买方（在这种情况下即患者）任由卖方（卫生当局）摆布。如果我们知道，类似的安排不只是被插入"岛上"，而是把社会主义作为主导的社会经济形式时的真实情况，我们就能更好地理解"岛屿"的运作。

---

① 日本经验比较研究的开创者是青木昌彦（Masahiko Aoki）。在其后期的著作中，他将日本和中国的体制分析用于制度比较的综合研究之中（参见 Aoki，1988，1994，1996，2007）。

3. 苏联、东欧的社会主义虽然在历史现实中失败了，但它继续存活于许多人的脑海中。有关调查令人信服地表明，一部分人念念不忘变制之前的那段时间，他们相信那时的生活更加美好。国家与国家之间的怀旧程度不一，俄罗斯是怀旧情绪最浓的国家之一。经济问题愈多，怀旧情绪也就愈浓。用马克思主义的话来说，这些人用一种"虚假意识"来评价社会主义，是毫无意义可言的；我们不得不承认，这种对变制之前阶段的珍视，是一种心理事实（psychological fact）。不同的"新左派"政治思潮可以建立在这种扭曲了的集体记忆之上。与其说这些思潮建立在对过去的理想化记忆之上，还不如说它们试图窥见想象的、新的、更好的社会主义愿景。他们的推理基于这样的想法："不错，在列宁、斯大林、勃列日涅夫和其他形式的专治社会主义时代，的确存在着严重的问题。让我们重新开始，从错误中吸取教训，采用新的、更好的领导。"如果我们恰如其分地理解社会主义特性，如果我们能够解释这些严重的溃败及可怕的后果不是由个人属性或是由这个或那个领导人的错误决定所造成的，而是制度本身的基本属性所造成的，那么，我们就可以有力地对这种观点进行回击。

因此，在我看来，我会强调"比较经济研究"的连续性，而非强调与1989—1990 年间的体制发生巨变有关的断裂性。不同层次的学者之间有着连续性，而且新生代学者不断加入其中。研究项目的组织机构的参与者和出版机构之间也有着连续性，新的机构从开始就一直在形成，其名称都与"转型"相关。由此，让我们转向第二个论题。

二、"转型经济学"的未来

1987 年，有 28 个国家归共产党统治。① 1991 年苏联解体后，这 28 个国

---

① 这个数字是从我的专著《社会主义体制》中提出的。其他很多学者也引用了其中公开发表的列表，值得注意的是，这个数字可能是一种共识。

家演变为 48 个继承国。① 在 28 个国家当中，唯独朝鲜可以十分肯定地说保留了社会主义制度的主要属性，古巴也可能是这样，但是古巴已经隐隐约约发出转型的信号。在其他国家，经济体制已经发生了巨大改变，它们现在带有资本主义经济的主要属性。这在曾经的社会主义的中东欧国家是一个不争的事实，苏联的继承国家更是如此。

我了解国企在中国和越南有巨大力量和影响，不过我敢断言，整个后社会主义国家的经济领域"转型"期已经完成。但是，政治领域的转变与此大相径庭。保罗·亨廷顿（Paul Huntington）在其经典研究，即 1991 年的文章和当年的著作中，用"第三波浪潮"来命名 1974 年至 1991 年间众多国家从专制独裁政权向民主政权的转变，以及政府政治形式的巨变。第三波浪潮的最后阶段席卷了后期的苏联以及共产党统治下的中东欧，但是从未波及越南。亨廷顿警告说，新的民主政权很脆弱，我们无法排除这些民主政权最终不能长治久安的可能。

这就是发生在俄罗斯的情况。当历史学家划分历史阶段时，他们喜欢将该阶段的起止与日历上的日期加以联系。记住了这一点，我们就可以说，俄罗斯历史上短暂的民主阶段始于叶利钦 1991 年就任总统，终于 2000 年叶利钦卸任总统。不论那时的经济政策多么动荡、多么暧昧，那几年俄罗斯的政治形式具有民主的所有基本标志。在普京 2000 年掌权后，俄罗斯的形势发生了变化。独断专行的政治体制从那时起就形成了。

亨廷顿的危险意识在匈牙利也得到了证实。自 2010 年以来，匈牙利的政治领域发生了大逆转，在 1989 年至 2010 年的 20 多年间——在众多严重的失败、失误、磨难和经济问题中，仍然自行确立了民主制度。但是自维克托·欧尔班（Viktor Orban）和他领导的政党掌权以来，几种民主体制被陆续废止，新的独裁制度涌现出来并已相当稳定。②

① 这个总数只包括国际法所承认的国家。它不包括前任国家塞尔维亚所不承认的科索沃，以及从苏联领土涌现出来的阿布哈兹、南奥塞梯、纳卡地区。摩尔多瓦是包括在内的。

② 参见：Kornai, 2012, 2014b；Magyar, 2013, 2014；Scheppele, 2014。这五部著作提供了许多进一步参考的资料。可惜的是大部分的研究只有在匈牙利进行。

11

这种倒退与亨廷顿所用的视觉比喻"浪潮"意象是极为吻合的。坐在海滩上，我们可以看到一浪又一浪冲上岸，而第三波浪可能甩脱许多泡沫，抽身而退。

从政治领域来看，我们将这些处于后社会主义国家区域的所有国家划分为三类：

A 类：民主国家

这里，我会列出以下国家：阿尔巴尼亚、波斯尼亚和黑塞哥维那、保加利亚、捷克共和国、爱沙尼亚、克罗地亚、拉脱维亚、立陶宛、马其顿、波兰、罗马尼亚、塞尔维亚、斯洛伐克、斯洛文尼亚。

C 类：专制国家（the dictatorships）

越南属于此类。[①] 这个国家已经发生很多变化，不仅在经济领域，而且在政治领域发生了很多变化。在胡志明当政的时代，共产党掌权，其政治纲领是消灭资本主义。这不仅可以从共产党的辞令中窥见一斑，也体现在其行动上：消灭私有制，根据中央的命令引入协调机制。后来，共产党开始了与经济改革并行的改变。它保留了名称，并且仍然提到共产主义和社会主义等词。党的最高层与企业部门有着千丝万缕的联系。如果我们将这些变化与早期的恐惧作比较，压制已经放松。

B 类：独裁国家（the autocracies）

这类国家居于 A 类和 C 类国家之间。独裁国家的重要特征是它具有居中

---

① 我已经在属于 A 类的国家名单中作出了说明。爱沙尼亚、拉脱维亚和立陶宛这三个波罗的海国家曾经是苏联的共和国，已被列入民主国家。属于苏联的其他继承国家没有在此列出。其中哪个国家应当被列为专制国家，哪个应当被列为独裁国家，我心中没底。那些熟悉这些国家政府体制和政治领域状况的人在作出这种判断上是唯一具有发言权的。不过，现在已经明了，我将苏联最大的继承国俄罗斯置于独裁国家而不是专制国家之列，这在以后还要进行讨论。可惜我对许多的非欧洲国家的政治发展情况不太了解，而这些国家在1987年的28个国家的列表中是处于突出位置的。

性。它不是民主国家，也不是专制国家。这里强调两个"不是"，就是要充分理解其性质。①

普京的俄罗斯和欧尔班的匈牙利，由于清除了许多基本的民主制度，所以不是民主国家。让我列举几个事实：权力部门之间持续分离，议会对于政府进行有效控制，法院的各个方面完全独立，包括独立的宪法法院，有一套针对权力争夺的有效制衡制度，从法律角度来看，相互竞争的政党在选举中机会均等。当权的政治力量"强化"自己，在自由的议会选举中不能被解散。

同时，有一点必须指出，独裁（autocracy）并不是专制（dictatorship）。有些绝对重要的属性可以将"独裁"与"专制"加以区分。多党制保持下来，反对派势力可以自由组织，反对派政党在议会中有代表。让我们思考一下俄罗斯的例子。在俄罗斯，抗议被压制，但抗议不是不可能的；抗议者会被大批送进监狱或在人群中被枪杀。基于虚假的指控作出判决，几个重要的反对派政治家被长时间囚禁。这具有一种威慑效果。然而，摆样子的公开审判、古拉格集中营、将数百万人推向死亡的运动的那个时代所特有的死亡恐惧，并未征服现在的俄罗斯社会。

总而言之，独裁不是专制，但我没有在"不是"（not）之前加上一个"还"（still）字。我们不能说，独裁变成专制只是一个时间问题。独裁统治的政治条件可能是稳定的，且持续很长一段时间，也可能由于某种历史性"地震"而寿终正寝。

一个类似的公开问题是，后社会主义专制政体的政治领域有着什么样的未来？专制的较弱形式会被更为强硬、更为残忍的镇压手段所取代吗？抑或一种反方向的进程得以开启，政体（不论快慢）将转变成独裁或民主？

---

① 在政治学和政治的日常语言中，其他具有中间性质的名称也广为流传，如，"吝啬的民主制"（Fareed Rafiq Zakaria, 1997）。在匈牙利的版本中，受到卡尔·施米特著作［Schmitt, 1923（1985）；1928（2008）］的启示，"Führer-democracy"这个词出现在了Körösényi（2003）的研究成果中。不仅在名字上没有形成一致，在标准的区分上也没有形成共识，而区分一个民主国家和一个非民主国家是需要一种标准的。这段短篇幅的引言不足以使作者加入到涉及介于民主与非民主之间的政府形式的概念性和重大性讨论之中。

我从自身的经历，尤其是通过学习世界历史认识到，对重大转变不可能作出牢靠的预测。相似情形的数量太少了，不足以使负责任的学者做出在统计学上"生效"的结论。历史上的每一次重大变化，尤其是质变，都是由一系列不可复制的不同政治、经济、地方和国际性的一次性因素造成的。我们可以解释法国革命的不同系列因素，但不能把它们用来解释 1917 年俄国革命或者 1956 年匈牙利革命；"利比亚之春"既不同于"突尼斯之春"，也不同于 2013—2014 年的乌克兰事件。

作为一名经济学家，我将后社会主义故事的政治并发症前置，是出于多种动机。我不敢苟同许多从事"比较研究"的学者普遍的做法——他们试图固守专业界限。比较经济学家们只关注中国、俄罗斯和波兰的 GDP 和预算，结果他们无力对与经济变革并行的其他生活领域正在发生的改变作出判断。比较政治学者只关注政治事件，而不愿操心经济变化。实际上，跨学科方法是不可或缺的。

现在，且让我回到引言中所提到的问题："转型经济"的未来。在一个基于经验研究和现实变化观察的研究项目中，这个问题既与观察和分析对象不可分，也与曾经的社会主义国家的未来相连。这种"转型"在经济领域已经完成。这同样适用于以上三类国家，而这三类国家的政治结构有所不同。不论它们之间的差异何等明显，它们的经济是不可逆转的市场经济。

相比较而言，这些政治上多样化的三类国家未来的政治发展却不可预见。在一类国家中，从共产党专制向西方式民主的转变已经完成，它们已经从 C 类跨越到 A 类。但俄罗斯和匈牙利的例子显示，这种变化并非不可逆转，这些国家中的任何一个都存在着从 A 类转向 B 类的危险。

那些现在处于 B 类或 C 类的国家可能在相当长的一段时间内无法动弹，但它们也的确存在着脱身的机会。存在着这样一种紧迫的危险，即一个或另一个 B 类独裁国家的政府形式退变为 C 类专制政体，或在 C 类国家里，目前尚弱的专制形式会被一种更为残酷的形式所取代。作为一个民主政体的支持者，我希望处于 B 类（独裁）成员国甚或 C 类（专制）的这个或那个成员国会朝着 A 类（民主）国家方向发展。如果发生这种情况，特别是在大国，如俄罗斯，那就不可能构成亨廷顿言之凿凿的第三波民主浪潮，而是一种新的第四波。

上述讨论并不隐含着任何的历史预测。它只是展现可能出现的图景的全貌。即使我们无法预言，但仍然有许多令人振奋的研究课题可做，仅列举如下几个。

第一，就整个后社会主义区域而言，上述国家中是否存在着某种特定的共性，明显有别于区域以外的国家，如，没有共产主义过去的国家？民主体制的脆弱、腐败，经济政策上的无能——这些不是后社会主义国家所特有的属性，这在那些没有社会主义历史经验的国家同样明显。我认为，很多人的思维方式有着不少明显的特殊性，如对国家父爱式角色的顺从。这些曾经的社会主义社会的残留物，有没有可能显见于社会不同领域的实际运作中？

第二，朝向资本主义的经济发展如何受到政治领域的政府形式的影响？压制性的非民主国家（上述 B 类国家和 C 类国家）发展更快，是一种众所周知的断言。[①] 另一种观点则与此相反：从长远来看，那些努力走向包容性民主的国家会减少歧视，实行人权，从长远的历史角度来看，会确保自身更快的发展（Acemoglu and Robinson，2012）。对后社会主义区域的 48 个国家所作的研究，运用比较社会科学的工具，为不愿意改变观点的学者提供了一流的实验室。

第三，在从事"比较经济学"研究的学者当中，许多人出道时是马克思主义者，如今却没有一个人自称马克思主义者。对后社会主义变化的经验所作出的一些分析，在重新思考马克思主义的主要观点方面提供了基本事实。现在，我只想强调其中一点。马克思主义理论区分了经济基础和上层建筑，并表示历史上经济基础的变化最终决定上层建筑的运动。后社会主义经验却与这一理论命题相悖。用马克思主义者的表述来说，各种情形下的巨变均始

---

① 这种观点反映在匈牙利总理维克托·欧尔班的一次演讲中。

于上层建筑。后来，具有很大相似度的（经济）基础，以资本主义生产关系、私有制和市场调节为特征，却能与三种全然不同的上层建筑——民主政府形式、专制政体和独裁政体长久共存。

第四，在本文中，我并未提到这样一个不言自明的事实，即每一个后社会主义国家都处于国际环境之中，这对所有国家都具有重要影响，不论它们是一体化的超国家成员（欧盟、北约）或是由普京发起成立的欧亚联盟成员。这个国家和其睦邻国家的关系如何？这个国家与其他国家之间形成了何种形式的政治、经济相互依赖关系（如在能源部门之间）？在相关国家的执政和反对派政治势力中，民族主义、反欧、反美情绪的浓烈程度如何，在政治辞令以及实际的外交和国内事务中的表达强度如何？这可能对政府形式的活力及经济改革产生影响。

第五，在引言部分，特别是在脚注中，我告诉读者，我对许多国家（主要是亚洲和非洲）的国情孤陋寡闻，而鉴于1987年对这些国家情况的评估，我又将这些国家归为社会主义国家。当然，其他一些同事对这些国家更加了解，有些甚至是研究这些国家的专家。我深信，本文的分类（完成转型而产生的资本主义经济以及三种类型的政府形式）具有适应性生命力，可以被用来描述现实，不论一个国家属于哪个类别。当我把曾经忽略的国家考虑在内，检验一下这种信念是否入情入理，以及这些分类是否具有充分的适用性，是不错的。如果答案是正面的，我们该如何归类每一个国家，我们又期待它朝哪个方向进一步发展呢？

且让我用两句话总结我给《经济社会体制比较》杂志的作者和读者发出的信息：后社会主义经济的"转型"（从该词的原义来看）已经完结；从事"比较社会研究"的必要性比以往任何时候都来得更加迫切。

参考文献

Aoki, M. , 1988. *Information, Incentives and Bargaining in the Japanese Economy*. Cambridge, UK and New York：Cambridge University Press.

Aoki, M. and Dore, R. eds. , 1994. *The Japanese Firm.* Oxford: Clarendon Press.

Aoki, M. , Kim, H-K. and Okuno-Fujiwara, M. eds. , 1996. *The Role of Government in East Asian Economic Development.* Oxford: Clarendon Press.

Aoki, M. , Jackson, G. and Miyajima, H. eds. , 2007. *Corporate Governance in Japan: Institutional Change and Organizational Diversity.* Oxford: Oxford University Press.

Djankov, S. , Glaeser, E. L. , La Porta, R. , Lopez-de-Silanes, F. and Shleifer, A. , 2003. "The New Comparative Economics. " *National Bureau of Economic Research Working Paper 9608*, Cambridge MA.

Hall, P. S. and Soskice, D. eds. , 2001. *Varieties of Capitalism: The Institutional Foundations of Comparative Advantage.* Oxford: Oxford University Press.

Huntington, S. P. , 1991a. "Democracy's Third Wave. " *Journal of Democracy.* Vol. 2 No. 2: 12 – 34.

——1991b. *The Third Wave: Democratization in the Late Twentieth Century.* Norman and London: University of Oklahoma Press.

Kornai, J. , 1992. *The Socialist System: The Political Economy of Communism.* Princeton: Princeton University Press and Oxford: Oxford University Press.

——2012. "Taking Stock. " *CES-IFO Forum.* Vol. 12 No. 2: 63 – 72.

——2014a. *Dynamism, Rivalry, and the Surplus Economy.* New York: Oxford University Press.

——2014b. "Threatening Dangers. " http: //www. kornai-janos. hu/Kornai2014% 20Threatening% 20dangers. pdf.

Körösényi, A. , 2003. "Politikai Képviselet a Vezérdemokráciában (Political Representation in the Führer-democracy) . " *Politikatudományi Szemle.* 12 (4): 5 – 22.

Levitsky, S. and Way, L. A. , 2002. "Elections without Democracy: The Rise of Competitive Authoritarianism. " *Journal of Democracy.* Vol. 13, No. 2: 51 – 65.

——2014. "Autocracy by Democratic Rules: The Dynamics of Autocratic Coercive Capacity after the Cold War. " *Communist and Post-Communist Studies.*

Magyar, B. eds. , 2013, 2014. *Magyar Polip: A Posztkommunista Maffiaállam (The Hungarian Polyp: The Post-Communist Maffia State)* . Budapest: Noran Libro.

Scheppele, K. L. , 2014. "Hungary and the End of Politics. " *The Nation.* May 6, 2014.

Schmitt, C. , 1923 ［1985］ . *The Crisis of Parliamentary Democracy* (trans. by E. Kennedy) . Cambridge/MA：MIT Press.

——1928 ［2008］ . *Constitutional Theory* (trans. by Seitzer, J.) . Durham：Duke University Press.

Zakaria, F. R. , 1997. "The Rise of Liberal Democracy at Home and Abroad. " *Foreign Affairs.* Vol. 76, No. 5：22 – 43.

前　言

龙宁丽

　　从 19 世纪开始，人们越来越依赖"行政国膨胀"背景下政府提供的"从摇篮到坟墓"的福利，并日益习惯于政府的行政管理。进入 21 世纪，我们似乎更加离不开政府，离不开它所提供的各项公共服务。政府与我们每个人建立了密不可分的联系，我们则始终没有停止过对人类社会这个古老组织形式的反思和批判。关于政府的讨论话题从来都不会过时，对它的研究催生出了专门的行政管理学科，对它的批评随时出现在公开的报道中。想要一个更好的政府的建议，时常引起改革，影响民主选举，左右国家的政治生活，并影响每个公民的福祉。政府的本质是什么？我们为什么需要政府？存在一种替代的组织形式吗？为什么世界各国选择了不同的政府组织形式？为什么这些不同的政府在功能上又具有相似性和相通之处？诚然，上述问题永远不会有标准答案，世界上不存在一个统一的政府组织形式，各国由于国情、制度、道路等差异，会选择不同的政府体制，一个开放、发展的国家也会根据时代潮流和社会需求不断调整政府的组织形式。

　　对于中国这个"文明古老得可怕"的国家而言，行政管理经验一直是五千年文明史中最令人称道的一部分。在王朝国家时期，中国代表了世界上治

1

国理政的先进水平，这不仅是中华帝国早熟和发达的重要标志，也成为中国在农业社会阶段长期保持世界强国地位的重要原因。可以说，以维护皇权、维护封建王朝为核心的政府组织形式适应了当时农业社会的生产力发展状况。进入工业革命时期，在技术快速推动社会进步、文明频繁接触交流的时代潮流中，中国在闭关锁国中落后了，并逐步成为建立在发达技术体系上的西方世界竞相蚕食的"鱼肉"，沦为了半殖民地半封建社会。这种外来的力量刺激了一批批中国人"师夷长技以制夷"，"睁眼看世界"，从实业救国学习西方的先进技术开始，最终转向学习制度文化，希望通过制度变革找到中国现代化的自强之路。在经过多次的努力探索并付出民族和国家的巨大牺牲后，中国人民最终在中国共产党的领导下，走上了社会主义中国的发展新路。

　　1978 年将社会主义中国的历史划分为前后两个阶段，从那时起，一个更加开放、有活力、生机勃勃的市场经济，开始替代封闭、保守、僵化的计划经济体制，中国走上改革之路。尽管这个过程存在思想认识上的论争、深刻的教训、对成效的质疑等，但没有人会否认，经济始终在向前发展，人们的生活水平不断提高，中国的综合国力重新跃居世界前列。这一切变化，都源于政府的改革。自作出以"经济建设为中心"的重大决策开始，中国政府开始了一系列的简政放权，时至今日，中国已经作出"使市场在资源配置中起决定性作用"的决定，同时，也作出了"更好地发挥政府作用"的判断，这些都反映了政府对自身本质的认识在不断深化。改革自身是为了更好地发挥宏观调控、市场监管、公共服务、社会管理等职能，向企业放权带来了市场经济的繁荣，向社会放权激发了创新创造的活力，可以说，中国发生的一系列变化都离不开政府这只看不见的手。"中国政府的角色在过去 20 多年里发生了巨大的变化，减少了对经济的直接作用，削减了对市民日常生活的干预，缓慢而稍微勉强地接受了发展市民社会制度的要求。"但是，就如托尼·赛奇（Anthony Saich）进一步指出的，尽管取得了巨大成就，"如果中国政府要完成转变的话，它仍然有很多工作要做，用世界银行的话来说，就是要从过去的'划船'过渡到对未来发展的'掌舵'"。可以说，政府改革永远只有进行时，没有完成时，只要中国的老百姓对一个更好的政府的需求持续存在，中国的政府就永远不会停止改革。

本书编写的主要目的，就是以中国政府为对象，紧密围绕政府改革和公共治理主题，从学术角度审视作为中国公共资源权威性分配主体的政府近年来的若干重要变化，例如分权、民营化、政府绩效等，从而加深对中国政府的认识和理解。这些变化无疑是世界范围内新公共管理运动的重要组成部分，在 20 世纪八九十年代，以分权、顾客导向、结果导向、弹性和灵活管理等为特征的新公共管理运动，引发了全球范围内政府再造的浪潮。为此，本书编者从国家核心期刊《经济社会体制比较》杂志历年刊登的论文中，精心挑选了 21 篇来自上述领域的优秀论文，编著成《政府改革和公共治理》一书，并将本书作为献给《经济社会体制比较》杂志创刊 30 周年的一份礼物。

《政府改革和公共治理》一书共分为五大板块，涉及的主题具体包括政府职能转变、政府与市场、政府绩效、官僚制再造、地方治理创新。第一部分是政府职能转变，着力从历史变迁的纵向角度梳理中国政府从放松对经济的管制开始所发生的主要变化，并将这种变化置于过去 20 年各国政府改革经验教训的大背景下审视，从而明确中国的政府改革在历史坐标系中的位置。

第二部分是对政府与市场关系的探讨。在中国这样的国家，政府与市场的关系无论怎么强调都不过分。我们从完全的计划经济体制走到今天的市场经济体制，逐渐形成了政府不要办企业、不要办社会的统一认识，政府只需提供好必要的公共服务，但对政府改进公共服务供给方式进行探讨则是一个相对晚近的现象。我们最近十来年才认识到，政府提供公共服务并不代表着政府需要直接生产公共服务，引入竞争机制的市场化和社会化是解决无效或低效的传统公共服务供给模式的重要途径。因此，本部分主要从民营化、合同外包以及逆市场化正反两方面，对这个问题进行探讨。

第三部分探讨了政府绩效。毋庸置疑，对政府进行绩效评估是世界各国面临的普遍性难题。在商业领域，我们很容易找到成本收益、投入产出、利润率等指数指标作为组织绩效衡量的标准，并由此识别出优秀的企业。但是，对政府而言，受制于工作目标模糊、不易量化等众所周知的原因，我们很难对政府绩效进行有效的评价。但这丝毫不会削弱这个问题的重要性。本部分从政府绩效评估、绩效评估与政治信任、绩效考核与地方发展等角度，对这个影响力与日俱增的问题进行探讨。

第四部分探讨了官僚制这个古老且经典的话题。中国自古就总结出"为政之要，贵在得人"的治理经验，并且早在隋朝就发展出了通过科举考试来选贤任能的人才选拔机制，这在后来成为英美等国家公务员制度借鉴的重要对象。公务员制度是一种现代的制度，今天我国的公务员制度在确立过程中，又反过来吸收和改造了西方的经验。本部分以公务员制度为切入点，分别探讨了中国和西方的公务员制度、一线公务员、县级一把手、官僚责任等重要问题。

第五部分是地方治理创新。一切政治都是地方性的，地方在中国这个大一统国家的政治行政改革中历来重要。地方是创新的试验场，无论是当年顶着巨大压力搞起来的家庭联产承包责任制，还是今天的各项改革，最开始都来自于地方的大胆探索。本部分探讨了中国地方政府改革创新、地方政府创新扩散等内容。

诚然，上述内容无法涵盖中国当代政府改革和公共治理的方方面面，论文的选取也难免挂一漏万，但目前的这些文章仍然从某个侧面记录了中国政府近几十年来在现代化之路上的改革探索和尝试。尽管任何探索都不会是百分之百的成功，但我们基于中国已经走过的道路，对中国人民和中国的未来充满信心。

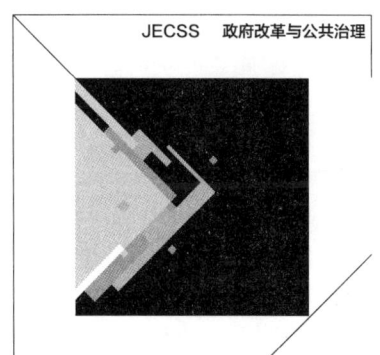

JECSS　政府改革与公共治理

第一辑

政府职能转变

中国制度变迁和政府职能转变的轨迹研究[*]

罗燕明[**]

中国经济改革可以视作一个国家起主导作用的自觉的制度变迁过程。在这一过程中，国家行为不是任意的。国家的制度创新要受到初始条件的约束，演进轨迹依赖于改革前的各种制度要素。它在继承初始条件的基础上，铲除旧体制的弊端，发展新的制度要素。

一、改革的初始条件

1978 年以前的中国经济是传统计划经济的一个特殊类型。"一五"期间，中国曾引进苏联集权式的计划体制，但是很快发现该体制不符合中国作为农业大国的特殊国情，也有悖于中国革命的传统。因此，从 1958 年起，在毛泽东的领导下，中国按照"调动一切积极因素"的原则，对集权计划体制进行了多次改革。这些改革强调权力下放、自力更生和政治动员的作用，对中国经济体制的形成产生了决定性的影响。至 20 世纪 70 年代中期，中国建立了一个适合不同经济规模和发展程度的条块结合、以块为主的管理体制。

---

[*] 本文原载于《经济社会体制比较》，1994 年第 2 期。

[**] 罗燕明，中央编译局当代马克思主义研究所研究员。

该体制的第一个特征是地方政府对经济活动的相对自主权。各类企业按其规模和重要性分属各级政府管理。计划分为国家计划和省市地方计划。各级政府还被授予或多或少的计划和预算外的权力。由于地方分权，国家只能维持低水平的计划控制。一般来说，计划对工资、物价、人口流动和人口增长的控制较紧，但对产品和物资流通的控制较松。在后一领域，计划、半计划、计划外调拨、灰市和固定价格的市场共同发生作用。由于经济活动的内在联系，地方分权具有相对性，分权环节中存在许多非程序化的协商领域，预算通常是各方妥协的产物。为了实现协调，中央政府经常要对权力分配重新作出调整，从而使经济体制表现出极大的弹性。

第二个特征是经济的自给自足倾向。地方分权造成的后果之一是地方政府对资源和资金的争夺加剧。为了克服资源短缺和基础设施的不足，国家强调自力更生，下级不向上级伸手，要求各地政府和生产组织尽量利用本地资源，自筹资金从事生产。该政策还意味着限制农村人口向城市转移，鼓励他们就地实现产业转移。在自力更生和自给自足政策的推动下，地方经济出现了自成体系和互不依赖的倾向。"大而全"和"小而全"既是地方政府和企业为加强自主性而追求的目标，也是中央考核它们政绩的标准。

第三个特征涉及国家管理经济的方式和为适应这种方式而产生的国家组织结构。管理方式包括协调方式和激励方式。就协调方式而言，计划协调作用小，政策协调作用大。在地方分权格局中，中央对整个国民经济只能提出一个大致的计划。而且计划越宏观，越突出重点项目，也就越便于操作。由于计划范围有限，国家主要通过不断变动的政策来协调经济。这种政策通常被称为"调整"，指收权和放权的体制性变动，主要用于克服经济的大起大落，中国体制的弹性恰恰在于对这种调整习以为常。从激励方式看，中央对地方政府主要依赖权力下放。企业作为基层行政单位有时也享有这一优惠，但分量很小。国家对个人基本上没有提供物质动力，而是在平均主义分配的基础上通过强大的政治动员来调动他们的生产积极性。为了适应这种非程序化的管理方式，国家机构是按照行政一元化的原则组织起来的。在这种组织结构中，专业技术科层制度受到压制，甚至被人为地加以摧毁，职能分化程序很低，法律少得可怜。但是它具有很强的政治功能。决策者不必经过复杂的法律程序就可以迅速就重大问题同社会达成一致，并根据需要把决策转化为相应的法律、法令和政策加以实施。

由于国家的政治目标是限制商品交换和追求国有成分的提高，毛泽东时代的改革没有使中国经济走出计划经济的框架。因此，中国经济仍然具有计划经济的一些基本缺陷，如资源配置效率低、成本大、生产者缺乏利益驱动等。但是，毛泽东时代的改革对市场取向的改革具有不可忽视的重要意义。

从市场取向看，分权造成的有限利益多元性比苏联集权经济更接近市场经济的要求。从社会化大生产的角度看，分权对规模经济、跨地区分工协作和资本技术构成的提高束缚较大，但有利于地方中小企业的发展。由于这些企业的发展弥补了规模经济的不足，分权经济在增长速度上未必弱于集权经济。在效益成本上，分权经济对集中资源的利用率不高，但有利于充分利用分散资源。对这种资源的利用需要投入更多的人力，因而有助于发挥中国的人力资源优势。从国家组织的适应性上看，高度政治化的国家在协调经济方面不如技术科层制国家有效。由于国家行为的随意性大，容易造成政策失误，导致大起大落。但是政治化国家符合体制转轨的特殊要求，因为转轨需要强有力的领导和灵活的决策。如果旧体制赋予国家的职能化管理功能过强，旧体制的科层制发达，法律刚性强，那么势必会增加改革成本。

二、制度变迁的轨迹

按照新制度经济学派创始人道格拉斯·诺斯（Douglass C. North）的观点，制度变迁的轨迹有两种类型。

一种是"闭锁"（Lock-in）型的。意思是制度变迁到达某一点时就会卡住经济增长。在这种状态下，有助于降低交易费用和鼓励人们从事生产性经营的制度发展受到压制。人们只好把精力消耗在对既定财富分配的争夺上。

另一种是"合辙"（Path dependence）型的。在这种类型中，凡有利于降低交易费用和鼓励公平竞争的制度都可能得到发展。因此，制度变迁轨迹和经济增长是合辙同步的。

制度变迁之所以会陷入"闭锁",有各种情况。就中国而言,毛泽东时代的改革没有取得理想效果,原因其实很简单,受"左"的思想支配,人们认为任何市场化变革都会对公有制造成威胁,因此,即使这些变革有助于增长,也不应采纳。在此禁锢下,制度变迁只能到地方分权为止了。

中国新时期的改革是从解放思想、承认市场作用开始的。这是中国摆脱"闭锁"状态的一个重要开端。但是这个开端不能决定中国改革必然进入"合辙",而不陷入新的"闭锁"。

因为在解除了思想禁区之后,中国还面临着如何改革旧体制和利用市场机制的问题。在这里可以有三种选择。

第一种选择是强化国家的计划功能,使计划对企业起到管而不死的鸟笼作用。在此前提下,市场只起某些辅助作用。

第二种选择是一次性地放开价格和取消计划,把企业抛向市场。

这两种选择在设定目标体制方面是对立的,但是都指望在理想体制实现之后获得总收益,两种选择都不顾及改革过程的短期效益,因而忽视利用中国初始条件的优势和以往的经验。前者否定毛泽东时代实行权力下放的意义,后者否定国家的主导作用。

应该说中国在思想解放之后对未来理想体制的模样是不清楚的,事实上也不可能马上弄清。但是中国采取了一个聪明的做法,这就是第三种选择,尽量利用初始条件的优势——这意味着在不放弃国家控制的前提下,逐步放权,在旧体制的个别环节中陆续引入市场因素,实行价格、劳动、行业和区域经济等一系列双轨制。这时的市场必然是不完全的。随着不完全市场的扩大,再解决完善市场的问题,实行并轨和国家职能的转变。在这一过程中,中国着眼于每一步的成本收益,其理论根据就是邓小平的"猫论"。

中国的选择符合新制度经济学的原则。该学派认为,市场经济是制度要素不断积累的结果。由于现实中的市场总是不完善的,制度积累的过程也就没有止境。但是,每次积累都是一次计算成本收益的经济行为,因而市场总是趋于完善。

诺斯认为，决定制度变迁的因素有两个，一是收益递增，二是不完全市场（诺斯，1990：95）。所谓不完全市场，是指交易成本太高，在这种场合，人们需要建立制度压低成本。如果他们预期该制度的创制成本将小于该制度的收益，该制度就会得到采纳。因此，"合辙"变迁是一个收益不断递增的过程。

在中国旧体制中存在获得收益的可能。预期成本最低最便于操作的办法就是放权。尽管不完全市场、灰市和黑市等事实上存在，但与旧体制的价值观相抵。因此，当放权引起增长，增长导致失调时，制度变迁不可能朝着完善市场和扩大市场的方向发展，只能重新落入收权的窠臼。这样，经济是稳定了，但是增长也停顿了，从而需要新一轮的循环。这样放、乱、收、死的现象与其说是国家决策者的失误，不如说是旧体制的正常操作。在这种操作中，各种制度因素都处在动态的均衡中。但是这种均衡的代价是经济的大起大落和财富资源的巨大浪费。

显然，要解除这种"闭锁"，必须先接纳一个不完全市场。在中国，预期成本较低的办法仍然是放权。放权造成的市场必然是一个不完全的市场。完全市场是制度积累的结果。推动积累的动力则是克服不完全市场的收益递增预期。如果没有市场或者市场已经完善了，就不会建立这种收益递增预期。所谓收益，指改革成本和经济增长之间的差额。通货膨胀、政治腐败、动乱、欺诈、犯罪等都属于改革的成本，但是只要经济增长大大超过这些成本，就会带来收益，改革就会产生正效应。正效应意味着"合辙"。在这种情况下，问题会随着制度变迁得到逐步解决。相反，如果改革者不计算每一步的成本收益，或者害怕付出成本而放弃改革，或者计算失当，使成本超过了增长，收益为负，或者由于国情，改革者根本付不起制度创新成本，在这些情况下，制度变迁就会陷入"闭锁"。

从中国16年来的实践看，由于党中央贯彻了邓小平的改革思想，中国改革走上了"合辙"的轨道，实现了改革与增长的同步。

新时期的改革是从20世纪70年代末实行放权让利开始的，方法上继承了毛泽东时代的传统，但是具有市场化的明显取向，而不仅仅限于中央和地方之间的行政性分权。由于包含着开放市场的内容,放权的范围十分广泛,而且由易到难,"摸着石头过河",持续不断。

最早放开的领域是农村和体制外的非国有成分。从 1980 年起,放权不断扩大到城镇二、三产业和体制内的国有成分,涉及财税、劳动工资、物价、企业管理、外贸、金融投资等各个领域,建立了一批特区、沿海开放城市和城市开发区。在整个 80 年代,改革也包括许多"立"的内容,但主流是放权,通过放权,中国改革取得了巨大的成就。

国民经济实现了持续高速的增长,据国外学者估计,10 多年来,中国国民生产总值平均达到每年 8.6%—10% 的增长率,许多年份增长保持在两位数以上。中国已跻身于世界超高速增长国家之列。在经济增长的推动下,中国人民的生活水平和质量也有了极大的提高。中国进入了前所未有的繁荣时期。

市场领域迅速扩展。首先是城乡农贸市场和消费品市场的发展。而后陆续出现了劳动、物资和资本等要素市场和信息文化市场。市场的扩大导致了直接面向市场的非国有经济成分,特别是村镇中小企业的迅速发展。这些经济成分占国民经济的比重在产值上已经接近一半,在就业人数上已上升到一半以上。

国家、企业和个人,中央和地方,各种社会集团之间的利益开始分化。过去,这些利益结合在一起,形成了吃大锅饭的局面。放权导致了各种利益的分化、集团意识的加强和个人价值观的提高,这些成就不仅调动了全国人民的改革和建设积极性,而且成为产权改革的基础。

国家职能开始转变。在放松对企业直接控制的同时,国家逐渐转向了市场制度的建设和对市场的随机管理。这种转变推动了国家机构的合理化、专业化和科层化。国家的控制手段由过去的单一行政手段转变为行政、法律和经济等多种手段的并用。在国家职能多样化和区分化的同时,国家财政日益成为权力分配的基础。

在取得这些成就的同时,放权让利也带来了许多问题,如产生地方保护主义,通货膨胀,国有大中型企业亏损严重,农业、能源、交通等基础产业的瓶颈进一步收紧，政治腐败和社会冲突加剧，人口环境形势严峻，中央财政空虚，市场混乱，假冒伪劣等侵权现象盛行。

这些问题通常被当作新旧体制冲突的产物。从制度变迁理论看，则是市场不完善的结果。这些现象以不同形式，不同程度地存在于改革的各个时期。就某个时期而言，这些问题不仅是前一步改革付出的成本（包括必要成本和"失算"造成的无谓成本），也是推动下一步改革的因素。从 20 世纪 80 年代末的情况看，改革重点显然应当从放权让利转向完善市场制度，形成全国统一市场和规范的利益机制。该任务包括三项主要内容：建全宏观调控体系、加速各种交易规则的立法、建立适应市场的国有企业的产权结构。但是实施这些改革仍然有一个成本效益的计算问题。

以 1988 年为例，当时经济增长已经达到两位数以上。但是消费品价格的增长也达到了 20.7%，而副食品价格的增长则达到 31.1%。在通货膨胀的推动下，政治腐败开始蔓延，社会财富的分配发生急剧倾斜。党政机关干部、教师、国有亏损企业职工和其他低收入阶层感到手中本来就很少的货币正在迅速贬值，社会激愤情绪出现白热化，最终酿成了 1989 年的政治动乱。

这一结果固然是前一阶段决策者对改革成本收益计算不当或"失算"造成的。这里不去说它。但是当通货膨胀到来并出现高峰时，人们面临的迫切问题是下一步的改革应该如何进行。在这个问题上，国内有三种看法。

第一种看法认为应当动用一切手段，包括传统的行政手段，控制物价，迅速消除通胀。在形成宽松的经济环境后，再进行整体配套的改革，推进市场体制。

第二种观点认为，压制通胀是必要的，但是不均衡是中国转轨时期的常态。最大的不均衡是由国有企业运行机制的弊端造成的，因此，改革的重点应当放在加速企业运行机制的改造，而后再考虑向市场体制并轨。

这两种观点在市场取向上基本是一致的，都认为应当不断完善市场制度。不同的是他们对改革成本收益的计算有不同的看法。他们争论的核心问题是哪种方式才能有效地建立较完善的市场体制和实现改革与增长的同步。这种争论是"合辙"变迁所允许的。

但是国内可能还存在着第三种观点。这种观点认为过分的市场化损害了国家、国有企业和工人阶级的利益，因此应该加强国家控制，尤其要把国有企业重新置于国家行政权力的保护之下。这种办法对于稳定经济是有效的，但是它的出发点与上述两种主张不同。持这种观点的人不相信社会主义制度可以建立在市场经济的基础之上，认为市场经济虽然在现阶段有促进生产发展的积极作用，但本质上与社会主义制度相抵，因此应该把它限制在一定范围。如果这种观点上升为国家意志，就会在制度变迁上形成新的意识形态障碍，使中国改革陷入新的"闭锁"。

但是邓小平在南巡讲话中又一次为中国改革指出了方向："判断的标准，应该主要看是否有利于发展社会主义社会的生产力，是否有利于增强社会主义国家的综合国力，是否有利于提高人民的生活水平"，"计划和市场都是经济手段"，"中国要警惕右，但主要是防止左"（邓小平，1993：372—77）。根据邓小平的指示，党中央及时作出了建立社会主义市场经济的决定，使中国改革又一次避免了"闭锁"的前途。

从中国走过的 16 年历程中，我们可以得出以下几点启示。首先，要解放思想。在中国，"闭锁"原因不在于社会主义基本制度，也不在于体制缺陷，后者可以通过改革加以克服。危险主要来自思想僵化。受"左"的思想束缚，中国不可能获得发展。

其次，要从国情出发，充分利用初始条件的优势。初始制度是历史形成的，既有有利于生产力的一面，也有限制生产力的一面。对于合理方面，即使它是暂时性的，也要尽量利用，这是保持"合辙"变迁的条件之一。

第三，要仔细计算每一步改革的成本收益。改革初期目标模式不清楚没有关系，只要把握每一步的收益——这意味着努力扩大改革成本和经济增长之间的差额，制度变迁就会沿着正效应的轨迹前进，目标模式也就会越来越明确。随着目标的明确，反过来又会推动改革效益的提高。在这种操作过程中，任何手段都可以尝试。当制度变迁呈正效应"合辙"状态时，即使"放"与"收"这种传统手段也不会是简单的循环。如 20 世纪 80 年代末的"放"和"收"，同 1992 年至 1993 年的"放"和"收"，对社会的冲击强度就大不一样。后者的成本收益显然要优于前者。

第四，革命化的国家是中国改革取得成功的重要条件，这是毛泽东时代留下的宝贵遗产。这个由中国共产党领导的国家，在新中国成立后 20 多年里，也许对经济管理不太在行，但是它由一批有献身精神的革命者组成，形成了灵活的政治决策机制和简化的组织结构，没有僵硬的科层集团负担，尤其在毛泽东去世之后，及时产生了以邓小平为核心的新领导权威，因而能够胜任改革的历史任重。

最后，必须控制和最终消除政治腐败。十几年来，国家为改革作出了最大的牺牲，尤其广大党政机关干部长期忍受着低收入，坚守岗位，维持着财政空虚的国家机器的运转，因为他们负有历史责任感，对社会主义事业充满坚定信念。但是我们还应该看到，改革以来政治腐败正在蔓延。在改革的成本函数中，政治腐败的效应最大，因为它直接侵害国家的机体。如果说思想僵化是使中国制度变迁陷入"闭锁"的主要原因，那么，政治腐败恐怕就是第二位的原因了。许多发展中国家的制度变迁之所以陷入"闭锁"，并非由于思想僵化，而是因为形成了难以克服的既得利益集团。我们必须警惕这种危险，下大决心整治腐败，尤其要防止腐败制度化。

三、国家职能转变的目标

在西方经济学著作中，制度变迁通常是指以社会成员为主体的自发性过程。在中国，国家是变迁主体，改革表现为自觉变迁的过程。不过这个过程也有一个从不甚自觉到比较自觉的变化。新时期的改革从强调按经济规律办事开始，最后才得出建立社会主义市场经济的结论。随着改革的深入和多年经验的积累，设计目标体制的意义越来越大，这种设计有助于减少盲目性和提高改革的效率。

根据十四届三中全会的决定和多年改革的经验，借鉴西方国家和东亚新兴工业化国家市场经济模式，中国社会主义市场经济的国家职能可以从四个层次上考虑。

首先是市场经济所要求的一般国家职能。（1）减少宏观经济的波动，保持币值稳定和供求平衡；（2）提供共用品和基础设施服务；（3）克服经济发展造成的外部性，在中国，主要指人口控制和环境保护；（4）当竞争造成规模经济，引起自然垄断时，反对垄断，保护竞争，或对垄断实行国家监督；（5）发展有利于降低交易费用的制度安排，克服信息不对称，消除不正当竞争；（6）消除分配不平等，保障最低生活水平。国家在执行这些职能时应当持中立立场，平等对待各种经济成分。

其次是发展中国家的经济所要求的国家主导职能。发展中国家在经济起步时，往往面临许多问题，如产业结构扭曲，在国际市场上处于劣势地位等。这些问题不能或暂时不能由市场解决。因此，国家应当在一些领域和产业中起到主导作用。这些职能大致包括：（1）制定国民经济的发展目标和中长期计划；（2）制定产业投资政策，扶植新兴产业，加速产业结构的调整和优化；（3）制定外贸政策和出口战略，提高本国产品的国际竞争力；（4）主导消费，如禁止色情、毒品行业，强制实行家庭扶养、义务教育和汽车安全带等消费。在上述某些领域，国家主导的目的是弥补市场的低效率，因此，应当同加速市场发展结合起来，一旦市场能够承担这些职能时，就应及时取消国家控制。

三是国有经济所要求的国家所有权职能。中国的国有经济成分在国民经济中占重要地位，起支柱作用。对国有经济行使所有权是国家的主要经济职能之一。在旧体制下，政府代表国家以国民经济管理者和国有企业所有者的双重身份直接控制企业，企业要把绝大部分利税上交国家财政，企业亏损也由国家财政补贴。改革以来，这种关系已经有了很大变化，但是没有从根本上解决问题。随着市场的扩大和非国有成分的发展，政府和国有企业的关系变得越来越不合理。国有企业的产权改革和国家所有权的职能设计已成为建立社会主义市场经济的关键。

国家所有权职能的设计是一项复杂艰巨的任务，其目的是使国家所有权的操作成为非行政的经济行为。根据十几年的改革经验和理论界的探索，本文认为这种设计应把握四个环节。（1）对国有企业按竞争性和非竞争性进行分类。竞争性企业与政府部门彻底脱钩，非竞争性企业则由政府直接控制和监督。（2）实行政府行政权力和国家所有权的分离，建立不具有行政权力的各种国有资产代理机构。这类机构的职能是代表国家在所有权和资本市场上进行国有资产权利的操作，实现增值。（3）建立公共财政和国有资产收益分立的复式预算制度，真正实现利税的分流和分用，使国有资产的利润以投资的方式用于发展国有经济成分。（4）建立现代国有企业制度，界定和保护产权。这项工作的要旨是，在所有权市场化的基础上，把经营权集中到企业手中，使企业成为面向产品和要素市场的独立法人主体。

最后是国家作为利益组织所要求的自我发展和完善的职能。在市场经济中，国家作为公共利益集团也具有自己的特殊利益，而且国家组织内部也存在着复杂的利益机制。有效地实行自我完善职能可以增进国家机构和组织的优化，使之更好地担负起外部职能。自我完善职能大致有：（1）扩大国家财税基础，完善财政制度；（2）合理分配中央和地方各级政府的权力；（3）发展适应市场经济管理的专门化、区分化和相对独立的职能机构；（4）发展公务员制度和职业化的技术科层制度；（5）发展国家和社会集团的合作制度，建立半官方的社会公共机构，这些机构可以有效节约政府开支和提高工作效率；（6）发展国家工作人员的福利制度。

参考文献

［美］道格拉斯·诺斯，1990：《制度，制度变迁和经济实绩》，英国：剑桥大学出版社。

邓小平，1993：《邓小平文选》第三卷，北京：人民出版社。

变化中的中国政府治理[*]

燕继荣[**]

一、序言：问题意识

当前，中国社会管理中一个值得关注的现象是：一方面，政府协调利益冲突、维护稳定的投入逐年上升，花在公共安全方面的财政支出急剧增长[①]；另一方面，社会矛盾和利益冲突不仅没有减少，反而呈现数量增长和性质暴烈的趋势。有资料显示，在过去的十多年时间内，群体性事件增长了近十倍[②]，而自焚、跳楼、杀警、爆炸等极端事件时而发生。

[*] 本文原载于《经济社会体制比较》，2011年第6期。

[**] 燕继荣，北京大学政府管理学院政治学教授，北京大学政治发展与政府管理研究所研究员。

① 尽管缺乏权威性的统计数据，但一些粗略估算还是展示了一个大概的面貌。有关报道请参见《财经》杂志2011年第11期刊登的文章《中国维稳费：公共安全账单》一文。

② 有研究指出，近年来，全国频繁发生因人民内部矛盾引发的上访、集会、请愿、游行、示威、罢工等群体性事件，数量多，人数多，规模大，从1993年到2003年间，我国群体性事件数量已由1万起增加到6万起，参与人数也由约73万人增加到约307万人（2005年中国《社会蓝皮书》统计数据）。近几年，群体性事件逐年增多，规模上千人的占较大比重（参见于建嵘：《当前群体性事件的特点和原因》，载于《中国党政干部论坛》2006年6月）。另有未经证实的数据显示，1993年，满足以上条件的事件共8709宗，1999年总数超过32000宗，2003年总计为60000宗，2004年为74000宗，2005年为87000宗，2006年为90000宗。有关统计数据的进一步说明可参见宋维强，2009：《社会转型期中国农民群体性事件研究》，武汉：华中师范大学出版社，50—59。

随着社会矛盾事件不断发生，中国共产党和政府一再强调社会管理创新。2004 年 6 月，中国共产党十六届四中全会提出要"加强社会建设和管理，推进社会管理体制创新"。2007 年，十七大报告提出要"建立健全党委领导、政府负责、社会协同、公众参与的社会管理格局"。2009 年底，全国政法工作会议确立"社会矛盾化解、社会管理创新、公正廉洁执法"的工作重点。2011 年 2 月 19 日，胡锦涛在省部级领导干部社会管理及其创新专题研讨班的讲话中，再次强调要加强和创新社会管理，维护人民群众权益，促进社会公平正义，保持社会良好秩序，建设中国特色社会主义社会管理体系，确保社会既充满活力又和谐稳定。

当前，"社会管理创新"已经成为中国政府、学界、NGO 以及舆论界各方共同关注的政治话语。"社会管理创新"是中国进一步改革的具有战略意义的制度安排，它意味着政府治理模式的变革。那么，中国政府治理模式发生了哪些变化？时下面临什么困境？今后的变革方向是什么？这些问题还有待进一步讨论。

二、中国学者的考察

毫无疑问，随着中国经济改革和社会变迁，中国的政治领域也发生了重要的变化。这些变化用政治民主化的指标去衡量可能并不显著，但从政府治理的视角去观察却有明显表现。所以，许多中国学者认为，中国的政治改革并不是一些西方学者所期待的以民主化为内容的政治体制改革，而是一种以改变政府管理体制为核心的政府治理改革。

然而，就政府治理方式而言，存在着个人独裁、寡头统治和民主治理的差别，还会有极权体制、威权体制和宪政体制的不同。那么，中国政府的治理方式到底属于哪一种？中国共产党提出"中国特色"的概念，大多数的中国学者也倾向于接受这一概念，因为中国的状况确实很难用以往的理论框架作出解释。

中国特色的治理模式或许是一个"混合模式"，或者说是一个"过渡模式"，其中不同程度地包含了上述这些模式的某些要素：既有个人独裁的成分，又有寡头决策的特点，在地方性的公共事务方面，又有一些符合民主治理精神的探索。有观察认为，目前中国政府治理可以用上层的威权主义（authoritarianism）、下层的协商民主（deliberative democracy）来概括。此外，中国政府的治理模式好像也是一个不断变动的模式。官方的表述至少让我们感觉到，他们在努力追求一种"善治"的目标。比方说，最近几年，中国政府一再强调要转变政府职能，打造服务型政府。这表明中国政府力求重新界定政府角色，探索新的管理方式，谋求政府转型。

那么，如何解释中国政府治理模式的变化？中国学者提出了不同的看法。一些关注宏观治理比较的学者从理论推理的角度，论证政府治理改革的方向，在比较"政治统治型"、"经济建设型"和"公共服务型"政府的基础上，将"公共服务型政府"设定为政府改革的目标，并认定"以社会和公民为本位，以公共服务为根本目标"，"市场化、社会化，与非政府公共机构甚至私人部门合作"，是"公共服务型政府"的行为模式和政策手段（刘厚金，2008：32）。

一些关注中国决策模式变化的学者认为，中国的发展不同于苏联时期戈尔巴乔夫的"新思维"和之后的"休克疗法"，中国发展所遵循的是"政策主导型的渐进式改革"路线。这种"政策主导型的渐进式改革"模式区别于"民意主导型"的、由体制外力量所推动的权利驱动或利益集团驱动的民主变革模式，其改革政策主要由来自执政党和官僚精英等体制内的力量所推动，以改善治理效果为目的。依照这种观察，中国的发展取决于"决策模式的变革"。因此，他们指出，在中国公共政策议程设置过程中，专家、传媒、利益相关群体和人民大众发挥的影响力越来越大，中国党政决策方式开始走向多样化（王绍光，2006），中国政府在决策结构上已经从个人专断转向多元参与，在决策能力上已经从经验决策转向科学决策，在决策机制上已经从非制度化决策转向制度化决策，这些变化不仅表明中国政治运行机制的重要发展，而且产生了许多有利于中国发展的经济、政治以及社会结果（王磊、胡鞍钢，2010）。

一批关注中国整体治理变化的学者在一项名为"中国政治发展：中美学

者的视角"的研究①中，以集体力量系统考察了中国改革 30 年治理方式的变化。他们认为，中国的改革是"以治理为中心的改革"。30 年中国治理方式的变革体现在以下 12 个方面：从革命到改革、从革命党到执政党、从专政到宪政、从政治协商到协商政治、从政治国家到公民社会、从政府统治到社会自治、从政府管制到公共服务、从集权到分权、从基层民主到高层民主、从阶级斗争到利益协调、从传统决策到现代决策、从惩治腐败官员到监督公共权力。他们当中有人认为，经过 30 年的探索，中国正在形成一种特殊的治理模式，其治理改革的目标已经十分清楚，这就是：民主、法治、公平、责任、透明、廉洁、高效、和谐（俞可平，2008）。

三、全能主义：传统政府治理的遗产

不过，理论分析和研究者旨在向自己所期待的方向引导而采取的善意解释，并不能替代客观事实。过去，人们曾经较多地使用"全能主义"（totalism）这一概念来概括中国政府治理的特点。虽然改革开放以来中国大力引入市场机制，力求实现管理社会化，这在很大程度上改变了中国党政体系的决策方式和治理模式，但一些现实的观察坚持认为，政府主导的全能主义依然是目前中国社会管理模式最为恰当的概括。中国全能主义治理模式的特点可以通过图 1 得到说明。

如果实地考察中国政府的管理状况，可以让我们更多地体会到全能主义治理模式的如下特征（见表 1）：

在全能主义治理模式下，政府通常扮演一种类似"家长"的角色，因此，在中国发生下面的案例毫不奇怪：担心信息开放会产生不良后果，于是"防火防盗防记者"；担心夫妻看黄碟会产生不良影响，于是派警察上门查抄；担心手机接收不良信息，于是替你"关机"；担心网络"很黄很暴力"，于是帮你的电脑安装"绿坝"。

---

① 该课题受香港中美交流基金会资助，课题组由中美两国各 12 位著名政治学者组成，研究报告在中美两国分别以中文和英文出版。

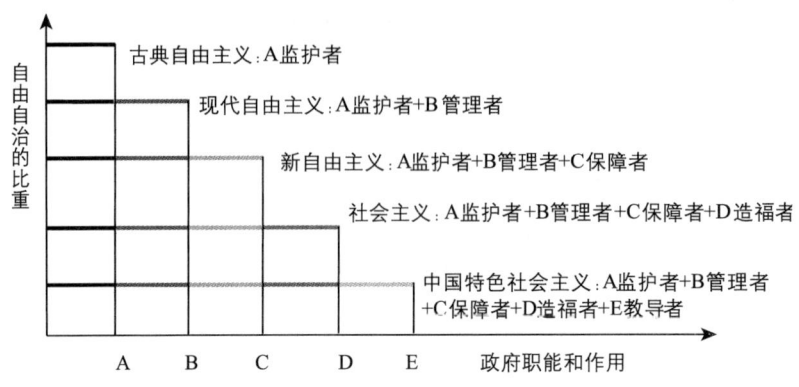

图1　中国特色政府治理模式下的政府职能

表1　全能主义治理模式的特点

特点概括	表现
集中式管理	实现社会整齐划一，步调一致是政府管理的目标
狱警式管理	政府试图通过制造和利用信息不对称来管控社会
倒计时管理	军令状和暴力执法是政府管理常见的手段
围堵式管理	追求无抗议管理，坚持社会抗议零容忍
运动式管理	突击式综合整治是政府经常采用的方式

全能主义政府管理通常会面临力不从心、管理成本攀升和引火烧身的困境。许多事例表明，目前中国政府（尤其是地方政府）正面临这样的困境：政府包揽社会事务，行政费用增幅超过 GDP 增幅近一倍（胡联合、何胜红，2009），政府深陷社会矛盾之中，社会冲突事件的矛头最终指向政府（燕继荣，2009）。

四、公共治理：政府治理变革的方向

"政府主导"被看成是"中国模式"的重要特色，而中国制度的特点更有助于推行"政府主导"的发展模式。最新的讨论注意到，近十多年来，政府所拥有的物质资源、组织资源日见增强，其控制社会的能力也越来越大。经济发展是政府主导的，基层和社区建设是政府主导的，文化体育事业是政府主导的，即使诸如民间组织的发展、地方文化宗教事务兴起之类的事情，也是政府主导的。事实表明，中国的发展变化已经形成了对政府的高度依赖，而社会处于被动员、被导演、被整治的状态，始终未有改变。"政府主导"不断强化的势头，一方面造成政府能力越来越大，形成一种惯性和循环——"政府主导"越是促成经济繁荣，社会资源便越是掌控在政府手中；社会资源越是掌控在政府手中，经济繁荣便愈加依赖于"政府主导"；另一方面，伴随着政府吸附资源的能力越来越强，涉入社会事务越来越深，管理的事务越来越广，全能主义倾向越来越严重，相应地，社会自理和自治的能力便越来越弱，社会和民众依赖政府的程度也越来越大，进一步而言，政府成为社会矛盾焦点的风险也会更大。这是目前中国式政府治理面临的一大问题。

许多观察人士指出，政府主导、集中管理、运动式管理、举国体制、"GDP 锦标主义"，这些被认为是促成经济增长、辉煌奥运与世博、国家工程等"中国奇迹"的要素，也引发了许多问题，如极化效应、短期行为、贫富悬殊、社会抗议运动频发、公共服务滞后、社会保障不足等，而且，在目前的发展水平下，也面临诸多困境，如民生不昌、民力不强、内需不足、环境不支、创新乏力、司法不力、公权滥用等，其合法性正在受到质疑。解决这些问题，要求中国政府以更大的勇气和决心去清理旧制度的遗产，以更大胆的探索去谋求治理变革。

传统政府模式与新的治理模式的比较研究（见表 2）为中国政府治理变革提供了方向和原则（Salaman & Elliot，2002：9）。共管共治，上下互动，公私合作，平等协商，这些都是新近政府管理理论和实践所提供的基本原理，它们应当在中国政府改革中得到应用。

依照治理的一般理论，结合中国的实际状况，我们能给中国政府的原则性建议是：把本着"为民做主"和"替民做主"的思想来制定自以为是的"公共政策"，转变为本着公平公正的原则，创造和维护一种让不同群体都能表达利益诉求的"公共平台"，引入"公共治理"的概念，允许并鼓励民众参与社会管理，实现"公共事务公共管理"。

表2　传统政府模式与新的治理模式比较

传统政府模式	新的治理模式
项目/机构	政策工具
层级官僚制	网络制
公私对立	公私合作
命令和控制	谈判和劝服
管理技术	授权技术

五、结论

日裔美国学者福山认为，对于很多国家的改革来讲，最好的路径是在缩减国家职能范围的同时提高国家力量的强度（福山，2007）。因此，要遏制社会矛盾逐年增多，群体性事件不断攀升的势头，必须进行制度创新，改变政府管理的模式，变全能政府为有限且有效的政府。对于那些政府不该管或者管不好的社会事务，政府应当坚决退出这些领域，甚至对于那些政府可以管理也可以不管理的事务，为了培育民众的自治精神，政府也应当让民众自我管理，这意味着要建立有限的政府；对于那些离开政府就没有办法管好的社会事务，政府必须承担责任，尽力把这些事务管好，这意味着要建立有效的政府。

建立有限的政府，投资社会资本（social capital），不仅有利于政府自身的建设，而且也有利于增强社会的活力，增加人民之间的信任度，提高人民群众自我管理的能力。只有有限的政府才可能是有效的政府。专制的政府、全能的政府、什么事都要管的政府，往往什么也管不好。只有有效的政府，才能不断进行公共服务创新，建立有效的产权制度，促进经济的发展；建立有效的管理制度，促进社会的稳定与发展。因此，中国政府创新的努力方向，应当是构建有限且有效的政府。

参考文献

［美］弗兰西斯·福山，2007：《国家构建——21 世纪的国家治理与世界秩序》，北京：中国社会科学出版社。

胡联合、何胜红，2009："我国行政成本演变态势的实证研究（1978—2006）"，《公共行政评论》，2009，5。

刘厚金，2008：《我国政府转型中的公共服务》，北京：中央编译出版社。

王绍光，2006："中国公共政策议程设置的模式"，《中国社会科学》，2006，5。

王磊、胡鞍钢，2010："结构、能力与机制：中国决策模式变化的实证分析"，《探索与争鸣》，2010，6。

燕继荣，2009："群体性事件频发的政治学思考"，《中国社会科学》（内部文稿）2009，6。

俞可平，2008："中国治理变迁 30 年（1978—2008）"，《吉林大学社会科学学报》，2008，3。

Salaman，Lester M. and Elliot，Odus V.，2002. *Tools of Government：A Guide to the New Governance.* Oxford University Press.

中国改革中变化的政府角色[*]

[美] 托尼·赛奇 著　　丁开杰　高新军 译[**]

　　20 年来，与经济改革方案相伴随，政府机构的角色发生了明显的变化。这些变化尤其表现为与毛泽东时代的差别。那时，中国经济在中央计划及其与之相适应的集中化的政治行政体制下运行。现在，经济和人民生活不再受到直接干预，解决法律、国际贸易和市场经济问题的新制度已经产生，行政官员的受教育程度也大大提高了。然而，最大的变化却在于，中国共产党正在全力探索监管不断市场化的经济和多元化的社会时政府应当扮演何种正确的角色。

　　改革开始前的 1978 年，政府几乎控制了服务部门所有的产出，94.4% 的农产品和 97.5% 的工业产品按政府定价销售（UNDP，1999：20 - 21）。当时，没有独立的财政和银行部门，它们仅仅充当政府的出纳员，为政府指导的发展项目融资。现在，政府的作用在许多主要方面发生了很大变化。在 20 世纪 90 年代进行更引人注目的改革之前，对市场依赖程度已经从 1979 年的 25% 上升到了 1992 年的 63%（UNDP，1999：39）。非国有部门在工业产出中的比

---

　　* 本文原载于《经济社会体制比较》，2002 年第 2 期。

　　** ［美］托尼·赛奇（Anthony Saith），哈佛大学肯尼迪政府学院教授。丁开杰，中央编译局世界发展战略研究部国外理论研究处处长、研究员；高新军，中央编译局世界发展战略研究部研究员。

重从 1978 年的 22.4%，上升到了 2000 年的 73.3%，同时民营经济也从 1985年的 2% 上升到了 1998 年的 16%（Yusuf，2000：24 – 25）。现在，中国的经济实际上是一个混合经济。

尽管存在这些变化，但是政府政策及其组织结构并没有对治理这种混合经济作出反应。对国有部门的优惠政策仍在执行，对民营部门的态度有所进步，但还是歧视性的，管理结构与改革前仍然非常相近。信贷政策就是一个明显的例子。银行基本上是为资助国有企业而设立的，后者接受了 70% 的银行贷款。

许多观察家认为，随着市场经济的发展，包括中国在内的政府的作用在转轨经济中将下降。然而，这并不是事实，改革使政府进入了新的领域，而旧职能则未必会终止。实际上，政府的萎缩可能并不是最合适的方式。在后共产主义的俄罗斯，一个主要的问题是俄罗斯一直缺乏有效的国家机器去指导市场转轨进程。如果缺乏相对公正的司法部门来有效地实施规章制度环境，市场经济就会导致各行其是的无政府状态。

首先，一个有效而不是强大的政府结构是任何成功的改革有望实现的前提。当然，政府在经济中的角色将随着干预范围的缩小和直接行政干预的减少而变化。博兰尼（Polanyi，1994）在对英国所作的研究中，指出市场的发展如何同中央政府权力的增强携手共进。政府能力的增强是市场有效运转的必要条件。政府必须对不断出现的市场经济交易争议的性质进行裁决。这意味着，政府的责任是建立一个完善的法律体制。另外，政府必须管理关键的宏观经济变量，并确保经济和投资政策不被超出合理期限的限价或补贴所扭曲。它必须处理税收及其分配，这将有助于政府提供最低的社会服务和福利保证，以保护市场经济变迁的过程中容易受伤害的人们（详见世界银行，1997：4—5）。

向更少的行政干预转变，减少对服务的直接供给和管理会使治理变得更为复杂，而远不是更加容易。中国政府已经给其旧的垄断功能增加了新的规制角色，它的功能比过去更广泛更复杂，随着中国拓宽进入 WTO 的道路，还会变得更加复杂。中国政府需要解散旧部委和组织，改善另一些部门的职能，并且建立新部门，以满足 WTO 世界的需求。必要的规制发展是无法想象的。

当前，大多数现任行政官员都不熟悉他们作为一个间接供给者或规制者的角色。这些新角色要求他们获得在完全不同的行政框架中进行管理的技巧和能力。养老金改革就是新挑战的一个明显的例子。中央政府已经决定将特惠部门职工养老金的责任由国有企业移交给地方政府。这使地方行政部门能够处理诸如筹集、统筹和支付等复杂事务。然而，许多地方政府不具备有效管理这些资金的技能，并且由于缺乏足够的透明度和规制，许多地方只是简单地把养老基金当作国有资产，投资到他们认为合适的自己钟爱的发展项目上去。甚至在国家一级也存在许多问题。在中国筹建劳动社会保障部（1998年正式建立）期间，我拜访了监管养老基金政策和基金发展的官员。显然，在这个部门里，没有受过训练的、能够对人口趋势和不同退休年龄计划的未来资金需求进行规划的经济学家。这只是执行治理体制的政府官员必须掌握新技能的一个小例子。由于此类调整问题的存在，行政改革遭抵制，许多部委宁愿固守十分熟悉的工作和角色，而不去适应新的工作和角色，也就不令人感到奇怪了。

但是，俄罗斯的经验表明，更好的做法是从现存的社会政治制度出发，通过明智的激励来刺激增量改革。无规制、无管理的市场将产生混乱。可选择的办法是斯蒂格利茨（Joseph E. Stiglitz）所抨击的"制度闪电战"（institutional blitzkriey）。职能的全盘私有化也不是答案。产权在转型过程中所起的准确作用比正统的看法更加模糊。正如罗斯基（Rawski，1999）所说，产权可能起的作用比经济学家们常形容的要少得多。与所有权性质相比，围绕商业企业的市场结构和制度安排在绩效、效率和赢利率上所起的作用更大（中国的情况参见 Steinfeld，1998）。私人垄断未必比国有企业拥有更好的功能，问题是如何规制竞争。政府作为大型企业，更有可能对获得垄断地位感兴趣，而不是去保护一切企业的公平竞争。

在谈到中国政府的角色时，我们怎样理解这一点呢？梅奎尔（Merquior）总的看法是，"事实上，我们同时拥有太多的政府和太少的政府"，这与中国的情况相符。或者换句话说，中国政府过于直接地干预了那些最好留给市场或市民社会的领域，却没有涉足公共品理论主张大力干预的某些关键领域。格林德尔（Grindle）把梅奎尔的"太多"（即政府过多干预且经常侵犯）定义为，政府主导的与强调集中政治控制相结合的发展。"太少"则是指这些大型的侵犯性的公共部门经常不能有效地制定政策、实施政策和履行日常管理职能（Grindle，1997：3—5）。前者是适合于中国国情的，而后者则与整体情况不符合，但它与社会政策的发展相关。在下文中，我将思考三个问题。第一个问题是"太多"的不合适的产业政策。第二个问题是"太少"的不足的医疗保障供给。第三个问题是一些政府的财政能力太弱，而一些政府的财政能力则使用不当。与许多发展中国家一样，中国政府正试图做那些超出其资源能够支撑的更多的事情。这要求政府能够集中它的财力，关注那些它能提供附加价值的领域。

一、太多：产业政策

政府最重要的政策挑战之一，是如何重新配置产业政策以及用于支持国有经济部门的财政政策。实际上，有人甚至会问，中国是否需要一个产业政策。尽管这种偏见有很强的政治和意识形态原因，但是该部门毕竟是国有资产的纯粹损害者，增长迅速，更有生产力的非国有部门反而受到处罚，缺少必要的发展资本者。

一个积极的产业政策在发展中所起的作用已经有了很多的讨论，许多人认为积极产业政策是东亚经济在经济危机前成功发展的一个关键因素（参见Stiglitz，2000：517–19）。大量作者都强调了日本和韩国的"有选择地扶持大企业"政策（picking-winners），日本和韩国通过银行体制为这些大企业提供直接贷款以帮助它们发展，同时建立贸易壁垒政策来保护它们。按照其中的一个观点，这既可以看作一个带动经济起飞的正确战略，也可以看作随后带来经济危机的破坏因素。总体来看，我倾向于同意斯蒂格利茨（1996）的看法，他认为，在发展的早期阶段，这个方法对保护幼稚产业、允许它们发展和充分利用规模经济优势是有价值的。然而，近期对日本的研究表明，补贴实际上往往会把资源从高生产率的使用者手中转移到低生产率的使用者手中，而且与迅速发展的产业相比，萎缩的产业更受到优待。另外，那些未来前景一般但因为大量的理由而被认为符合国家利益的产业将会得到许多支持，比如煤炭、石油和纺织行业（Beason，Weinstein，1996）。

中国的情况正是如此，它的产业政策和财政政策扶持了中国共产党20世纪50年代以来建立的、而今正在走下坡路的国有经济部门。另外，此类保护主义和"鞭打快牛"（picking-winners）策略，不管过去是否管用，在WTO世界是不适用的。无论如何，WTO规则和惯例都试图防止整个东亚60年代以来实行的发展战略。显然，国际压力将使中国政府采纳一个更市场化的战略。如果中国不调整这个政策的话，它就将冒与世界尤其是来自美国的贸易实体发生大量摩擦的危险。

显然，国有企业总体上正在为此努力。当然，中国在维持一个相当大的国有部门的同时，已经取得了快速的增长。自从1978年以来，中国的GDP增长率平均每年为10%，90年代更是达到年均10.7%。而相比之下，俄罗斯在90年代则以年均6.1%的速度下降。政府战略一度是使非国有部门围绕国有核心增长，诺顿（Barry Nanghton）很贴切地把这个过程称作"计划外的增长"（Naughton，1995）。然而，维持国有部门的做法越来越受到怀疑，它把已经出现的金融脆弱引入了整个体制，使投资模式受到了扭曲。

对中国共产党来说，工业部门的改革是治理方面的最大挑战，因为这涉及在中央计划下发展起来的经济体制的核心。改革损害了为运作体制而设立的强大的官僚机构的利益和中国共产党所代表的最先进工人阶级的利益。毫不奇怪，改革努力一度停滞不前，但到了20世纪90年代后期，这一困难的改革显然不能再推迟了。国有企业改革的问题很好地说明了推迟改革的利弊。渐进主义改革允许非国有经济部门和为新就业者和下岗职工提供可选就业机会的国有企业同时发展。在缺乏有效的政府失业计划的条件下，把富余职工留在国有企业的做法是一种选择，可以防止他们因流落街头而成为对政治不满的源泉。这种做法在财政上不再有效。经济压力使中央已无法守住这道防线，而地方政府则在追求事实上的私有化。政府没有足够的财力继续解救这些部门。

推迟基础性改革的做法同样来自领导层所经历的全力对付国有部门的长期学习过程。中央领导花了很长的时间才意识到，仅仅强调技术升级、改善管理、有限的自主权和扩大市场力量等，很难提高国有企业的素质，除非深入改革外部环境，选择合适的改革顺序。实际上，对这些方面的修修补补可能会使情况变得更糟。中国缺乏进行公司治理所需要的、能够为复杂市场设施中的生产者扩大产权功能的关键制度机制。使问题变得更加复杂的一个事实是，许多国有企业已经成为纯粹的国有资产损害者，它们消耗的价值远远超过了它们所创造的价值。令政府窘迫的是，它们仍然要为各级政府提供大量的收入：1995 年，这个收入占了总收入的 71%。

一些数据显示，这个问题的严重性在 20 世纪 90 年代中期就出现了。世界银行的数据表明，在 10 万新增的国有企业中，可能只有不到 10% 的企业基本上是有活力的。国有企业吸收了 60% 的国家投资；接受的总补贴占了国家预算的 1/3；1995 年，国有企业的净贷款超过 GDP 的 12%。重要的是，50%—75% 的家庭储蓄直接或间接地通过国有银行，进入了国有企业的经营活动。世界银行（1997a：1）估计，1996 年，50% 的国有企业亏损（非官方的估计更高）。从它的活动范围来看，国有企业拥有中国 1/3 的医疗工作人员，以及大约 60 万名教师和管理人员（Hughes，1998：73）。

必须看到，如果国有企业不能解决坏账问题的话，长此以往，政府的资源将不足以支付存款人和国债持有者的本金和利息。同时，收入基础不断弱化的政府无法提供同一种弱化的救助和补贴。这使得许多国有企业实际上不可能承担其全部社会义务，甚至不能足额支付工资，这又反过来要求加速养老保险、医疗保险和住房制度的改革。1995 年，社会保险和福利基金的成本在总的工资单上的比重从 13.7% 上升到了 34%（UNDP，1998：65）。所以毫不奇怪的是，尽管政府更关心发展的速度，但由于 1996 年的破产企业比前一年增加了 260%，而失业人员不顾官方的控制仍在上升。总数达 6232 家的企业破产，超出前七年破产企业的总和。

这类统计数据已经让党的领导人决定冒险弱化同工人阶级队伍的关系，

降低工人阶级对政府所能提供的服务的期望。他们名义上仍然强调工人阶级领导地位的重要性，仍然实施优先为下岗职工找工作的政策。但是，真实的情况是，对于许多人来说，他们需要在日益不熟悉的经济中自谋新的职业，这要求具备与他们在苏联体制下学会的完全不同的技能。

许多与治理有关的改革创新一直在进行着，包括：鼓励国有企业退出一些经济部门，界定所有权，政企分离，组建能够参与国际市场竞争的大型企业集团，允许小型国有企业分散所有权。对于1000个左右最大的企业来说，鉴于韩国和日本出现的财阀问题，这个政策似乎很奇怪。但是中国领导人相信，这个战略在目前的发展阶段依然有效。此外，意识形态因素、工业发展上残存的社会主义观念以及想使大量中国企业跻身世界财富500强的民族主义思想，都使他们持续地渴望给予国有部门以特惠。

从20世纪90年代中期开始，中国政府采用了两项深化改革的重要措施，试图改善国有经济部门的状况。一是建立独立于私人企业并受政府规范的社会保障体制。二是通过加强控制银行贷款（以便建立更好的借贷约束）和商业贷款来硬化预算约束。

搞活国有企业的政策起作用了吗？理论上是肯定的，但现实却是否定的。1999年年底和整个2000年，官员们开始强调亏损国有企业的状况正在好转的数据。1999年8月，官方的《人民日报》宣布，1999年上半年，这些企业的利润已经增长了280%，其中，主要是东北的国有企业状况有所改善。据说，亏损企业的数目已经下降了29.1%，而赢利企业的数目则上升了14.6%。2001年3月，中国国家发展计划委员会的负责人宣布说，6599个在1997年亏损的国有企业已经减少了70%以上。这个转变并不令人惊奇。首先，许多真正扭亏无望的国有企业通过由赢利公司兼并的方式已经从政府亏损名单中删除了。第二，资产管理公司（AMCs）已经买断了许多大型国有企业的债务，因此这些国有企业也从亏损企业的名单中消失了。最重要的是，这些国有企业不用再支付它们庞大贷款的巨额利息。通过这种方式，许多破产的国有企业已经一夜之间就从亏损企业转变成了赢利企业（对这个政策批判性的评论参见Steinfeld，2000：22 – 27）。但国有企业无效率的问题能否真正得到解决则完全是另一个问题，许多国有企业已经避免了使它们能够参与未来的 WTO 市场竞争的必要的结构性改革。

如果中国不想引发可能随着加入 WTO 而加剧的金融危机，它就需要加快在这个领域的治理步伐。政府不仅需要从对这个部门的直接干预中撤出，也需要停止优惠政策，放弃把有价资源改用于扭亏无望的部门的做法。但是，这并不意味着政府就无所作为了。中国需要增强通过间接机制指导经济发展的能力，也需要形成更有效支持竞争的规制结构。在减少政府直接控制经济的同时，还需要培育出通过财政和货币政策来管理经济事务的新技能，中国正在逐渐地实施这些政策。对于政府不愿撤出的那些领域，在实践上就需要提供更大的透明度和责任性。

二、太少：农村医疗保障供给

与产业政策相比，政府对医疗保障的干预一直太少，尤其是对希望提供医疗保障服务的贫困农村地区的供给太少。然而，这并不意味着政府应该覆盖所有形式的医疗保障。私有化可能适用于某些服务业，如高档的城市医疗保健，或公私合营机构，但贫困地区的医疗保健很明显应由政府来供给。作为目前政策核心的治疗保健实际上是纯粹的私用品，如果政府不提供资助，除最贫困者外，所有人都能找到可选择的方式支付成本（参见世界银行1997b：52）。防疫保健则是一个相当不同的领域，它显然是一个具有较大外部性的公共品，目前在中国供应不足，并且不论私人部门和市场发展到什么程度也不会提供。

改革，尤其是财政分权，已经产生了新的不平等，农村和城市福利供给的差别急剧加大，同时还放弃了对特惠工人阶级提供的从摇篮到坟墓的社会福利。改革提高了大多数人的生活水平，也使中国转向市场经济，但中国决策者在设计社会转型政策方面并没有获得这样的成功。这并不令人奇怪，因为承担主要制度变化的改革本来就比稳定宏观经济和自由化的措施缓慢和复杂（Nelson，1997：256）。

改革带来的财政压力已经使很多工作单位和地方政府减少了服务或者把这些服务转变成了有偿服务体制。个人正逐渐通过自己的适当资源来寻求最好的支持。这在医疗保健供给方面已经很明显（参见 Bloom, Tang, and Gu, 1995：423 – 41；liu, Hsiao, and Eggleston, 1999：1349 – 56；Saich, 2001：241 – 71）。收入不平等的增加和中国地方政府的财政压力正在引起转轨过程中公共品和服务方面的重大变化。正如世界银行指出的，健康和教育服务在20世纪80年代还非常普遍，而到了90年代却变得越来越依赖于收入（世界银行1997c：23）。例如，在1998年，合作医疗制度覆盖了高收入地区22.2%的人群，而在贫困地区这一比例只有1%—3%（Zhu Ling, 2000：41 – 43）。

政府的医疗开支一直不充足，预算分配严重偏向城市地区。每年医疗保健开支仅仅为GDP的3.8%左右，而世界卫生组织推荐的发展中国家水平为5%（Bland, 2000：273）。事实上，政府对农村地区的医疗服务给予的财政承诺一直在下降，它在医疗保健总支出中的比重从1978年的21.5%下降到了1985年的12.1%，1991年则下降到了10.5%（Wong and Chiu, 1999：274）。农村支出是全国平均水平的2/3，而同时城市地区的支出则几乎达到全国平均水平的两倍（Economics Research Department, 2000：25）。

几乎在同一时期，医疗的实际成本大量增加。这尤其对贫困农户进入医疗保健造成了重大影响。贫困地区年人均医疗费支出在总收入的比重从1990年的2%—3%，上升为1998年的8%—11%，并且还在继续上升（Liu Zhen and Wen, 2000）。80年代早期，可以事先不付费的集体医疗体制随着人民公社的解体而消失，大约90%的农户几乎不得不为自己所用的全部医疗服务直接付费（世界银行，1997c：47）。因此，毫不奇怪的是，疾病与贫穷密切相关，而医疗成本则是影响穷人看病的主要因素。1995年，对60户贫困家庭所作的一项调查认为，大宗医疗开支是导致贫困的最主要的因素（Kaufman, 1998：68）。一项调查显示，医疗费影响了医院的使用率，65.25%的农村居民主要因为经济困难而不住院（在城市为63.13%）（Meng and Hu, 2000：68）。

医疗保健供给的基本问题来自乡村地区的所有权结构的变化以及由这些

变化引起的激励机制的性质（UNDP，1998：36，38）。从1981年开始，各医疗机构被告知，他们的流动成本应由用户承担，本院职工除外。到80年代中期，防疫机构的收费也以有偿服务为基础（Hu and Jiang，1998：192）。这引起了上述合作医疗计划参与比率的下降，使得医疗成本的负担转嫁给了家庭。就全国医疗开支而言，1978年集体计划所占份额为20%，而到了1993年年底，该份额仅为2%（UNDP，1998：37）。正如世界银行在1996年的报告中总结的那样，"同中国收入水平相关的医疗绩效的下降，与降低村级组织向农民征税能力的农业改革是一致的"（世界银行，1996：127）。

另外，直接政府支持一直在下降。财政分权意在使城镇增加它的医疗保健资金。这在富裕地区是可能的，但平均而言并非如此，尤其在贫穷城镇。在广西壮族自治区的东兰县，1981年政府提供了该县各医疗点收入的46%，而到1994年这一比例已经下降为32%（Tang and Bloom，2000：194）。1992年关于三个贫困县的一项研究表明，政府资金支持了县医院预算的18%和城镇医疗点预算的26%，分别低于11年前的34%和38%。这意味着这些机构正越来越多地从病人手中和处方中筹集资金（Bloom，Tang，and Gu，1995：426－427）。

在医疗设施中，私人医疗的供给有了增长，而预防医疗保健则因贫困地区政府不能提供足够的支持，已转向有偿服务。这就增加了农村家庭的经济负担，这说明在缺乏充足的政府融资的情况下，必须提供必要的社会支持。

中央政府现在已经认识到，它的医疗体制是相当危险的，尤其是在农村地区。1996年12月的全国医疗工作会议的调子明显变了，领导人不再把中国的医疗体制当作其他发展中国家的典范，转而思考它的衰落［来自和与会者及盖乐兹（Gailliez）的讨论，1997：42—43］。会议要求把全国预算中的医疗开支从2%增加到尚未达到的5%。

在改善大量贫困地区的状况方面有大量的事情可以做，但是政府如果没有居民的支持，要想做什么事情也是非常困难的。最有益的变革是放弃1949年以来标志中国共产党执政的倾斜于城市的发展政策。如果不放弃中国共产党在政策过程中巨大的既得利益和农村居民的边缘化，这种变革就不会发生。

然而，如果中国共产党能够清理作为国有资产主要损害者的国有企业，把现有补贴部分地用于农村生产性投资，就会大大有益于中国农村。农村医疗供给显然是一个符合"公共品"理论的案例。中央政府需要强化规制框架，确保医疗指导方针的实施，使贫困地区从中央政府支出中得到更好的供给。中央政府应更好地充当公共医疗的供给者和支持者，以确保更公平地享用医疗体制，而不是努力补贴医务人员的工资（关于此类问题可以参见 Saich and Kaufman，2001）。对大量发展中国家的比较研究表明，与其订立新合同，不如推进政府服务的直接供给，尤其是在社会部门（Batley，1997）。

三、不足：财政能力

中国如果要有效地满足它的治理目标，就必须有充足的财政能力，但是它的财力是不充足的，而且一些财力并没有投向最需要的地方。在毛泽东时代，政府通过控制价格和分配机制来确保国有企业获得高赢利率，并从那里获得财政收入。这意味着全国储蓄率很高（UNDP，1999：75）。正如我们在上文中看到的，改革已经瓦解了这个机制，政府所面临的严峻挑战，是满足它的投资需求，充分提供公共品和服务。因为财力有限，政府必须在能够发挥最大作用的地方采取积极的行动，例如在农村医疗保健供给方面，政府就具有明显的公共品功能。

许多人已经明确地指出，中央收入的下降是中央政府能力下降的一个首要原因。然而，更重要的因素是中央和地方之间预算流量的平衡以及对地方官员的激励机制发生了变化。1999 年，政府收入占 GNP 的比重从 1978 年的 36% 下降到 14.2%，并且一度低至 11%。这一方面严重制约了中央政府的再分配能力，另一方面也意味着地方政府在很大程度上获得了筹措资金用于自身发展的手段。政府收入的相对下降已经给各级政府及其事业单位带来了压力，促使它们用地方性收入来满足其经常性的开支。这意味着地方资源和权力结构日益决定着政治结果。在同一省份甚至在邻近的县，我们都能够看到改革带来的极为不同的社会政治结果。

在最近一次的财政改革（1993—1994）之前，政府总支出中仅有约 1/4 来自中央政府，为基础设施建设筹集资金和提供社会福利的责任主要由地方承担。这主要来自两个资源：预算外资金（EBF）和自筹资金（城镇收入参见 Li，Wang，and Tang，1985：35 – 36）。毫不奇怪，我们很难计算预算外资金的真实价值有多少。黄佩华（Christine Wong）估计预算外资金占 GDP 的 12%，而相比之下，正式预算则占 14%（Wong，2000）。如果我们把按其性质不纳入统计的自筹资金加上，那么这个可用收入的总和就相当于 20 世纪 90 年代初财政改革开始时的数额：39.5% 对 40%（Zhang，1999：123）。这就是说，那些认为政府征收能力急剧下降的观察者们仅仅依赖正式预算收入，而这种收入确实下降了约 60%（不是指绝对数，因为经济一直高速增长）。与其讲改革使政府征收能力下降，不如说中央和地方关系的重组，使地方控制了比以前更多的收入（Yang，1994，尤其见 61、64 页）。

这种重组深刻影响了中央和地方的政府性质。到 1992 年，中央政府收入在总收入中的比重从 1980 年的 50% 下降到约 39%，而税收却从 20% 上升到了 28%（此百分比可能指比前一年的增长比例——译者注），开支从 51% 下降到 31%（Zhang，1999：120）。1994 年的财税体制改革稍微改变了这种状况。预算占 GDP 的比重上升了，中央已获得的收入占总预算收入的比重也上升了。1997 年，中央已得到的收入比重从 1993 年的 22% 上升到了 56.5%（Zhang，1999：131）。据报道，1997 年第一季度中央已得收入的增长与地方已得收入的增长持平，从而克服了地方政府最初只为自己积累收入的趋势。中央预算收入份额从占 GDP 的 2.8% 上升到 1998 年的 6.2%（Chung，2000：46）。但是，考虑到中央政府还有其他的财政义务，这并不足以让中央政府在收入再分配政策中起到主要作用。改革的最初目标是为中央提供充足的财政剩余，以使中央能够承担自己的义务，满足一定的再分配需要。据估计，中央大约需要已得收入的 60%；其中的 10% 可能用来满足再分配及相关的目标（信息来自 Pieter Bottelier）。然而，1994 年改革的目标一直都没有得以实现。这些因素对于理解地方政府的激励是相当重要的。

地方政府的兴趣仍然集中在筹集预算外资金和自筹资金方面上。一旦地方政府的收费被重新界定为税收，它就必须服从与更高一级行政管理机构达成的收入分配协议。收费是地方政府能够用于资助自己需要的资金，其中包括他们的工资和相关的管理成本。尤其重要的是，管理能够为地方政府提供收入的地方企业，以及把其他国有资产用于商业目的，如土地批租。事实上，除了商业活动会受到非议外，地方政府使用国有资产来筹集资金以满足其管理和运作成本的做法，受到了积极的鼓励。尤其值得注意的是，地方政府已转向了不务农的农村家庭，把他们作为筹集资金的有效来源（Oi，1992：115）。1994 年的改革强化了寻求预算外收入的趋势，要求县级政府除已增加的义务外还要上缴 75% 的增值税。

对于中央政府来说，如果它想达到任何再分配目标，重要的是把这些预算外资金纳入正常的财政体制。预算外资金是引起中国各行政区域间不平等的因素，而且预算外资金隐含的税率在贫困地区一定比较高（UNDP，1999：83）。另外，中央政府需要进一步强化防止逃税的工作。显然，与许多其他的发展中国家一样，中国只征收到应纳税的一小部分。地方政府给予投资者大量的减税和多种形式的免税，同样弱化了财政能力。政府需要创造能够支持多样化财政体制的规制环境和制度框架，以发展国内的资本市场。同时，政府也需要进一步确保这种财政体制基本上不会被用于资助国有企业。

四、结论

中国政府的角色在过去 20 多年里发生了巨大的变化，减少了它对经济的直接作用，削减了对市民日常生活的干预，缓慢而稍微勉强地接受了发展市民社会制度的要求。然而，如果中国政府要完成转变的话，它仍然有很多工作要做，用世界银行的话来说，就是要从过去的"划船"过渡到对未来发展的"掌舵"（The World Bank，1997：164）。

要增加政府的财政能力，就需要花很大的工夫去面对中国政府面临的许多治理方面的挑战。然而，正如本文所指出的，只有这还不充分。对政府角色的一个重要反思是，必须使目前的治理结构适应不断市场化的、面向国际竞争的经济。这就意味着在产业政策等领域要少做，并以不同方式如使用财政金融政策等间接杠杆来做。在另外的领域，比如农村医疗保健方面，政府应扩大干预目标，使没有从经济改革中获得多少好处的人们受益。而在其他领域，比如财政部门和环境（上文没有讨论这个问题）方面，将会出现创造新制度和政策的挑战。这都意味着，随着不断的市场化和开放，远没有衰败的中国政府，需要在规制和运作等许多领域强化它的能力，为市场和市民社会的发展提供良好的环境。同时，政府需要放弃许多从中央计划时代继承下来的职能。

除了本文中提出的问题之外，政府尤其是地方政府在削减机构数量以及政府工作人员数量的同时，需要特别注意腐败问题和增加政府的透明度，培养行政管理能力。尤其是政府需要认识到，它不再是主导中国发展的唯一活动者，在一些领域它也不再是最重要的角色。这就需要考虑如何发展与企业部门和公民的新型伙伴关系。这可以包括在产品和服务的供给上建立公私合作的伙伴关系，或者在一些场合，完全采用合同制的供应方法，或把角色让予社会。如果中国政府不能应对这些挑战，它将会发现自己扮演着一个破坏而不是推动进一步发展的角色。

参考文献

Batley, R. , 1997. "States as Brokers of Change: Do the New Uniforms Fit?" *Insights*. 23, September.

Beason, R. and D. E. Weinstein, 1996. "Growth, Economics of Scale, and Targeting in Japan (1955 – 1990) ." *Review of Economics and Statistics*. 78 (2).

Bland, I. , 2000. "Medical Services in China. " *Australia New Zealand Journal of Medicine*. 30.

Bloom, G, S – L Tang, and X – Y Gu, 1995. "Financing Rural Health Services in China in the Context of Economic Reform. " *Journal of International Development*. 7 (3).

Economics Research Department of the Ministry of Public Health and the Institute of Development Studies, 2000. " International Conference on China's Rural; Health Reform and

Development. " Beijing, November.

Cailliez, C. , 1997. "The Collapse of the Rural Health System. " *China Perspectives.* 18, July – August.

Chung, J. H. , 2000. "Regional Disparities, Policy Choices and State Capacity in China. " *China Perspectives.* 31, September – October.

Grindle, M. , 1997. "The Good Government Imperative: Human Resources, Organizations, and Institutions. " In M. Grindle , ed. , *Getting Good Government. Capacity Building in the Public Sectors of Developing Countries.* Cambridge: Harvard University Press.

Kaufman, J. , 1998. "Financing, Provision and Use of Reproductive Health Services in Rural China. " In *The Working Group on Reproductive Health and Family Planning, The Implications of Health Sector Reform on Reproductive Health and Rights.* Washington, DC: The Population Council.

Li, X, Z. Wang, and J. Tang, eds. , 1985. *The Current Situation and Reform of Chinese Township and Village Regimes.* Beijing: Zhongguo shehui chubanshe.

Liu, W. , X. Zhen, and M. Wen, 2000. "Gender Analysis on Household Health Expenditure in Rural Areas of China. " Paper presented to Conference on Rural Health Reform and Development, Beijing, November.

Liu, Y. , W. C. Hsiao, and K. Eggleston, 1999. "Equity in Healthcare: the Chinese Experience. " *Social Science and Medicine.* 49.

Meng, Q. and A. Hu (2000), "Eliminating Health Poverty Ought to be a Top Strategic Priority in Rural Health Reform and Development. " In *Ministry of Public Health.* International Conference.

Merquior, J. G. , "A Panoramic View of the Rebirth of Liberalism. " *World Development.* 20 (8).

Naughton, B. , 1995. *Growing Out of the Plan: Chinese Economic Reform, 1978 – 1993.* New York: Cambridge University Press.

Nelson, J. M. , 1997. "Social Costs, Social-Sector Reforms, and Politics in Post-Communist Transformations. " In J. M. Nelson, C. Tilly, and L. Walker, eds. , *Transforming Post-Communist Political Economies.* Washington DC: National Academy Press.

Noland, M. and F. C. Bergsten, 1993. "Reconcilable Differences? United State—Japan Economic Conflict. " Institute of International Economics, Washington DC.

Oi, J. , 1992. "Fiscal Reform and the Economic Foundations of Local State Corporatism in China. " *World Politics.* 45 (1), October.

Polanyi, K. , 1944. *The Great Transformation.* Boston: Beacon Press.

Rawski, T. G. , 1999. "Reforming China's Economy: What Have We Learned?" *The China Journal.* 41, January.

Saich, T. , 2001. *The Governance and Politics of China.* Basingstoke: Palgrave.

Saich, T and J. Kaufman, 2001. "Financial Reform, Poverty, and the Impact on Reproductive Health Provision: Evidence from Three Rural Townships. " Paper presented to Conference "Financial Reform in China. " Kennedy School of Government, September.

Steinfeld, E. , 1998. *Forging Reform in China: The fate of State-owned Industry.* New York: Cambridge university Press.

Steinfeld, E. , 2000. "Free Lunch or Last Supper? China's Debt – Equity Swaps in Context. " *The China Business Review.* 27 (4), July – August.

Stiglitz, J. , 1996. "Some Lessons from the East Asian Miracle. " In *The World Bank Research Observer.* 11 (2), August.

Stiglitz, J. , 2000. "From Miracle to Crisis to Recovery: Lessons from Four Decades of East Asian Experience. " In J. E. Stiglitz and S. Yusuf, *Rethinking the East Asian Miracle.* New York: Oxford University Press.

Tang, S. and G. Bloom, 2000. "Decentralizing Rural Health Services: A Case Study of China. " *International Journal of Health Planning and Management*, vol. 15.

United Nations Development Programme (UNDP), 1998. "China: Human Development Report: Human Development and Poverty Alleviation 1997. " Beijing: UNDP.

UNDP, 1999. "1999 China Human Development Report. Transition and the State. " China Financial & Economic Publishing House.

Wong, C. , 2000. Presentation at the workshop on "Mapping the Local State in Reform-Era China. " *Los Angeles.* 8 – 9, June.

Wong, V. and S. Chiu, "Healthcare Reforms in the People's Republic of China. Strategies and Social Implications. " *Journal of Management in Medicine.* 12 (4 – 5).

World Bank, 1996. *Country Report: China.* Washington, DC: The World Bank.

World Bank, 1997. *World Development Report 1997: The State in a Changing World.*

Washington, DC: The World Bank.

World Bank, 1997a. *China's Management of Enterprise Assets : The State as Shareholder.* Washington, DC: The World Bank.

World Bank, 1997b. *Sharing Rising Incomes : Disparities in China.* Washington, DC: The World Bank.

World Bank, 1997c. *Financing Health Care : Issues and Options for China.* Washington, DC: The World Bank.

Yang, D. , 1994. "Reform and Restructuring of Central-Local Relations. " In D. S. G. Goodman and G. Segal, eds. , *China Deconstructs : Politics, Trade and Regionalism.* New York: Routledge.

Yusuf, S. , 2000. "The East Asian Miracle. " In J. E. Stiglitz and S. Yusuf, eds. , Rethinking the East Asian Miracle. New York: Oxford University Press.

Zhang, L-Y, 1999. "Chinese Central-Provincial Fiscal Relationships, Budgetary Decline and the Impact of the 1994 Fiscal Reform: An Evaluation. " *The China Quarterly.* 157, March.

Zhu, L. , 2000. "Who Can Provide the Farmers with Medical Services. " *Liaowang* (Outlook Weekly). 16, April.

过去 20 年各国政府改革的经验与教训 *

[美] 伊莱恩·卡马克　著　　冉　冉　编译 **

我们从过去政府改革的历史中究竟吸取了哪些经验与教训呢？本文将围绕政府改革的六个方面对过去 20 年来世界各国政府创新与改革的主要内容和应该借鉴的经验与教训进行系统的总结和评介。

一、低成本政府

很多国家进行政府改革的原因都是为了应对财政危机，所以一些政府改革的第一个焦点就是削减政府成本。为了控制政府的开支，有力的财政控制和有效的预算程序是至关重要的。一些国家为了减少政府开支以支持私人部门的壮大和促进较多的外来投资，必须要进行各种形式的预算改革。

在政府预算方面，或许最为复杂的变化要算是将生产力作为与政府开支相关的概念介绍进来。一般而言，人们很少把生产力这个概念与政府联系起来，但是，在过去的 20 年里，大量的预算和财政改革都将生产力水平设定为

＊　本文原载于《经济社会体制比较》，2005 年第 6 期。

＊＊　[美] 伊莱恩·卡马克（Elaine C. Kamarck），美国哈佛大学肯尼迪政府学院高级讲师。冉冉，中国人民大学国际关系学院副教授。

根本性的目标，并将其作为制定预算的核心概念。为了提高生产力水平以减少政府的开支，出现了一些相互关联的战略。它们是：成本核算；以绩效为基础制定预算；为组织争取积蓄；提高生产率。

私人部门对于建立开支账目已经十分熟悉了。事实上，很难想象一个生产汽车、冰箱或是其他产品的公司没有一个精确的成本会计图。然而，成本核算却很少在政府产品和服务的生产中应用。但是，随着越来越多的政府开始关注削减成本，成本会计就变得极为重要了。

成本会计能够让政府实施以绩效为基础的预算。很多人都认为精确地制定政府目标是相当困难的事情。这通常是因为他们的目标过于抽象。在新西兰，几乎所有政府服务都要通过竞争招标，公共部门的绩效目标必须陈述得非常明确，因为每个目标的实施都要签订合同。

实施以绩效为基础的预算的前提假设是：当目标得到清晰的表述，并且废除了传统的预算模式之后，允许更多的创新和改革，组织的生产力就会提高。政府渐渐地撤销了微观管理机构的预算制定，开始允许政府机构在需要的时候转移资金以实现组织的目标。

很多预算改革的背后都试图建立一套更加理性的激励机制——为政府节约开支的官员应该得到奖励而不是惩罚。在传统的预算模式下，财政有所结余的政府机构必须在财政年度结束前将结余归还国库——这是一个不鼓励节余的模式。为了应对这一弊病，一些国家现在允许将部门结余按比例返还给各政府部门，提高了节约开支的积极性。

后来，许多国家都认识到，为了提高生产力，必须建立一套鼓励不断创新的体制。正如对组织——公共组织和私人组织——的研究表明的，创新更多地来自于中层和第一线的工作人员，而不是组织的高层。最好的公共部门组织应该创造一个自由的氛围，所有的员工——从上到下——都能够自由地参与、交流节约开支和提高绩效的活动。

政府究竟应该有多大规模？这个问题没有固定的答案。每个国家都应该自问——我们政府的生产力如何？是否应该限制或者取消那些生产力较低的政府活动。唐纳德·罗瓦特（Donald Rowat）的著作中对于什么是适度的政府规模分析得相当深刻。与传统的观点不同，罗瓦特发现：一般而言，经济合作与发展组织（OECD）成员国政府的雇员都比发展中国家多。他研究了政府雇员的分配，发现经济合作与发展组织成员国的州政府和地方政府的雇员数量通常都比发展中国家多。而发展中国家中央政府的雇员则较多。

这一趋势代表的内涵非常重要。地方政府工作人员包括教师、公共健康护士和警察——他们是建设安全而强大的社区的重要力量。中央政府雇员则更多地忙于官僚事务。可见，关键问题在于，政府雇员的工作是否有利于生产力的提高？政府应该拥有适当规模的公共雇员。

但是，遭遇财政危机的国家一般必须缩减政府的规模，而不能考虑什么是政府的适当规模了。为此，他们必须采用各种措施来降低员工开支。这些措施包括：

——冻结或降低工资；

——冻结奖金；

——削减冗员；

——减少从大学毕业生中招收公务员；

——减少自动升职；

——自愿裁员（鼓励员工提前离职）；

——强制裁员；

——鼓励员工提前退休。

在通过缩减规模降低政府成本的过程中，我们获得了不同的经验。在一些具体的案例中，有些国家私人部门吸纳新生劳动力的能力很低，给经济的发展带来了新的问题。在一些发展中国家，一个在中心城市政府部门工作的人可以养活好几个生活在乡下的家人。自愿裁员是政府付给离职员工一定的经济赔偿，这种做法经常导致最年富力强的员工离职，因为他们可以轻松地在私人公司中找到工作。因此，如果政府不关心如何更好地实行裁员计划，就会导致严重的"知识浪费"。如果不采取控制措施，一些被裁掉的冗员又会重新回到政府部门来。

但是，这些经验也不都是负面的。成功的规模缩减通常涉及两个核心原则。第一，如果可能的话，在私人部门的失业率较低的情况下，政府裁员应该成为常规的事情。第二，政府裁员的过程中，应该努力重新分配岗位的数量，从中央政府向州和地方政府转移，从官僚事务向有利于提高生产力的第一线岗位转移。

在克林顿总统和戈尔副总统的领导下，美国政府裁员 17%（超过所有人的预期）。然而，实际上，美国政府的改革更多地源于信心危机而非经济危机，因此这个改革是在良好的经济状况下开展的。通过自愿裁员和空置职位的方法，一些机构裁掉了 2% 的员工。到 20 世纪 90 年代中期，一些离开政府的人员，尤其是那些原来在国防部供职的高素质员工都被吸纳进了不断发展壮大的私人部门。

第二，克林顿总统许诺将在城市的街道上增加 10 万警力，开支将由政府裁员带来的开支剩余提供。美国当时正面临犯罪率的上升，因此这项计划深得人心。后来，在克林顿执政期间，美国大多数城市的犯罪率都有所下降。尽管警力的增加只是其中的一个原因，这个做法仍然为我们提供了很好的经验。关键问题不是公职人员的规模而是他们的职能。将资金用于城市的安全建设对经济发展和就业是非常有利的，可以让政府获得更多民众的认可。

建立低成本政府也许是最为困难的事情，却是政府创新的关键步骤。但是，在世界范围内，一些国家的政府改革已经表明生产力概念能够在预算过程中处于核心位置。政府能够采用有效的方式缩减政府规模。政府也能够设置更多的公共职位用于公众服务的目的，而不是纠缠于官僚事务。

二、优质政府

在某种意义上，所有的政府创新都与建设优质政府有关。但是，对于一些改革者而言，"优质"特指改善服务的改革。改善服务并不一定能够带来立竿见影的物质收益，但对于赢得民众的支持和信任是至关重要的。20 世纪 80 年代末期，公共部门优质运动的一个里程碑式的事件就是英国《公民宪章》的制定。《公民宪章》详细规定了公共服务的规范和标准。这一理念很快在世界范围内流行起来。90 年代，美国联邦政府实施了客户服务标准。此后，政府创新的一个主要领域就是改善公民服务的水平。葡萄牙和爱尔兰政府也进行了类似的改革。

由于公民服务是政府赢得民众信任的佳径，因此这项改革运动对发展中国家也同样重要。南非政府于 1997 年 9 月发表的《公共服务改革白皮书》的题目就是"人民是第一位的"。这体现了南非政府对行政改革和公民服务的重视程度，将其作为种族隔离制度废除以后南非政府建设的一个重要方向。

提供优质服务的理念源自私人部门。正如某跨国公司的行政总裁说的那样："说整个优质服务运动是由私人企业发起来的是毫不夸张的，后来政府部门才发现实践这些理念的收获颇丰。"用柯达公司全球质量总监特雷弗·史密斯（Trevor Smith）的话说，"质量管理标准由三个主要部分组成，分别是客户、产品和组织"。

当质量管理运动被移植到公共部门的时候，世界上大多数政府的改革中都出现了以下几个主题：

——了解民众对政府服务的需求和期待；

——根据公民的建议来改善官僚机构的组织和行为；

——公开政府的服务标准；

——以标准来衡量绩效；

——因人设岗；

——培训政府雇员的服务理念，制定根据服务标准的完成情况为核心的内部奖励制度。

"一站式政务超市"是创建优质政府过程中最为简单、流行的改革。世界上很多国家都进行了此项改革。1999 年，马里共和国为新建企业设立了一站式投资服务窗口；在中国合肥，政府为在新工业区内投资的企业建立了一站式政务超市。1992 年海南省开始了三级服务政府的建立，这一创新重点强调的是将所有外来投资的项目审批和服务都集中在一个窗口办理。在意大利，公民注册或变更企业所需的所有程序都可以在一站式窗口得到解决。在多米尼加共和国，总统设置了技术秘书处，专门负责国家技术现代化，这些技术改进都是为了更好地服务民众。

然而，没有一定程度的民主发展，全面的优质政府改革难以实现。因为这严重依赖于民众的参与。真正草根式民主参与的案例之一是巴西的阿雷格里港（Porto Alegre）。它因"参与预算"项目获得了瓦加斯基金会（Ge tulio Vargas Foundation）颁发的创新奖。在过去的 10 年中，数以千计的公民参与了制定地方预算的公开听证会。正如哈佛大学的高瓦·里兹威（Gowhear Rizvi）教授指出的："这个项目对发展中国家的治理有深刻的影响，是消除腐败、鼓励民众参与的重要手段。"世界银行的一项研究报告则认为，与民主程度较低的国家相比，在民主和透明程度较高的地方实行的项目更容易取得成功。

优质政府对企业和公民个人同样重要。随着中国的经济发展和政府现代化，领导人已经认识到贸易对经济发展的重要性。因此，在私人部门、美国海关部门和中国海关部门的合作下，上海港口示范项目于 1999 年启动。通过信息技术的运用，这个项目将使上海海关具备每周 7 天、每天 24 小时通关的能力。所有的 APEC 成员国一致认为这是海关现代化发展的一个典范。

和其他方面的政府创新一样，建设优质政府也存在自身的问题。创新计划的实施通常需要一些资源和自由，然而这在有些国家是不具备的。联合国秘书长助理帕沙警告说："在大多数发达国家，对政府的不满与资源浪费密切相关，世界许多国家都没有克服浪费资源的恶习。"

另一个同样影响发达国家和发展中国家的是一个不好的倾向，即虽然采用绩效评估体系却没有用它来驱动组织的绩效。一项对美国 900 多个政府工作人员的调查显示，事实上绩效系统的实施情况严重依赖政治或文化因素。资源匮乏、缺少政治支持和工会的存在都不同程度地阻碍了绩效评估体系的实施。尽管如此，大多数国家仍将优质政府作为政府改革的核心目标。这也是为什么一些政府决定建立创新中心，共享和检验创新成果，从而将创新制度化的原因。

最后，公民社会较为发达的国家正在经由私人部门和非营利部门共同参与的新的治理模式。经合组织称这种治理模式为"分散式公共治理"，意指

"与政府部门保持一定距离的组织运行模式"。这些混合型组织的特点在于他们是公共与私人部门联合产生的政府。例如，1996 年美国通过的新福利改革法案授予非营利组织、营利组织和宗教组织为穷人提供服务的合法权利。布什政府允许宗教组织为了实现社会目标而动用政府经费。这是为了共同服务社会，政府允许非政府组织使用政府经费的又一个案例。虽然这些新型的治理改革为民主的责任性带来了一定的问题，然而，对于想要提高政府质量的人们来说，创新的潜力是显而易见的。

三、专业政府

在一篇关于非洲公务员改革的重要文章中，班密戴利·奥罗乌（Bamidele Olowu）写道："实现效能政府的核心是效能的公务员队伍。"尽管这个说法对于各国政府都是普遍有效的，但却得不到应有的重视。通常在削减公共部门开支的时候，也会忽视公务员的重要性。然而，建设一支效能的公务员队伍是建设优质政府的关键所在。在 21 世纪初，绝大多数国家的政府都面临以下问题：

——在政府运行所必需的人才竞争中，公共部门比不上私人部门（在发达国家）或非政府组织（在发展中国家）；

——公共部门面临严重的技能匮乏，缺少培训员工的经费；

——公共部门雇员的工资没有拉开档次，这导致一些优秀员工的辞职；

——公务员严格受制于规则和条款，表现优秀的员工也不会得到奖赏；

——过多的政治任命造成政府雇员频繁的人事变动；

——政府员工不能严格依法办事。

世界范围内的所有政府都存在这样的难题，即没有足够的资金来引进高水平的人才。在俄罗斯，政府部门工作五到十年的中级专家的薪水是每月 140 到 250 美元不等，同样的工作在私人部门却是 700 到 1500 美元。奥罗乌指出，非洲公务员的工资水平因为饥荒和通货膨胀下降得非常厉害——特别是技术性较强的公务员岗位。另外，非洲的一些政府不但要与私人企业竞争，还要与非政府组织竞争人才。

在一些发达国家，政府也面临同样的问题。但与发展中国家不同的是，人才的竞争基本上都来自于私人部门。20世纪90年代，信息经济的出现意味着政府已经无法与私人部门竞争人才。一项研究显示，1999年，在中等规模公司中任职的行政领导的年收入是22.1万美元，而政府部门则只有12.6万美元。这一差距随着信息时代的发展还在不断地加大。美国政府发现他们现在要和私人部门竞争物理学家、生物学家、流行病学家、工程师、电脑程序员、律师和会计等人才。

除了在薪酬方面落后于私人部门以外，政府部门在员工的培训上也不具备竞争优势。较少的培训机会和较低的工资收入造成了世界范围内的政府人才短缺。这个问题在公务员制度历史悠久的发达国家尤其突出。一些过去形成的制度和传统严重束缚了公务员队伍的现代化，甚至助长了公务员中蔓延的自满文化。正如美国公务员领袖凯·科尔斯·詹姆斯（Kay Coles James）所说的那样："20世纪50年代的政府公务员基本上是由办事员组成的，我们必须不断改革，适应现代高度流动性和市场化的状况。僵化的公务员管理体制造成了庸人政治。"

一些发展中国家的政府则正在经历频繁的人事变动，这影响了政府的正常运转。其原因主要是人事管理中采用的是政治提拔制度而不是英才管理制度。例如：在1996年，俄罗斯只有1/5的联邦政府部长、副部长级领导拥有与其工作相关的教育背景，只有1/4的人受过公共管理的教育。

公务员制度的另一个弱点是腐败滋生。在政府公务员工资水平非常低的国家，一些政府官员将接受贿赂作为提高生活水平的合法方式。除了接受贿赂之外，他们还从事与官职相关的第二职业。国际货币基金组织的一项研究发现："公务员的工资收入水平与腐败程度相联系，工资水平应该提高2.8—7.4倍才能预防可能发生的腐败。"

但这并不是腐败发生的关键原因。在法治不完善的国家，公务员一般不能做到依法办事。我们对俄罗斯公务员的调查发现，以下观点在他们中间普遍盛行："他们有的说，'法律在我们这里不起作用'，有的认为，'法律不能得到贯彻',还有的说,'这些法律都是自相矛盾的',法律会因人而异。"

许多国家的政府都要平衡公务员的政治性与专业性之间的关系。在墨西哥和俄罗斯,政治对公务员的影响是无处不在的;但在公务员传统稳定而强大的国家却恰恰相反。英国的公务员系统非常强大,政治官员对官僚系统的干预是布莱尔领导的英国政府矛盾产生的重要来源。如何处理民选产生的政治领袖与政府文职人员的恰当关系是人们辩论的关键。

总之,世界各国政府为建设专业的优质政府所作出的努力包括:

——努力缩小公共部门与私人部门的收入差距;

——努力减轻公务员的收入压缩状况;

——改革落后的公务员制度;

——建立绩效管理系统;

——公开向社会招聘稀缺和高素质人才。

——平衡公务员的专业性与政治性之间的关系。

在建设专业政府的创新过程中,困难与机遇是并存的。现代公务员制度源于盎格鲁—美国传统,它依赖于良好的法治。由于一些国家还没有建立良好的法治社会,因此简单地照搬别国的公务员制度将无助于建设良好的政府。但是,一些国家如果能够很好地理解和应用自身传统的话,将有利于实现这个目标。

四、电子政府

信息时代不但改变了社会的私人领域,也将改变公共部门。目前,很多政府创新都是依靠信息技术的支撑。联合国最近的调查表明,世界上有89%的政府利用互联网来传递信息。2001年,全球共有各类政府网站5万多个,仅美国就有2.2万个。而在1996年,全球互联网上只有不到50个政府官方网站。

那么,政府用互联网做些什么呢?一些政府的网页只是为了向外国人介绍本国的情况和领导人,而没有向公民提供任何的网上服务,联合国称这样的国家为"新兴"电子政府国家。还有一些发展中国家政府的网页只向外国人提供各种信息服务，很少向本国公民提供服务。联合国称这类国家为"有待提高"的电子政府国家。

第三种类型是"互动"电子政府，包括一些发达国家和发展中国家。在这些国家，公民可以在网上下载表格、资料，但是不能在线办公。第四种类型是"业务交易"电子政府，包括17个发达国家的政府网站。这些国家的公民可以通过信用卡实现网上支付，政府也可以在网上完成各种业务需求。例如西班牙公民可以在网上缴纳所有税费。但是，对于这些国家来说仍然存在很大的创新和节约成本的空间。当把电子政府的理念与公民就是顾客的理念结合起来的时候，政府可以进行更好的创新。墨西哥国家发展银行的例子就证明了这一点。他们主要是为中小客户提供贷款和帮助的。2000年以前，他们是亏损的，但是自采用电子信息技术办公以来，他们的客户从1.5万上升到30万，不良贷款率从3.2%下降到了1.8%。

信息技术可以在帮助政府更好地服务民众的同时节省交易成本。还可以增加政府的透明度以抑制腐败。美国所有的联邦法律都须经公开讨论。互联网没出现以前，公民的这种权利难以真正实现。但是，几年前美国农业部将有机农场法案的意见稿放到网上，供农场主、环保主义者和各界人士讨论。通过电脑，公民就可以实现自己的民主权利了。农业部因此获得了美国政府创新奖。加拿大政府在建设电子交易政府、吸收民意、提高政府决策质量方面的努力也是举世瞩目的。

电子政府有以下几点功能：

——降低政府成本；

——加强公民对政府的信息输入；

——改善政府决策质量；

——提高政府办公的透明度。

但是，电子政府在公共部门的发展速度远远落后于私人部门。其中的原因是：首先，一些政府事务需要一定程度的保密性和安全性，电子政府的网上交易系统有可能侵犯个人隐私。但更主要的原因在于公共部门对这个问题的积极性不高。私人部门采用信息技术可以迅速地提高生产力水平，可以用电脑代替人的劳动。公共部门无法这样做是基于以下两个原因：首先，由于一些国家的公民无法经常接触网络，因此，政府需要提供新旧两种服务方式。第二，裁减公务员队伍会导致一些政治上的不稳定，在政府相对弱小的国家尤为如此。

总之，信息革命并不是绝对完美的，它只是一个技术手段而已，既可以用来加强政府权力，又可以用来推翻政府。据统计，至少有 20 个国家为了控制信息和民众思想而采取各种形式封闭互联网。对这些国家而言，互联网是一把双刃剑。网络对现代政府和现代经济发展的作用至关重要，但是却存在着潜在地威胁一个国家的现政权的可能。网络可以培养和提升民众的民主意识和民主行为。

五、较少管制的政府

除了服务公众、保卫国家安全之外，政府的另一项重要职能就是管制私人部门。这一职能对于发展中国家的挑战是如何建立一个诚信、可靠的管制结构。没有法治的保障，正确的管制政策是不可能的，因此，管制结构的改革应该与司法系统的改革同步进行。一些国家的政府需要成立专门的监管机构来监督经济的私有化。所有政府都必须计算管制的成本，以免使其成为政府的经济负担。

计算管制造成的经济负担是建立有效的管制制度的第一步。但是，了解管制的成本不是轻而易举的事情。在美国，管理和预算办公室的一个部门负责这项业务，他们经常因为计算方法和结果的不同而争论不休。计算管制成本的结果时常可以警告政府改革的必要性。

管制改革对于经济发展起到非常重要的作用，但人们对这一点的了解却非常少。管制越多，企业的发展积极性就越小。一些发展中国家严格的政府管制导致企业成为经济的一个非正式部门，无法建立产权制度和累计资本，结果造成了新生贫困。

　　过分的政府管制不但会影响企业的发展积极性，还可能滋生腐败。很多发展中国家的管制部门都是腐败的重灾区。发达国家政府管制改革的方向是尽量简化管制，改变旧的管制模式，从强调控制向关注慈善救济转变。在腐败严重的国家，这种管制模式的转变似乎会带来更多的腐败。但是，在法治国家内，鼓励更多的志愿性慈善活动可以让管制过程更加有效。

　　因此，一旦政府清楚地了解了管制成本，大多数政府都会努力减少政府管制。一项针对 28 个经合组织成员国的调查表明，其中的 26 个国家都已经开始了减轻政府管制的改革。减少管制的措施主要是以下几点：

　　——衡量管制成本；

　　——简化、缩减管制程序和内容；

　　——立法和管制的过程中征求利益相关者的意见。

　　全球化的推进使得跨国组织越来越多，因此以上这些措施对政府创新越来越重要。随着欧盟成为一个统一的经济体，欧盟的法律已经超越了国家法律。因此，欧盟政策制定的焦点就是管制问题。2003 年，欧盟成功地削减了对电话部门的管制，国内话费降低一半，国际话费降低了 1/3。

　　在过去的 10 年里，全球化是政府减少管制的主要推动力量，今后的 10 年也将如此。除了经济管制的挑战，各国还必须面对环境管制的挑战。在全球层面上，政府降低管制的限度取决于他们能接受怎样的管制成本，这需要一定程度的创新和合作。

六、廉洁和透明的政府

　　在与腐败作斗争的背后存在着复杂的道德责任。正如透明国际的发起者和领导人彼得·艾根（Peter Eigen）说的那样："腐败直接影响了社会契约的有效性，因为腐败改变了政府与民众关系的本质，政府官员没有履行其应尽的职责，失去了民众的信任。"

　　与腐败行为作斗争不仅是道德责任，还有经济上的必然性。简而言之，腐败严重的国家通常都是越来越贫穷的国家。为何会这样呢？首先，一些国家的领导人将外国援助存入了瑞士银行的个人账户。第二，第二次世界大战结束以后，在新兴国家和发展中国家，资本从公共领域向私人领域流动的比率迅速增加。大规模私人领域的资本流动意味着一个国家的廉洁、法治。国际货币基金组织的一个经济学家认为：腐败的增加会带来教育公共开支的减少——这对努力发展工业和信息经济的国家是非常有害的。

多年以来，一些发展中国家一直将腐败作为一种"企业成本"置之不理。但是，到1999年这种情况有所改变，发展中国家已经认识到"腐败给穷人带来巨大的代价，穷人无法享受基本的公共服务"。为此，经合组织引入了"在国际商业交往中反对贿赂外国官员的协议"。协议的目的是要求35个签约国将贿赂外国官员的行为定罪，并建立相应的机构来加强这一制度。这35个签约国对外直接投资占世界的90%还多。

因此，本世纪初一些国家的政府发现必须要努力惩治腐败。出现了以下几个主题：

——国家必须建立一个真正透明的公共部门；

——政府应该让民众了解他们的知情权；

——透明国际的年度腐败状况排名加大了各国治理腐败的力度；

——政府必须加强法治建设，惩治腐败官员；

——政府还要寻找腐败的根源，简化行政程序；

——在腐败程度低的发达国家，政府官员必须找到防止欺诈与提供服务间的平衡点。

透明对建设开放的文化环境是极为重要的，而开放的文化是治理腐败的关键所在。一旦建立了透明的制度，公民就要融合到这种文化中，关注政府的举动。在中国的贵州，贵阳市在2002年获得了"政府创新奖"，因为他们允许市民旁听人大会议。这是创建开放文化的重要开端，"使民众获得了参与政治过程的经验和知识"。

透明和开放的文化环境是治理腐败的第一步，透明国际从创建之初就致力于这方面的工作。从发表第一个调查以来，腐败程度排名就成为政府和私人企业共同关注的话题。因此，这个排名对于推动政府改革有着相当大的作用。

一些国家也愿意调查和处理腐败的官员。印度政府将接受调查的官员名字公布在网络上，很快就会在媒体和社区传布，这个措施将会提高腐败行为的发生成本。但正如人们已经意识到的，如果政府的制度设计是导致腐败的根源的话，那么对个别腐败分子的查处并不能有效地遏制腐败。

最后，第一世界国家的政府还应该找到管制与生产力之间的恰当平衡。一些国家的管制结构过于复杂，影响到了生产力的提高。20 世纪 90 年代初期，美国政府的职业健康与安全部门就曾面临这样的问题。它们的法令不但没有降低，相反却提高了企业员工的受伤和死亡数量，同时还增加了被管制企业的成本。因此，它们筹划了自愿救济项目，这个项目减少了企业员工的受伤和死亡数量，也降低了企业的成本，获得了 1998 年的美国政府创新奖。

七、结论

当世界各国的政府开始第二个 10 年期的政府改革和现代化时，他们已经取得了明显的成绩，但仍然存在一些问题。不同层面的政府改革不应该孤立地进行，因为它们是彼此连接起来的。例如，建设低成本政府就要引入生产力的概念。降低政府成本离不开一支诚信、有竞争力的政府公务员队伍。随着政府职能的日渐复杂，政府雇员需要更好的教育和培训。

高效的政府和优质的公务员是优质政府的重要组成部分，能够发现和倾听民众的需要。但是，为了建设优质政府，领导人还必须奖惩分明，在公共部门内营造创新的氛围，还应该与非政府组织建立良好的合作关系。

当然，信息技术对这些政府改革计划的完成起到了关键的作用。很难想象没有信息技术的帮助，政府能够更加有效能地运作。下个 10 年，信息技术的应用将为公务员创造更舒适的工作环境。另外，建设透明政府、治理腐败也离不开信息技术的支持。

所有的政府都面临着如何实现适当管制的挑战——既能完成公共目标，又不为企业造成负担，还不会诱发腐败。这对发展中国家和发达国家来说都是一个挑战。

最后，建设廉洁透明的政府与其他方面的政府改革也是相联系的。为了预防腐败，应该让公务员享受合适的工资待遇；同时，公民在期待得到良好的公共服务的同时也应相信政府的管制结构。

所有这些方面的改革都非常重要，因为各个国家的政府都是全球市场的一部分。希望在全球创新中走在前列的国家对公共部门和私人部门的创新给予同样的重视。在这过程中，文化的转变最为重要。在 21 世纪的背景下，对公民与官员的关系以及他们各自的使命应该有重新的认识。机遇与挑战并存。

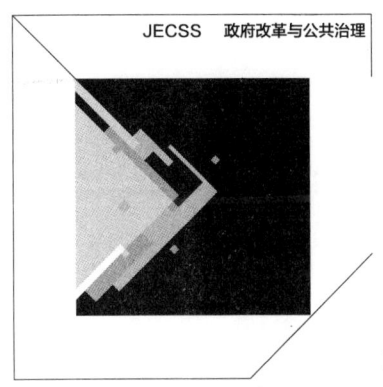

JECSS　政府改革与公共治理

第二辑

政府与市场

公用事业民营化与政府规制[*]

李建琴　汪基强[**]

公用事业民营化是 20 世纪 70 年代末以来在西方国家行政改革中出现的新事物，其基本含义是"更多依靠民间机构，更少依赖政府来满足公众的需求"（E. S. 萨瓦斯，2002）。作为"新公共管理"的核心特征之一，民营化在西方国家行政改革理论与实践中占有极为重要的地位。在经济全球化的背景下，随着社会主义市场经济体制建设的推进，我国在公用事业改革方面也出现了类似的举措。一些地方政府根据当地实际情况对市政公用事业进行了大量自发的市场化改革探索。建设部在 2002 年 12 月印发了《关于加快市政公用行业市场化进程的意见》，为我国公用事业民营化的进一步发展提供了政策指导与规范。在我国已有的公用事业民营化实践中，既有成功的经验，也有失败的教训。其中一个核心的问题是对公用事业民营化与政府管制的关系认识不到位，也处理不好。根源集中在两个具体问题上：第一，公用事业民营化中及民营化后需不需要政府管制及怎样管制？第二，公用事业民营化与政府管制框架的确立孰先孰后？本文选取一个陷入困境的公用事业民营化个案进行研究，剖析此案例中民营化陷入困境的根源，从政府管制的角度探讨摆

*　本文原载于《经济社会体制比较》，2004 年第 2 期。

**　李建琴，浙江大学经济学院副教授；汪基强，浙江大学经济学院 MPA 学员。

脱困境、走向成功的民营化的可能途径，希望能对正处于起步阶段的我国公用事业民营化有所裨益。

一、案例：H 市 Y 区管道燃气民营化

1999 年，H 市 Y 区从上海引进民间资金，组建 A 管道燃气有限公司，注册资本 720 万元，全面收购 1996 年 3 月成立的归该区计委所有但未实际经营的 Z 燃气有限公司。2000 年 1 月开始至今，A 燃气公司在 Y 区政府所在地安装管道燃气 6000 余户，现已通气 2500 户。2001 年由于行政区划调整，X 镇变成城区街道。2001 年 9 月 25 日，投资 1.6 亿元连接原区政府所在地与 X 镇的 5.5 公里藕花洲街西延伸段初步建成，政府主管部门指示燃气公司负责同步铺设管道，建设天然气利用工程。12 月 21 日，A 燃气公司投资方以原定的《Y 区燃气专项规划》条款中无此项工程安排为由，答复暂不考虑西延段铺设工程。为了不延误工程和避免未来重新开挖埋设燃气管道，区政府领导亲自去上海与投资方协商，但未能改变投资方的立场。在多次函告无果的情况下，Y 区管道燃气工程建设领导小组办公室于 2002 年 4 月 16 日召集区发展计划局、技监分局、消防大队、规划处等有关部门对城区管道燃气经营范围进行调整，将城区 73.8 平方公里用红线画圈，圈内约 5 平方公里老城区仍由 A 燃气公司经营，圈外新区则由新筹建的 B 管道燃气有限公司经营，包括铺设藕花洲街西延伸段燃气管道。红线画定后 A 燃气公司反应非常强烈，一方面向新闻界呼吁，另一方面在 2002 年 7 月 2 日、10 月 30 日两次要求政府取消"红线"限制，8 月还邀请了多名专家、教授专门对此事进行研讨，为其寻找理论依据。A 燃气公司认为，划分红线、分区经营，首先表明政府失信。1999 年 12 月，政府在引资时曾发文承诺，在城区范围内管道燃气由 A 燃气公司独家经营，燃气公司据此才来 Y 区投资的，现在用"红线"划分经营范围是政府不讲信用，滥用行政职权，歧视外来企业的表现。其次，"红线"妨碍了 A 公司的自主经营。A 燃气公司原约定在 2002 年 4 月和 9 月份分别向凤仪家园、世纪嘉园两小区供气，"红线"的划定导致公司不能按原定《Y 区燃气

专项规划》铺设管道，造成了公司违约行为。后虽经区政府领导、新闻媒体协调、督促，凤仪花园在 2003 年 1 月通了气（世纪嘉园目前仍无法通气），但显然影响了住户利益和公司声誉。另外，在体育路、东湖南路、人民大道东延伸段，按原规划铺设的管道因"红线"而废弃，累计公司直接经济损失120 万元。第三，"红线"剥夺了供需双方自由选择的权利。两年前燃气公司已给东湖南路西侧新城花园（300 户）一期供气，同时给位于东湖南路东侧新城花园（400 户）二期设计了小区室内管网。因为"红线"从东湖南路划过，新城花园二期划在"红线"外。本来小区建成，只要接通 A 燃气公司的外线预留接口即可供气，但现在消费者只有等待尚未建成的 B 燃气公司供气。在曙光路上的曙光嘉园（600 户）、人民大道东段的临平绿城（2000 户）也存在类似情况。第四，划定"红线"可能产生安全隐患。Y 区城区面积不大，引进两家或两家以上管道燃气公司，不仅造成重复投资，浪费管网资源，还会引起安全问题。两条管网共存同一小区，可能会出现无序开挖，相互影响，一旦出现燃气泄漏事故，又可能会相互推诿，影响抢修。在凤仪花园一个仅500 住户的封闭小区内，因"红线"问题，就出现了两家管道燃气公司一起供气的现象。

对于 A 燃气公司的指责，Y 区燃气主管部门感到非常委屈，认为 A 燃气公司未能按区城市建设和燃气专项规划要求，同步铺设燃气管道，违反了 Y 区《关于发展管道液化气的若干补充意见》的规定，应视违约在先，因此政府有权调整。况且，由于行政区划的调整，城区范围已扩大，红线内就是原来的老城区，A 燃气公司的实际经营范围未变。再者，为了藕花洲大街的管道建设，区政府不仅多次面对面及书面与燃气公司协商，而且区领导还亲自赴上海与投资方商量，这说明区政府已尽了很大努力。

目前，A 燃气公司与区政府的争执继续进行着，"红线"成为双方争执的焦点。虽然区政府对"红线"问题非常关注，主要领导多次批示，并组织多次协调，但至今尚未达成协议，找到妥善的解决办法。

二、公用事业民营化与政府管制

　　从狭义上讲，民营化是指一种政策，即引进市场激励以取代对经济主体随意的政治干预，从而改进一个国家的国民经济。这意味着政府取消对无端耗费国家资源的不良国企的支持，从国企撤资，放松管制以鼓励民营企业提供产品和服务，通过合同承包、特许经营、凭单等形式把责任委托给在竞争市场中运营的私营公司和个人（萨瓦斯，2002）。在市场经济国家，民营化主要是针对政府提供公共产品和服务的领域的。民营化最主要的推动力是各国庞大且不断增长的政府规模。而推动政府增长的主要因素有三：（1）现有的和未来的受益者对政府服务的日益增长的需求；（2）服务生产者对政府日益增长的供给；（3）效率的降低，这就意味着同样的服务需要更多的雇员和更多的开支（萨瓦斯，2002）。在公用事业方面，由政府提供产品和服务实际上是由垄断者实施的，因而会产生生产效率低下、产品服务与质量低劣、持续亏损和债务增加、缺乏管理技能或足够的管理权限、对公众缺乏回应性、资本投入不足、设备维护质量低下、过度的垂直一体化、缺乏营销能力、目标多样化且相互矛盾、资源缺乏有效利用甚至腐败等种种弊病。民营化的关键就是要将竞争和市场力量引入公用事业，在各个环节强化成本意识，采取有效措施优化资源配置，确定更趋向市场的定价规则，使企业放弃对政府补贴的依赖，通过资本市场融资获取更广阔的发展机会。

　　与发达国家相比，中国从1978年才开始进行由计划经济向市场经济的改革，公用事业中的民营化起步较晚，到20世纪90年代中期以来，才在一些地方政府的公用事业领域尝试民营化改革。直到2002年12月建设部印发了《关于加快市政公用行业市场化进程的意见》，政府政策才公开允许民间资金进入公用事业。

　　即使同样是在公用事业中进行民营化，本质上，中国公用事业的民营化与那些发达国家的民营化有所区别。发达国家的民营化是要从原来的管制走向放松管制，在放松管制的过程中，原先的管制规则依然可以发挥作用；而在中国，公用事业民营化却是在政府对公用事业的原有管制规则不适应而新的与市场经济对应的管制规则尚未建立的前提下进行的。因此，对于中国这样处于经济转型中的国家，公用事业的民营化过程中，必然面对一个重要的问题，那就是政府的管制问题。由于公用事业所具有的公益性、网络性、规模性、地域性等特征，公用事业民营化不是简单地将其推向市场，而是要在民营化的同时，放松或取消与计划经济相对应的旧管制，建立和改善与市场经济相适应的新管制。本质上，这是一个取消管制与强化管制并行的过程。

更进一步，对于公用事业民营化与政府管制框架的确立顺序无疑是民营化过程中值得探讨的重要课题。有研究表明，管制框架的确立应该先于企业的民营化，以电信业为例，民营化之前先行确立管制权威的电信企业，与电信投资环境的改善和电话普及率的提高有着直接的联系，从投资者角度，也更愿意把资金投向那些企业民营化之前已先行实施管制改革的国家（斯科特·沃尔斯顿，2003）。这就表明，在我国公用事业民营化之前，必须充分认识政府管制的重要性，先行确立相应的管制框架，在民营化的过程中给予必要的管制。如果在民营化过程中缺少相应的管制，那么在位的企业就是实际的垄断者，其产出、定价等各项决策均服从利润最大化目标。如果此时企业的利润最大化目标与政府的公共利益最大化目标相冲突，政府重新启动行政命令的方式方法要求企业，则不仅自身处于被动地位，而且会极大地挫伤企业的积极性。

随着城市化进程的加快，生活水平的提高，人们对管道燃气的需求正如自来水、电力等其他公用事业产品一样不断上升。为解决管道燃气产业中存在的各种问题，改善大部分企业经营亏损严重、政府财政补贴负担沉重的情况，各地开始对管道燃气业进行放松管制的改革。早在 1999 年，H 市 Y 区就引进民营资本，组建 A 管道燃气公司收购 Z 公司，这在国内较早开启了管道燃气的民营化进程。而该区管道燃气民营化的过程中所发生的一系列事情，根源在于对管道燃气产业民营化与政府管制关系的认识上。对于管道燃气这样一个典型的网络型产业，在民营化时区政府一开始几乎完全放弃了对 A 燃气公司的管制，而在碰到问题时又想以行政方式命令其执行政府意图，于是，在后来的政府监管中，政府管制民营化了的 A 燃气公司的预期目标与该公司以市场竞争规则为准则的期望目标产生了偏离，这就必然导致政企之间的无序博弈，使该区的管道燃气民营化陷入了困境。

三、管道燃气产业及其政府管制

管道燃气产业由燃气制造、通过管道向用户送气以及地方供气三个部分构成，是一个典型的网络型产业。从管制经济学角度，可以将管道燃气的技术经济特征概括为四个方面：

第一，管网的自然垄断性。自然垄断最显著的特征是企业成本函数的弱增性（subadditivity）。如果一家企业能比两家或两家以上的企业以较低的成本生产一定数量的某种产品或多种产品的一定组合，则存在成本的弱增性（王俊豪，2001）。显然，以成本弱增性定义自然垄断，未必要求一家企业生产某种产品必须满足规模经济性质，但是，如果一个企业生产某种产品具有规模经济，或者生产多种产品，具有范围经济，那么，该企业就具有成本的弱增性，相应地，该企业所在的产业就是自然垄断产业。因此，在成本弱增的产出范围内，为实现较高的生产效率，应该由一家企业垄断经营，当产出超过成本弱增的范围后，就应该允许新企业进入。

管道燃气的生产供应是一个包括燃气产品的生产、输送、分销、供应在内的具有垂直关系的连续阶段。通常由产气商直接开采天然气或将煤炭、液态液化气二次加工，然后将可燃气（气态或液态）加压送入管道（或由其他运输工具分送），到达终点后调压分送给各个消费者。

从管道燃气运行过程的四个相关阶段（产气、输气、配气、供气）来看，燃气产品的生产、供应与一般产品的生产、供应没有太多区别，并不具有自然垄断性，可以由多家企业竞争性地生产和供应。决定产气供气能否竞争的关键在于管道网络是否可以做到互联互通，或者是否存在一个有剩余容量的成熟管道系统，在技术上使消费者能够在足够多的供应商中进行选择，而不为管道这一基础设施瓶颈所困。但管道燃气的输气和配气显然具有自然垄断性，这是因为燃气管道网络的建设成本高，前期投资大，回收期长，而建成后的管网资产专用性强，沉淀成本高，具有明显的规模经济、范围经济特征，即在一定的需求和产出范围内具有成本弱增性，因而由一家企业垄断经营，反而能实现较高效率。

第二，经营的区域性。由于农村地区的住房较为分散，建设燃气管网，往往难以取得规模经济效益，因此，我国目前的管道燃气主要供应城市地区。同时，受城市需求规模和供给产品或服务的网络限制，管道燃气具有明显的地域性，一般较难建立跨地区的全国性燃气供应网络，甚至网络的延伸都有困难。由于历史的原因，在我国，管道燃气被当作一种公用产品，特别是居民的生活用气，一直被视为福利产品，以边际成本定价，低于社会平均成本供给消费者，而边际成本与社会平均成本的差距亏损，由地方政府给予相应的财政补贴，这在某种程度更加剧了管道燃气经营的地区垄断性。

第三，产品的替代性。严格意义上讲，自然垄断产品是几乎没有相应的替代品的，如电力产品。但管道燃气与其他能源产品具有直接的替代关系。就广义的燃气产品而言，煤、油、电等都是其替代产品；而就管道燃气而言，瓶装石油液化气就是最为直接的竞争对手。由于不同能源之间在价格、热值、使用的方便性和安全性等方面的明显差异，用户对管道燃气的需求往往取决于管道燃气与其他能源的价格、质量、服务等的比较。在城市管道气化率不高的情况下，由于需求规模较小，企业经营成本较大，价格较高，管道燃气往往与瓶装液化气的竞争十分激烈。甚至在开始时，很难开拓市场，需要借助行政的力量来加以实施。

第四，消费的特殊性。管道燃气的用户主要有居民、工业企业、建筑等。其中，民用管道燃气的消费量占总消费量的比重较小，但用户数量占总量的比重最大，而且居民用户具有分散、弱小的特点，单个消费者不具有与管道燃气供应商讨价还价的能力，而消费者整体又往往因为团体数目太大，不具有一致行动的激励。长期以来，与中国居民的低收入对应的是低价格的产品。管道燃气的公益性，使得政府在管道燃气的价格制定中更多考虑的是居民的承受能力。同时，管道燃气的产品替代性、需求的季节性，导致居民对管道燃气的需求具有不稳定性。而管道燃气的易燃、易爆、易中毒性，决定了在管道燃气的生产、输送、分销和使用中，必须考虑其安全性。为此，需要对管道燃气的质量及燃气设备进行严格管理，对进入这一产业的企业数量加以控制，避免过度竞争，质量失控。

政府管制是具有法律地位的、相对独立的政府管制者（机构），依照一定的法规对被管制者（主要是企业）所采取的一系列行政管理与监督行为（王俊豪，2001）。一般将政府管制分为经济性管制和社会性管制。经济性管制是指在自然垄断和存在信息偏在的领域，主要为防止发生资源配置低效，促进公平利用，政府机关用法律权限，通过许可和认可等手段，对企业的进入和退出、价格、服务的数量和质量、投资、财务会计等有关行为加以管制（植草益，1992）。经济性管制中最重要的是价格管制和进入管制。价格管制主要是指在自然垄断产业中，管制者从资源有效配置和服务公平供给观点出发，以限制垄断企业、确定垄断价格为目的，对价格（收费）水平和价格体系进行的管制。进入管制则是指在具有自然垄断性质的产业中，从提高生产效率的观点出发，允许特定一家或少数几家企业加入某一行业，而限制其他企业加入，以获得产业的成本弱增性。社会性管制主要指在存在外部性和信息偏在的领域，以保障劳动者和消费者的安全、健康、卫生，以及保护环境、防止灾害为目的，对物品和服务的质量和伴随着提供它们而产生的各种活动制定一定的标准，或禁止、限制特定行为的管制（植草益，1992）。社会性管制的内容十分丰富，主要有对环境的管制、对产品安全的管制、对工作场所的健康和安全管制等。

对管道燃气产业的技术经济特征的分析表明，管网的自然垄断性、燃气产业的社会公益性（正外部性）及燃气的易燃、易爆、易中毒所可能产生的负外部性，和生产供应者与消费者之间的信息不对称，都决定了管道燃气产业需要相应的政府管制。管网的自然垄断性，决定了一家企业经营可以保证较高的生产效率；但企业处于独家垄断地位，如果不存在任何外部约束，它就会成为市场价格的制定者，会制定出大大高于成本的价格，以取得垄断利润，扭曲配置效率。同时，管道燃气，尤其是管网部分，需要巨额投资，且投资回报期长，资产专用性强，可运营成本很低，如果不存在政府管制，让多家企业竞争性经营，就会导致重复建设，造成资源浪费和经营企业难以发挥规模经济和范围经济优势。因此，为了抑制企业制定垄断价格，维护社会配置效率，防止过度竞争，保证社会生产效率和供应安全、稳定，需要对管道燃气产业进行政府管制。

一直以来，我国的管道燃气行业采取纵向一体化的垄断经营。管道的投资建设，燃气产品的生产、输送、分销、供应各环节完全受计划控制，市场供求关系对管道燃气价格不起调节作用，生产经营成本的变动也不影响价格水平的高低。政府对管道燃气产业一方面实行严格的进入管制，保持了该产业的长期垄断经营；另一方面为保证居民的基本生活需要，又实行较低的管制价格，同时由地方政府对因低价造成的亏损部分给予企业相应的财政补贴。这不仅导致资源配置扭曲，企业生产效率低下，消费者福利受损；也使政府为维持长期的低价政策而财政负担沉重。

H 市 Y 区较早认识到管道燃气业所存在的问题，引入民间资金，进行民营化实践，本是有利于生产者、有利于消费者、有利于社会整体经济福利的改革新举措。问题在于，该区管道燃气民营化过程中，没有考虑管道燃气本身所具有的技术经济特征，区分该产业的哪个环节可以竞争，哪个环节应该保持垄断性，而是笼统地将整个产业出售给了 A 公司，后来又建立 B 公司，通过划范围（"红线"）的方式，让两个纵向一体化的公司在同一城区进行竞争，最终导致企业与企业之间、企业与政府之间的矛盾状况。

四、走出 Y 区管道燃气民营化困境的选择

由于管道燃气的生产、输送、分销、供应各环节所具有的垂直关系，在管制改革之前，世界各国一般都保持管道燃气产业的纵向一体化经营，并实行价格管制。但在 20 世纪 70 年代以来的放松管制改革中，各国根据管道燃气产业不同环节的特性，纷纷引入竞争机制。对管道燃气产业的管制改革先后有两种主要做法：一种是燃气产品的生产者向管道公司出售燃气产品，管

道公司再将燃气产品出售给地方分销系统或最终消费者；二是由燃气公司直接与地方分销公司或最终消费者签订合同，再租借管道公司的设备来输送燃气产品。很显然，第一种模式下，燃气生产者与特定管道公司相连接，而管道公司再与地方分销公司或最终消费者相连接，在纵向分拆、打破管道燃气产业一体化经营的同时，使得燃气生产、传输和分销各个环节都由不同的厂商来经营，而且使管道公司的输送服务被迫与燃气产品的交易商捆绑在一起。第二种模式下，既承认了管道燃气产业不同环节的不同特性，也能将管道公司真正独立出来，只承担起输送服务，但这一模式要求存在多家管道公司的情况下，各管道公司相互开放，形成互联互通的网络。

近几年来，我国一些城市也相继进行了管道燃气产业市场结构的放松管制改革。从目前来看，改革主要采取了纵向结构分离和纵向一体化与自由接入两种方式。纵向结构分离就是针对燃气生产、供应的竞争性和管网的自然垄断性，实行"管气分离"，将管网的所有权与供气企业所有权分离，放开燃气的生产和供应市场，实行竞价上网；同时对燃气管道及与其相关的输送和分销业务实行进入管制和价格管制。上海市场煤气公司就是这种改革的典型例子，并取得了良好的改革效果。但一些学者（肖兴志、陈艳利，2003）认为，我国管道燃气产业应该选择纵向一体化作为改革的突破口。虽然纵向结构分离在其引入竞争的同时，较好地避免了重复建设，减少了社会成本，但它在投资激励、关联经济损失、运营商之间有效竞争等问题上尚未找到满意答案。我国许多地方的管道燃气改革主要还是通过纵向一体化与自由接入方式进行的，即在竞争性环节引入竞争机制的同时辅之以互联互通规定和不对称管制等政策。其优点是可以减少实行完全纵向结构分离所带来的一系列问题，但缺点是既有的纵向一体化运营商可能会利用自己的市场力量歧视新进入者。

借鉴国外和国内的管道燃气产业的放松管制改革实践，针对 H 市 Y 区的城市化进程和该区管道燃气产业的困境，提出两个建议方案。第一种方案是针对管网的自然垄断性，合并 A、B 公司已经铺设的燃气管道，组建独立的管网公司，让其垄断经营的同时，由政府对其进行经济、社会管制，包括进入管制、价格管制、质量管制和安全管制等。而在不具有自然垄断性的产气、配气、供气环节，保留 A、B 公司的业务，让其燃气产品竞价上网，甚至还可以引入 A、B 以外的其他公司参与竞争。因为从 A 燃气公司的可行性报告中得知，4.5 万人的小城，需建液化气气化站 3 座，如果不考虑与天然气对接，远期 40 万人口的 Y 区城区需建气化站 30 座以上。显然，只要解决接口技术问题，完全可以引进两家以上的产气供气商进行竞争。第二种方案是，维持 A、B 燃气公司的一体化经营，但是取消政府的所谓"红线"规定，让两家公司的管网相互开放，实行互通互接。同时，未来可以引入更多的供气商参与竞争。但政府应该给出互通互接的强制规定和不对称管制政策，以避免在位企业利用市场力量歧视新进入者。同时，政府仍然需要管制燃气价格水平和价格结构。

　　从宏观和长远角度考虑，H 市 Y 区管道燃气民营化需要一个较为完善的管制框架。而这个管制框架的建立，并不是地方政府单独所能做到的。从我国管道燃气产业民营化的实践看，政府在管道燃气民营化过程中所进行的管制还不规范，管制效率较低，主要表现在：法律法规建设薄弱，政府管制缺乏有效的法律制度支持；具有自然垄断性质的管道燃气业还没真正实现政企业分离，缺乏有效的政府管制机制和高效率的企业经营机制；政府管制的目标方向不明确，尤其在市场结构重组和进入管制方面缺乏明确的政策目标；管制价格的制定与调整缺乏经济原理的指导，不能有效发挥刺激企业生产效率、促进社会分配效率和维护企业发展潜力的作用（王俊豪，2001）。因此，需要从以下四个方面来构建我国管道燃气产业政府管制的基本框架。第一，建立政府管制体制的法律框架，作为政府管制的基本准则；第二，改革现行政府管制体制，实行政企分离、政监分离，政府、企业、管制机构各司其职，由独立的管制机构来监督、管制垄断性的管道燃气产业；第三，制定放松进入管道燃气产业的管制政策，完善国家投入、引进外资和企业投资相结合的融资方式，提高产业竞争效率；第四，逐步以经济原理为基础建立高效率的新型管道燃气的价格管制体制。

参考文献

［美］萨瓦斯，E. S.，2002：《民营化与公私部门的伙伴关系》，北京：中国人民大学出版社。

王俊豪，2001：《政府管制经济学导论》，北京：商务印书馆。

［美］维斯库斯，W. 吉帕、约翰·M. 弗农、小约瑟夫－E. 哈林顿，2004：《反垄断与管制经济学》，陈甫军等译，北京：机械工业出版社。

［美］沃尔斯顿，斯科特，2003："在规制与民营化之间：改革的顺序选择"，费丽萍、孙宽平译，《经济社会体制比较》，2003，1。

肖兴志、陈艳利，2003："纵向经济一体化网络的接入定价问题"，《中国工业经济》，2003，6。

［日］植草益，1992：《微观规制经济学》，朱绍文译，北京：中国发展出版社。

公共服务合同外包的理论逻辑与风险控制[*]

詹国彬[**]

一、引言

20 世纪最后 20 年以来，伴随着新自由主义思潮的勃兴，作为旨在改善公共服务品质、提高公共服务效率的新公共管理异军突起。新公共管理凭借其独特的魅力获得了众多国家（地区）的青睐，继而引发了一场席卷全球、旷日持久的公共部门变革浪潮。放眼全球，如果说发达国家公共服务体制需求面较少受到全球性改革浪潮冲击的话，那么供给层面的改革则是真正全球性的，不论是发达国家还是发展中国家，不论是民主国家还是专制国家，不论是资本主义国家还是社会主义国家，所有国家公共服务的提供者都面临着强大的改革压力，改革大方向就是引入竞争、引入市场机制（McPake Barbara, Lilani Kumaranayake, and Charles Normand D., 2002：238 – 244）。随着新公共管理浪潮的持续扩散，一种以倡导平等、自由、合作、互惠为原则、将个人合理让渡出来的自然权利形成的政府权力，以政府合同为内在协调机制，组

 ＊ 本文原载于《经济社会体制比较》，2011 年第 5 期。
＊＊ 詹国彬，宁波大学法学院副教授。

成一种有效治理社会的政治组织形式，即新公共管理倡导的合同型政府开始出现（卓越，2009：100）。越来越多的公共服务开始通过合同外包（contracting-out）① 的方式推向市场，利用市场的力量参与公共服务的供给，以发挥市场机制在效率和成本方面的优势。公共服务合同外包在西方国家公共部门改革场阈中的运用可谓司空见惯，由来已久。但是，国内公共服务外包的兴起则是晚近的事情。1995 年，上海浦东新区社会发展局兴建了罗山市民会馆，为提高管理效率，该局打破了单纯依靠街道办事处和居委会的传统做法，转而通过协商，委托上海基督教青年会出面管理，并于 1998 年接受政府养老服务的委托，由此拉开了国内公共服务合同外包的序幕（王浦劬、萨拉蒙，2010：4）。此后，南京、无锡、宁波、深圳、广州等国内城市纷纷推行了公共服务合同外包的实践和探索。时下，公共服务合同外包的范围已逐渐扩大到医疗卫生服务、教育服务、社区服务、培训服务、就业服务、计划生育服务、城市管理等诸多公共服务领域。为此，本文以公共服务外包为研究主题，在诠释公共服务合同外包理论逻辑的基础上，剖析公共服务合同外包中存在的内在冲突，进而从风险管理的视角揭示公共服务合同外包所蕴含的风险，并提出相应的风险控制策略，以期对推动公共服务合同外包的实践有所助益。

二、公共服务合同外包的理论逻辑：从权威治理到合同治理

从历史来看，公共服务的提供是政府的主要职能之一，政府在公共服务

---

① 沃什和 OECD 认为，公共服务合同外包是从外部购买产品和服务而不是在政府机构内部提供这种产品和服务，外包代表了在公共服务的管理和供应过程中，特别是直接民营化（例如所有权的变更）不可能的时候，模仿市场的努力，其基本原理是在服务供应商之间促进竞争（世界银行，2007）。荣出才提出，公共服务外包是指引入私人承包商来提供公共服务，政府仍保留其资金提供者的身份，但不再是服务的生产者和直接提供者（Young Chool Choi, 1999：19）。国内公共管理学者陈振明则认为，公共服务外包是把民事行为中的合同引入公共管理的领域中来，它的做法是以合同双方当事人协商一致为前提，变过去单方面的强制行为为一种双方合意的行为（陈振明，2006：151—152）。综上所述，笔者认为，公共服务外包是政府通过打破行政权威垄断方式提供公共服务的模式，将公共服务的递送分解为安排和生产两个层面，在公共服务的生产层面引入私营企业、非营利组织等力量的参与，从而发挥市场竞争在降低成本与提高效率方面的优势，全面提升公共服务供给的绩效。

的递送中发挥着不可或缺的作用。改革开放以来，随着我国市场化取向改革的日渐深入，政府包办公共服务的运作模式日益受到挑战：其一，自中央政府推行向地方政府放权让利的改革以来，各级地方的部门职能开始逐步向包括企业在内的社会领域转移。至 20 世纪 90 年代初，中央因为财政力量不足而导致和地方的关系发生了重要变化。1994 年分税制改革的出现就是这种变化的产物。此后地方政府财政的拮据日益成为中国社会问题在结构上不断深化的重要诱因；与此同时，在主张"小政府、大社会"的新公共管理思潮的影响下，政府部分职能向事业单位、市场以及非营利组织领域的转移成为一种普遍的共识（韩俊魁，2009：128—134）。其二，经济社会的发展和公民自主意识的增强推动了公共需求的增长。在公共需求日益增长的背景下，传统公共服务供给模式的困境与弊端随之凸显，公共服务供需矛盾的日益尖锐化既反映了传统公共服务治理模式的失败，同时也意味着一种旨在摒弃传统治理模式弊端的新型公共服务治理模式正呼之欲出。

在传统政府治理模式下，公共部门被假定为一个权威系统，通过源于国家的专断权力进行协调。政府主要依靠权威来制定和执行各种规则，以实现对公共部门的管理。我国传统公共服务供给模式是一种典型的权威治理模式，这种治理模式强调以政府权威理念为原则，在公共服务的供给中凸显了作为公共服务提供者的政府和相对人的不对等性、政府在行政活动中主导型和单方命令型的特征，容易导致公共权力的异化，公权对私人领域的侵害加剧了社会与政府的冲突与对立；同时，公共服务的提供也因此缺乏效率和应有的成效，结果使得以权威为基础的公共服务供给模式遭到了公众的广泛批评。

为重塑公共服务供给模式，必须打破传统的权威型治理模式，取而代之的是引入一种以合同为主要协调机制的治理模式，该模式主张通过合同的大量运用特别是签约外包的引入，调整政府组织结构和权力运行机制，实现这一转变的根本做法是广泛引入公共服务的购买者—提供者分离的机制，将公共服务供给简化为代表购买方（需要）的管理机构和代表生产方（供给）的管理机制，进而在生产环节中营建基于公共组织、非营利组织和私人企业多元参与的格局，鼓励不同主体为获得合同的缔结权在服务的质量、数量和价格方面展开充分的竞争，因为"竞争是一种使得合同外包可以花更少的钱得到更多的回报的力量"（U. S. General Accounting Office，1998）。总之，公共服务合同外包后，政府角色随之发生变化，实现了从划桨到掌舵的转变，开始转向一种政策制定同服务提供分开的机制，政府自己提供公共服务只是可供选择的手段之一，政府角色更多的是进行决策，使更多的社会和经济机构行动起来，进而保证其提供的公共服务能够满足公民的需要。

从权威治理到合同治理，这是公共服务治理模式的一种嬗变，同时也是公共服务治理理念的一次重大转变。合同型治理模式的兴起意味着在公共服务供给领域提供了一种可供选择的替代国家权威的机制，有效地开辟了一种实现公共管理社会化可供选择的途径。合同型治理模式的兴起无疑意味着传统权威型治理模式的式微，这两种治理模式在治理理念、治理主体、治理方式、治理目标、治理过程、治理机制、治理结构、激励基础等方面均存在显著的差异。（参见表1）

表1　权威治理与合同治理模式的比较

	权威治理	合同治理
治理理念	强调权威、命令、服从等理念	倡导平等、自由、合作、互惠等合同理念
治理主体	政府机构和公共企业	政府机构、私营部门和非营利组织等
治理方式	配置与管制的分离	配置和管制的结合
治理目标	强调政治目标的实现	强调经济、效率、效益等
治理过程	公共的和私人的赛局参与者的分离	营造公平的、多元主体参与的市场竞争环境
治理机制	使用公法机制、通过政府机构来实施项目：①官僚机构；②公共企业	使用私法机制，通过私营部门和非营利组织实现目标：①合同；②招/投标
治理结构	官僚组织以机构内自上而下的权威和对委托人的控制或管制为特点	分权化的公共组织
治理的激励基础	行政本位主义	企业家精神

三、公共服务合同外包的风险及控制策略

随着公共服务合同外包实践的发展，政府对其私营部门和非营利伙伴的依赖性正在不断增加，这意味着公共服务供给的成效在很大程度上要依赖于这些合作伙伴的绩效质量。人们对这种不断增长的依赖性既表现得越来越习以为常，同时也对这种依赖性所引发的治理和问责性方面的问题给予了越来越多的关注。这种不断发展的公私伙伴关系，包括因公共服务而与非营利部分建立起来的实质性联系，已经日渐模糊了部门之间的界限，使得公共责任和私人责任之间变得难以区分。但是无论二者间的界限如何模糊，公私部门之间的差别和使命是泾渭分明的，公私合作关系的建立不仅使公共服务供给问题变得更加复杂化，而且为市场力量侵蚀公共利益开启了方便之门，这提醒我们合同外包的到来既为改善公共服务带来了希望，也带来了风险，改革者对此必须给予足够的重视并能采取相应的正确策略。

(一) 公共服务合同外包的风险

1. 道德风险

公共服务外包中的道德风险是针对各种签约后机会主义行为的一个通用概念。道德风险的存在严重影响和妨碍了委托代理当事人双方忠实地履行契约条款。当然，道德风险的诱因是多方面的：（1）外包合同的不完备性。由于主客观各种因素的影响，全面考量所有与合同履行可能相关的环境因素是不可能的，外部环境的变动不居和人类的有限理性使得外包合同的不完备性远远超过人们的预判。（2）外包合同中通常包括大量的书面条款，如何解释这些条款直接影响到合同外包中双方的权利义务关系，合同双方对于相关书面条款解释上的差异将会引发只能在法院中解决的冲突。尽管合同内容的最终裁决者是法官，但是司法的标准本身会受到时间和环境变迁的影响。（3）

我们无法保证合同当事人各方都会一心一意地履行合同，合同条款的模糊性为机会主义行为和从合同中攫取不正当利益的策略行为提供了可能，即便这些行为严重背离了现代企业精神。（4）签约方发现合同的过失、合同欺诈行为以及不遵从合同条款行为的时间差为过失行为乃至犯罪行为提供了可能性，有一些过失行为或不当行为是能够予以纠正或弥补的，更多的过失或过错事实上是无法补救的，尽管合同双方都可以采用诉讼的方式维护各自的权益，但是诉讼所花费的冗长时间和诉讼结果的不确定性无疑会影响到合同双方对诉讼方式的选择。

2. 寻租风险

寻租是非生产性寻利活动，即通过从事直接非生产性活动（即直接产生权力，而不是借助生产过程的活动）而获得利润的方法，是利用权力并通过政治过程获得特权从而构成对他人利益的损害大于租金获得者收益的行为（陈裔金，1997：66—73）。公共服务外包过程中的寻租风险包括设租和寻租两个方面：设租是指作为发包商的政府利用公共权力对服务外包全过程进行控制，人为设置需求障碍，以图营造获得非生产性利润的环境与条件；寻租则是指公共服务的生产商利用合法或非法手段获得供应特权以占有租金的活动。从实践来看，公共服务外包过程中的寻租风险可以发生在服务需求确定、评标定标、外包方式选择、信息发布、履约验收等各个环节中，一些政府官员甚至会运用拖延或拒付资金的方式，从诚实的合同承包商那里勒索钱财。此外，大量合同外包的实践表明：腐败问题充斥着整个合同承包的过程，形形色色的操纵投标过程、贿赂和回扣现象从来就没有被消除过（John D. Donahue，1989：131）。合同外包的反对者们认为这类现象十分猖獗。当然，我们无法、也不可能确定这类问题到底在多大程度和多大范围内存在，但是可以肯定的是这类问题确实存在，并且还有日益蔓延和扩散之态势。

3. 新垄断风险

在公共服务外包之后，公共服务的生产者由公共部门转向私营部门，原有的公共垄断可能会随之而转为私营垄断，进而产生对公众利益非常不利的局面。尽管从理论上说私营垄断可能比公共垄断更容易控制，但是如果缺乏良好的制度设计和训练有素的监管人员，解决这种问题的难度远远超出我们的预想，因为"促进竞争并不容易，尤其是在小的辖区，需要付出持续不断的努力"（Perry and Babitsky，1986：57－66）。一项针对宁波地区公共服务的调查结果显示，在一些相对偏远、落后的地区，尤其是一些农村社区，几乎很难找到足够的承包商，这就意味着在服务外包过程中引入充分的竞争在理论上可行，但实施起来困难重重。此外，竞争对于公共服务外包而言也不一定是绝对的好事，因为竞争以及由此带来的转换承包商的潜在可能会威胁到公共服务项目的连贯性。竞争本身的特性会导致服务的中断，它将高额的交易成本强加给买（政府）卖（承包方）双方。

4. 社会不公平风险

公共服务合同的外包无疑会给强势的私营部门带来更多的商业机会，尽管从理论上说弱势部门获得机会的概率是均等的，实质上会带来新的财富分配的不均。此外，从公共服务递送的层面上看，私营部门获得公共服务的生产权后将会把商业精神与原则引入其中，"嫌贫爱富"的商业之道必然在服务消费的过程中表现出来，弱势居民在消费公共服务的数量和质量上无疑会受到影响，一视同仁的公共信条将被打破，公共服务的不公平亦将由此产生。

5. 政府合法性风险

合同外包为改善公共服务供给带来了希望，但是其结果并不能随心所愿。合同外包结果无疑具有不确定性，这种不确定性往往成为批评者质疑其合法性的武器。尽管在传统权威型治理模式下，公共服务供给体系的弊端广受诟病，但是很多事实表明，民众对于私人部门服务的期望状态要高于对政府部门的期望状态，由此导致民众对于政府的容忍度要高于对私人部门的容忍度，在市场力量介入公共领域之后，效果一旦不尽如人意的话，民众的反应和反对呼声往往是很强烈的，政府合法性因此会面临危机。

（二）公共服务合同外包风险的控制策略

审视中国公共服务改革的实践，越来越多的领域都在引入合同外包，而且有加速的趋向。如何有效地规范公共服务合同外包已成为当务之急。2010年1月1日，宁波市政府正式施行《宁波市政府服务合同外包暂行办法》，在国内开启了制定法规规范政府服务合同外包的先河，这无疑是一个非常积极和值得肯定的举措。尽管公共服务合同外包的趋向似乎已不可逆转，但这不能成为我们忽视合同外包风险的理由，公共服务合同外包中如果没有风险控制的意识并采用相应的控制策略，改革结果的偏离甚至是背道而驰就不会是偶然的事情。

前述分析表明，公共服务外包蕴含着道德风险、寻租风险、新垄断风险、社区不公平风险和政府合法性风险等，这些风险究竟受哪些因素的影响，应该如何识别合同外包中风险程度的高低呢？笔者认为，尽管一个社会的意识形态、文化、民主制度、市场发育、政府能力等因素都会成为风险的诱因，但是综合来看，风险程度的高低主要取决于在合同外包过程中引入市场竞争程度的高低和政府监管能力的高低。（见图1）根据合同外包中竞争程度的高低和监管能力的强弱，我们可以把合同外包的风险分为四种类型：

第一，低竞争，弱监管——高度风险型。

在低竞争与弱监管的状态下，公共服务合同外包的风险是最高的，低竞争意味着在合同外包过程中服务安排者没有选择的余地，结果往往会形成由承包商控制的买方市场，甚至会出现逆向选择的问题，政府将处于十分被动的局面中；而政府监管能力的薄弱无疑会雪上加霜，使得政府对于合同条款的履约、验收和控制变得力不从心，这是合同外包中最糟糕的一种局面。

第二，低竞争，强监管——中度风险型。

低竞争与强监管的状态意味着公共服务合同外包过程缺乏足够的、合格的竞标商，使得政府力图通过竞争机制获取低价服务的意图有些不切实际，但是低价服务并非是公共服务合同外包的唯一目标，公众对于传统服务模式

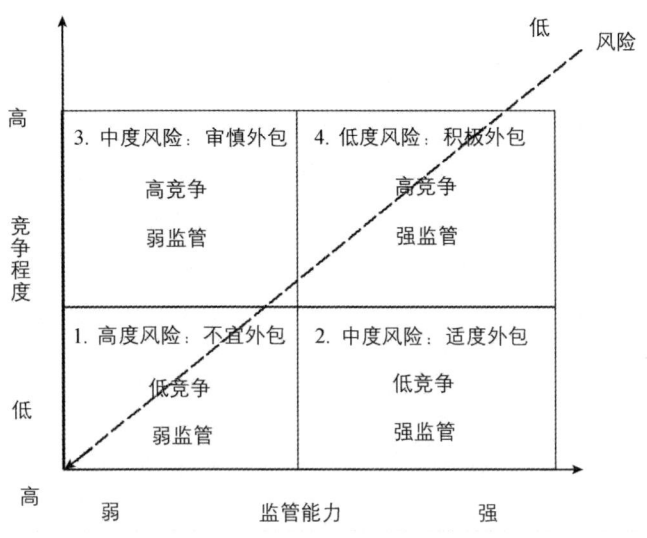

图1 公共服务合同外包的风险识别

的不满主要集中在服务的效率与服务的品质上，尽管也关注服务价格。因此，在政府有较强监管能力的情况下，建议采用适度外包的策略。公共服务合同外包要在供给效率和价格上同时达成理想的效果是有难度的，所以即便无法实现低价格的供给，但只要合同承包商能够在服务的效率、回应性和品质方面作出积极的改善，这已经是一种令人欣喜的进步了。

第三，高竞争，弱监管——中度风险型。

在高竞争与弱监管的情形下应该推行一种审慎的合同外包策略，必须根据公共服务的不同性质合理厘定服务外包的范围。公共服务合同外包中的高竞争性为政府以较低价格达成交易目的提供了可能，竞标的过程将朝着有利于政府的方向发展。但是，政府监管能力的薄弱使得其在监督承包商忠实地履行合同条款方面变得有些无可奈何，这会鼓励和刺激承包商机会主义的行为。所以，签订一个好的合同固然重要，但是监管一个合同的实施实际上更为重要。

第四，高竞争，强监管——低度风险型。

当公共服务合同外包过程既存在高度竞争的市场，政府又具备强大的监管能力时，这是一种最为理想的服务外包情形，可以推行一种积极的合同外包策略。高竞争性为政府借助合同以较低的价格购买公共服务变得现实起来，强大的监管能力则为督促合同承包商按照合同条款如实地提供服务提供了保障，从而有效地减少承包商执行合同中的欺诈和机会主义行为。

有鉴于此，建构公共服务合同外包风险控制的策略需要从两个维度入手：一方面必须千方百计地增进市场竞争程度，保证服务外包过程中竞争的充分性；另一方面则必须从政府本身入手，切实加强政府监管能力建设，只有一个具备强大监管能力的政府才是合同外包所需要的政府。为此，必须采取如下两种控制策略：

第一，维护和增进市场竞争。

合同外包不仅是一个管理工具，更是一个公共事务治理的基本战略，它主张更少地依赖于政府，而更多地依赖于社会与市场，本质上所倡导的是一种竞争性政府，强调把竞争机制注入公共服务中，用竞争去驱动公共服务。在公共服务外包过程中控制风险的策略之一就是要想方设法地维护和增进竞争。为此，需要在合同竞标的过程中通过公开的信息发布或主动的市场考察吸引和搜寻合格的、潜在的承包商，增加合同竞标的充分性；同时，政府可以在外包服务的种类或范围上寻求创新和变化，在不同服务的类型上引入不同的承包商以及把大型服务项目分解为多个小型项目的方式，以增进合同承包商之间的相互比较和竞争。此外，政府还可以在合同承包的期限上作出一定的选择，合同期太长会增加政府解约和引入新的合作伙伴的成本和难度，合同期太短则会影响到承包商某些责任的履行。所以，根据外包服务的性质合理确定外包合同期的长短对防范合同外包的风险也非常必要。

第二，强化政府监管能力建设。

公共服务合同外包后，政府职责随之发生改变，政府将从服务生产的环节中退出来，但是合同外包后并不意味着政府因此就变成了小政府或弱政府，相反，政府监管职能却得到了极大的强化，政府必须恪尽职守地履行好自己的职责——保护消费者的利益，防止垄断给消费者带来麻烦，同时准许私营企业在一定范围里自由活动。就公共服务合同外包而言，强化政府监管能力建设必须从以下几个方面入手：（1）制定公开而透明的行政程序和过程、严格且健全的法律法规；（2）设定科学公共服务的标准和评价体系；（3）构建基于公民参与的多元监督体系；（4）招募和培养受过良好教育的高素质管理者；（5）培养训练有素的、具有良好的谈判技巧与能力的专业人员；（6）具备良好执行能力、反应高效的行政体系。

四、结语

合同外包的引入为改善公共服务供给绩效带来了希望，但是合同外包不应该被视为目的，应该被看作提高效率的手段而不是削弱或破坏政府地位的途径。在充满竞争的市场环境和具备良好监管能力的情形下，合同外包也许是最好的选择；相反，在竞争不充分且政府监管能力薄弱的情况下，选择服务合同外包则是不理智的，寻求内部的改革也许是更好的选择。对于合同外包这种治理工具的局限和优势应该有一个健康、准确的认识，而不是无条件地拥护或简单地排斥、反对。在公共服务外包过程中为了达成良好的结果，需要强大的私营企业和能干、精明的政府成为合作伙伴，共同协作。政府在推行公共服务合同外包的过程中要时刻提醒自己：服务外包仅仅是改革的手段而已，目的是让公民获得更多、更好、更满意的服务。

参考文献

陈裔金，1997："设租与寻租行为的经济学分析"，《经济研究》，1997，4。

陈振明，2006：《竞争型政府》，北京：中国人民大学出版社。

韩俊魁，2009："当前我国非政府组织参与政府购买服务的模式比较"，《经济社会体制比较》，2009，6。

世界银行，2007：《2007年世界发展报告：发展与下一代》，中国社会科学院、清华大学国情研究中心译，北京：中国财政经济出版社。

王浦劬、［美］莱斯特·M.萨拉蒙，2010：《政府向社会组织购买公共服务研究》，北京：北京大学出版社。

卓越，2009：《政府绩效管理概论》，北京：清华大学出版社。

［美］菲利普·库伯，2007：《合同制治理——公共管理者面临的挑战与机遇》，竺乾威等译，上海：复旦大学出版社。

［美］戴维·奥斯本、特德·盖布勒，1996：《改革政府：企业家精神如何改革公营部门》，周敦仁等译，上海：上海译文出版社。

［美］拉塞尔·M. 林登，2002：《无缝隙政府》，汪大海等译，北京：中国人民大学出版社。

［澳］欧文·E. 休斯，2001：《公共管理导论》，彭和平等译，北京：中国人民大学出版社。

［英］约翰·维克斯、乔治·亚罗，2006：《私有化的经济学分析》，廉晓红译，重庆：重庆出版社。

Cooper, Phillip J., 2002. *Governing by Contract: Challenges and Opportunities for Public Managers.* Washington, DC: CQ Press.

Donahue, John D., 1989. *The Privatization Decision: Public Ends'Private Means.* Basic Books.

James L. Perry, Timlynn T. Babitsky, 1986. "Comparative Performance in Urban Bus Transit: Assessing Privatization Strategies." *Public Admininstration Review.* 46 (1): 57 – 66.

Moe, Ronald C., 1987. "Exploring the Limits of Privatization." *Public Administration Review.* 47, (6).

今日世界中的公共管理：组织与市场[*]

[美] 赫伯特·西蒙　著　　杨雪冬　译[**]

一、对复杂组织的研究

今晚我演讲的主题是：使复杂组织（complex organization）成为实现人类目的的有效工具的机制。这个主题与约翰·高斯（John Gaus）对技术创新与政府组织变革之间互动关系的研究有着非常密切的联系，因此我应该这样提问：哪些种类的组织结构有利于变革和创新。我要讨论的两个对象是私人经济机构（制度）和政府。

最近，拉赛尔·赛奇基金会（Russell Sage Foundation）资助了几个会议，

---

　* 原文载于 *Political Science & Politics*，11，2000。本文原载于《经济社会体制比较》，2001 年第 5 期。这是著名的经济学家和政治学家赫伯特·西蒙（1916—2001）在接受 "2000 年度约翰·高斯杰出学者奖" 时的讲话。

　** ［美］赫伯特·西蒙（Herbert Simon），执教于卡内基·梅隆大学，曾由于自己对人类决策行为研究的杰出贡献在 1978 年获得诺贝尔经济学奖。其经济学论文结集为《有限理性模型》一书。他的研究跨经济学、行政学、政策科学等学科，并且在认知心理学和计算机科学领域享有国际威望。其倡导的 "渐进决策" 思想对政治科学产生了重要影响。西蒙曾在 20 世纪 80 年代末期访问过中国，其中文名字是司马贺。1994 年，西蒙成为中国科学院 14 名国外院士之一。2001 年 2 月 9 日西蒙在美国匹兹堡去世，享年 84 岁。杨雪冬，中央编译局中央文献翻译部主任、研究员。

邀请一些诺贝尔经济学奖得主来讨论政治科学。他们或者指出经济分析如何能够解释政治现象（比如"公共选择理论"），或者讨论市场和私人企业的美德是完成我们社会事业的途径。我作为诺贝尔经济学奖得主也应邀参加。但是我"背叛"了现在的专业，回到了自己的政治科学源头。这样做的目的是保卫我们的政治制度，防止它被效用最大化、竞争的市场以及私有化构成的帝国主义侵犯。

新古典经济学为了"解释"所有的人类行为，创建了一个统一的框架，把人类行为看作神圣的效用最大化的产物，而人类行为者的知识或思想力是无限的。新古典框架假定了一个静态的均衡，然而，一旦人们对大型的、复杂的社会系统中的动态现象及一般的不确定性给予严肃关注，这个解释结构就开始削弱，并且到今天还在继续坍塌。

今天，经济学处于一种日益混乱和不断扩大的无组织状态，需要一种替代性的经济机制和人类理性的组合。这里的理性指的是人能够掌握的真正的有限理性。现在虽然有大量的相关理论主张，但是对人类实际上如何形成决策并解决问题所进行的翔实的实证研究（政治科学中的此类研究相当有名）依然缺乏。

我不想重提有限理性产生的所有问题，而是把关注点只放在一个制度方面，即为什么在现代社会中，我们要有市场？为什么要有组织？以及何种因素决定了这两种社会组织机制间的边界？这些问题从根本上触及在当代社会中各种公共的或私人的政治行政制度的作用。

（一）作为协调机制的市场

如果我们采用极端自由主义观点，那么市场和组织就变得毫无必要。对极端自由主义者来说，人类的活动就像莱布尼茨单子（Leibnitz Monads）：这些细小坚硬而且富有弹性的微粒，跳来跳去，互不接触，而且彼此间的价值观肯定毫无影响或触动。只有在这一荒谬的假设下，极端自由主义者才能坚持他们的信念，即我的自由从来不会影响你实现自由的能力。然而，恰恰相反，全球 60 亿人的自由和命运是紧密联系在一起的。

市场和组织通过信息的交换、不断协调的行动，使人们可以完成无法独立实现的事情。在这点上，协调完全就是解决问题的组织化行动，因为每个参与者的行动都通过不同的方式依赖着其他人的行为。不必解释为什么这种依赖通常是有价值的。如果你在英国开车，头脑发昏地走上了右道而不是左道，那么很快就能明白我说的意思。

从人类早期历史以来，某些相当大规模的组织，尤其是军队，一直伴随着我们，我们把它们的存在看作理所当然，而且与市场相比，显得兴趣不大。而后者是稍晚才发展起来的，起首是地方性的，然后才逐渐成为长距离的。市场——亚当·斯密所说的"看不见的手"——的最独特地方在于，它们有能力不依靠强大的中央计划而确保协调，因为每个买家和卖家都被假定独立追求自己的私人利益，所以成员间没有共同的利益可言。

但是相互依赖的这种不可见性是虚幻的。市场作用依靠下列因素体现出来：对价格和交易品特征的共同认识；不存在严重的第三者效应（价格不能反映的所谓"外部性"）；足够稳定的产品和生产流程，这样买卖双方能够理性地计划自己的活动并按照市场均衡达成的价格进行交易。他们也非常依赖运输路线的安全。长期干旱对农产品买卖双方的影响，和印度—欧洲贸易路线上一个战略性海峡的关闭产生的影响，都提供了生动的例证，它们说明，市场在各种不确定性面前是脆弱的，而市场运行失效会造成社会和人类灾难。

油井主想利用市场为中国提供油灯用油，必须清楚有中国这样一块大陆存在，在那里至少在一定的时间内会在某种价格上使用一定数量的油。而且只有相信在某个价位上使用油灯最便宜的时候，中国的消费者才会使用油灯。对于市场的有效运行来说，生产、消费和贸易的充分稳定性是必需的。当然，社会制度，特别是政府组织在维持（有时也破坏）这种稳定上发挥了不可或缺的作用。

在另一种情况下，许多类似但不同的且相互竞争的商品，可能必须有"消费者报告"这样的组织提供的产品质量信息作为价格信息补充，然后消费者才能对不同的品牌进行比较，或者需要政府的监管来保护消费者免受伤害。

如果我们想要了解市场复杂性的程度，可以研究一下建筑合同，或者根据顾客需要生产定制的大型机器的合同。了解一下在合同签订之前设计者和制造者必须互通多少信息，以及在交易的执行过程中买卖双方要发生多少次交往关系。这类合同几乎可以被看作达成临时性组织的协议，因为相应的建筑或生产活动要持续很长时间。

总之，就对信息的苛刻要求来说，市场确实是不可思议的协调机制。但实际上并非如此，因为它们的运行需要高度稳定的经济和较小的外部性。而且，在重要的市场交易种类中，许多产品信息必须在谈判以及随后的生产过程中流动起来。亚当·斯密所说的"看不见的手"常常容易看到。结果是，当市场稳定所需条件不存在的时候，例如在战争期间，我们可以看到集中化计划的快速发展，对于许多活动来说这是更好的协调机制。

（二）从市场经济到组织经济

我们已经习以为常地把我们的社会描绘成市场经济，所以经常为这样的发现而惊讶：从斯密时代以来，市场一直稳步衰落，而商业（以及政府）组织逐步成长为经济活动的首要协调者。在斯密的时代，经济组织中只有农业庄园和相对小规模的作坊超越了个体家庭范围，庄园由庄园主直接管理或者交给仆人管理，作坊的所有者是行会中的雇主。生产是一个市场体制，而不是组织体制，尽管资本家在其中发挥了特殊的协调作用。他们在产品生产的不同阶段订立了合同。合同方的行为并不像管理工厂的雇主。

亚当·斯密对大型组织持悲观看法，后者的管理与所有者的直接监督分离了。他发现，像牛津、剑桥这样的大学才属于此类组织，但他认为这些组织呆板、无效，并且腐败。尽管斯密对大型组织持怀疑态度，但它们一直不断发展，现在我们的大量经济活动是在大公司内部，而不是在市场中发生的。当斯密写作他伟大著作的时候，这种发展就已经在采煤、钢铁、陶瓷以及纺织等行业中萌动，并且在一两代后扩展到陆地和海洋运输业。在很大程度上，这种发展是由技术进步，特别是蒸汽机的发明和利用引发的。蒸汽机是工厂或煤矿，以及后来的轮船或火车的动力源泉。

今天，由于这些发展的影响，我们生活的环境不是市场经济，而是组织经济，或者至多是组织/市场经济，组织活动压倒了市场活动。可笑的是，首批进入这种新型组织社会的产业之一是运输业，铁路推动了大规模的远程市场交易的发展，相应地出现了生产这些产品的大型工厂。现在电子学正推动着类似的交往（communication）变革。

在论述下一个主题之前，为了防止误解，我必须做一个说明。电子学在当代的发展突出地体现为：万维网和市场的发展以及通过组织管理地理上更加分散的活动的能力的提高。这些发展为协调远距离活动提供了新的机会，其影响无法估量。今天，我们还没有深刻地感受这些发展的目前状态及潜力，因此，我们缺乏足够的根据来判断：市场或组织是否最有能力利用这些新机会，我们是否可以看到目前发展延续了或加速了组织内部生产活动集中化的趋势，或者这种集中趋势是否减缓了或者被扭转过来，顺应了市场的要求。

要理解商业和政府组织的这种发展，我们必须认识到组织有能力有效地协调复杂活动，而且能够达到比市场更高的水平。组织理论长期以来就教导我们，协调不是一种善（good）而是一种必需（necessity），协调需要成本而且并不完美。而我们想了解的不过是组织的结构以及目标复杂性引起的问题。说得更明确些，组织设计关注的是平衡协调的成本与收益。设计一个有效组织的第一步，了解协调对哪些相互依赖的组织活动有利，然后使分散的活动所需的协调数量最小化，也就是说要使任何层次上的次级单位之间的互动比每个次级单位内部的互动频率更低，所需时间更少。这就是我们熟悉的劳动分工。指导组织设计的协调成本/收益问题也在界定组织与市场边界上发挥着主要作用。组织对生产和服务时间的决定，从外部购买产品的决定，都决定着这些边界。

无论如何，劳动分工的基本现实是：活动的相互依赖程度越高，就越需要高水平的沟通；在活动上独立性越强，需要沟通的频率越低。这种区别应该在组织结构中清晰地反映出来。结构上具有这些特征的系统被看作"可分解的"（decomposable）。而且我们即将看到，现在有一个正式的数学理论，可以描绘这些体制并对其行为作出重要预测。

（三）组织认同

组织设计的第二个组成部分是，组织与参与者之间的具体契约。例如，雇主与为他工作的人员订立的契约，股票和债券发行者与提供资本者之间的契约，供应商和顾客之间的契约。

正是成员对组织的认同，而不是其他的东西赋予了组织强大的力量，以保证众多成员协调行为，完成组织目标。因此，在过去两百年中，组织认同在现代组织的兴起过程中发挥了主要作用，并使它们在与传统市场机制的竞争中取得成功。我们对组织的研究一直没有对"认同"给予足够的关注。

组织认同依靠的不是利润动机。它在政府组织和大学组织中的作用与营利企业中的作用同样强大。已有的研究（并不太多）表明，一般来说，生产同样产品的营利组织和政府组织在市场中，实现的效率基本一致——利润动机似乎没有给私人企业带来明显的竞争优势。因此在最近几十年中，政府机构把许多活动承包出去的趋势日益明显，但是这样做并不是出于效率的考虑，或者说，如果是为了提高效率，那几乎没有确凿的证据来支持这种选择。

这种情况对我们社会中的组织，尤其是政府组织的作用究竟意味着什么呢？

（四）组织创新和顺应时事

最近几年中，许多对复杂性和复杂系统有兴趣的科学已经注意到这样一个事实：世界的大部分复杂系统几乎都是可分解的。它们由不同层次组成，每个层次上的要素都可以分解为下一个层次的多种次级要素。分子是由原子组成的，原子是由电子和原子核组成的，电子和原子核是基本微粒。多细胞有机体是由器官组成的，器官是由组织组成的，组织是由细胞组成的。

为什么这个组织原则如此普遍呢？答案有两个方面。第一个我已经讨论过了，即"基本的可分解性"（near decomposability）是保证协调产生收益的手段，通过在次级单位之间进行合理的劳动分工可以降低成本。因此，如果我们设计有效运行的复杂系统，我们必须把"基本的可分解性"结合在设计中。

但是，我们在自然界中看到的大部分复杂系统并非是设计的，它们是通过自然选择演进的。在演进过程中，"基本的可分解性"（near-decomposability）占主导地位的原因虽然与制度设计中的有所不同，但密切相关。在演进变革和自然选择过程中，可分解的系统几乎都会顺应环境的变化并且比没有这种特点的系统能更快地从适应中获得收益。我可以简要地说明其中的原因。

如果一个有机体的一个器官的适应性不影响其他的适应性（除调整相对规模的可能外），而且如果有机体整体效率反映了器官的适应性，那么自然选择就会使器官快速地适应有利的变化。通过器官的演进可以认识设计中的问题。如果任何一个器官的设计都几乎不影响其他的效率，那么设计每个适应环境的器官都更容易。例如，在不用重新设计肺的情况下可以设计心脏。随着依赖性程度的提高，一个器官的任何变化能否持续保持"良好性"（favorability）就要依靠其他器官同时或随后的变化。因此，很难轻易地选择那些一直有利于整个系统的变化，因为这些变化在不同器官的结构之间创造出一种依赖关系，对变化产生了强大的阻碍。

如果复杂系统必须在一种频繁变动的环境中运行，或者要与其他变化着的系统竞争，就一定要按照相应的步伐来调整自己的结构。即使有对组织目标的强烈认同，对密切协调的需要也是系统的巨大负担，影响着其在已经变化的环境下进一步提高有效性的能力。因为尽管认同弱化了自我利益并确保其与组织目标吻合，但也导致了现有的组织习惯和认同对决策的过分影响，而这些决策应该适应变化的环境。这是组织，甚至非常成功的组织在努力回应变化迅疾的机会和挑战时遇到困难的首要原因，也是它们经常被新组织超越的首要原因。新组织不会被过时的知识和习惯所累。

"基本的可分解性"对市场系统发展潜力的影响与对组织的影响一样。尽管市场是协调性弱的系统，允许每个部分有相当程度的独立变化，但是变化肯定不能太过迅速，那样会动摇参与者的预期。而在稳定的市场中，这些预期使短期的信息流动变得毫无必要。当市场必须与组织竞争，通过迅速适应来保证渐进变化的收益时，只有在环境高度稳定的条件下，市场才有可能取得竞争的成功。

出于这些考虑，我们可以把工业化社会过去200年的历史理解为：随着大型组织不断从先进技术中获得优势，我们设计大型组织能力的提高（这些组织实现了高水平的协调，保证了各组成部分具有合理的"基本的可分解性"），我们已经极大地拓展了组织存在的空间，在这个空间中组织比市场更为有效。这个结论既适用于政府组织也适用于商业组织，因为后者遵循的是类似的设计发展轨迹。

二、社会意义

我现在停止对社会系统及其发展路线的抽象和深层描述，讨论一下其存在的理由。我将关注两个问题：首先，现代社会中权力的分配；其次，社会产品的分配。我担心自己描绘的画面依然抽象，但是它确实对我们所有人——无论是作为个体还是集体——都非常实际。

（一）权力的分配

我非常佩服阿克顿勋爵（John Emerich Edward Dalberg-Acton）的这句精彩的话："权力有可能腐败，绝对权力绝对腐败。"无论何时何地，民主制度的核心问题一直是并且依然是广泛地分配权力，并且保持分配的稳定均衡。历史以及其他事实充分证明，民主理论的基本定律是：自我利益是一种强大动机，因此不能随意把没有参与决策过程的人的自由和福利托付给社会的任何集团。

人类在20世纪进行了两大实验和无数更小的实验，以验证在高度集中的权力体系中能够通过重大的政治经济制度的变革来塑造出"新人"和新制度，

实现基本的人类目标。现在人们普遍认识到，新制度不能有效地运行，而
"新人"尤其不可能产生。在苏联和改革前的中国，人们的动机似乎和世界其
他地方的人没什么两样，既不会更自私也不会更高尚。实际上，人类彼此惊
人地相似。

新古典经济学家普遍认为，这些实验的结果清楚地印证了市场是自由和
生产力的保障。苏联的解体及以后的岁月、工业化中国发生的天翻地覆的变
化表明，事情并不是那么简单。对于俄罗斯来说，情况已经相当清楚：如果
在引入市场的同时没有建立全社会普遍适用的市场游戏规则，没有创造出有
活力的并且管理有力的组织，那么就不能产生一个有效率的经济体系。俄罗
斯也没有形成稳定的权力分配均衡。而在中国，市场的游戏规则在全社会的
执行中依然存在大量缺陷，政府不断地干预市场的正常运行，组织的能力和
组织的技术很薄弱，分权化也遇到了阻力。

这两个国家的历史根本没有对这个命题提出挑战：除市场以外，权力的
分散也要求多种有效的组织来完成社会的生产和服务任务。实际上，我们有
理由认为，市场在现代社会中最重要的作用是分散权力，方式则是通过竞争
让各种组织有效率地提供市场所需商品和服务，这样防止了它们把自己的资
源作为直接影响政府的权力基础，以扩大自己的社会影响和控制。市场组织
（不论是营利组织还是非营利组织）的多样性是防止它们凭借资源实现自己的
政治目标的强大保障。

同样，权力的分散需要这样的政府组织：它们在提供有效的服务（大型
商业组织有时也能做到）与避免权力过度集中之间维持着合理平衡。以前进
行的许多公共服务私有化实验——无论出于何种理由——现在正开始向我们
表明，市场和商业组织并不是解决所有行政管理弊病的唯一良方。

我想解除航空运输业管制就足够说明这点。乘客们已经品尝到改革的复
杂成果（尽管有诱人的节省机票报告）。同样，能源分配、教育以及通信业的
解除管制和私有化现在都面临着令人困惑的经济和组织问题。我可以列出其
他例子，监狱管理就是突出的一个。虽然也进行了私有化实验，但还没有成
为治愈犯罪倾向的神奇良剂。

我们也不能说，我们已经解决了公共品以及外部性产生的（例如环境保护过程中产生的）所有组织问题。经验已经表明，在提供诸多必要服务方面，政府比任何历史悠久的私人商业安排做得更好。以作为公共品的基础研究为例，如果完全交给竞争性市场，将无法得到充分供应。

我们不需要重新创造政府，我们需要政府来执行游戏规则（包括订立市场合同的规则），推动私人组织的协调，以及提供私人部门无法有效完成的服务。这些需要从过去到现在一直存在。法律制度必须强健而且独立，以约束贿赂和其他违法行为对游戏规则的腐蚀。而且游戏规则本身（例如，政治竞选捐款规则）一定不能助长权势购买（influence buying）。当然，在完成这些功能的过程中，政府机构本身成为权力中心，有助于制衡私人部门从自身利益出发使用权力的行为。

（二）社会产品的分配：不同水平的就业和生产

即使我们现在正享受着高水平的就业和增长，但今天的经济学界对于如何维持这种状态依然没有一致的看法。当被问到其中的原因时，许多经济学家只是发出叹息。我的朋友和旧交中既有宏观经济学家也有货币专家。他们只在一点上有共识。大部分人同意，货币既不是固态，也不是液态，更不是气态的物质。它只是一种心态（a state of mind）。更精确地说，货币的价值是所有使用者心态的集合。历史表明，这些心态可以在短时间内从对某种货币的深信不疑转变为彻底怀疑，反之亦然。关于政府开支和货币政策的影响，"专家"意见中既有理性预期的"放任主义"，也有凯恩斯主义，更有其他的主义。

在阐明了这个主题以及各种专家意见之后，我只对一件事情有发言的信心：维持经济均衡的任务不能完全交给市场这只"看不见的手"，也需要政府的关注。经济学家所说的"萨伊定律"认为，经济可以在任何就业和资本水平上达到均衡，不论是100%还是0。在不同水平上，销售商品所得将合理地调整生产成本以及所有者的利润。因此生产产生的总收入正好够购买市场上的商品。当市场不能保持充分就业均衡的时候（经常这样），新古典理论既不能解释其中的原因，也不能说明如何去做。

正像竞争性市场自己无法保证社会权力的充分分配或充分就业一样，它们也不能保证对财富和收入的分配能够满足所有人对公平的理解。当然，"公平"不是事实性问题，而是价值问题。我们的科学不能解决什么是公平。因此，我将说明某种在当代社会中有广泛影响的公平定义所产生的结果。这个定义是：如果人们得到并且可以保留自己的所得就是公平的。我不主张大家接受这个定义，我只是用它来说明在设计社会系统过程中，把公平考虑进来的复杂性。

让我提一个简单问题。考虑作为美国社会成员的你以及你家庭的收入，并且把它们与中国、印度或者其他第三世界国家同样辛勤劳动的人的收入进行比较。我想，对大部分人来说，双方的收入差距是巨大的，至少是 10∶1，甚至超过 100∶1。

现在，我希望大家考虑一下这种差距的原因。其中有多大程度可以归因于你比第三世界国家的人有更卓越的才能、更强大的动力以及更多的努力呢？而且在多大程度上可以把原因归结为你幸运地出生在或者理智地加入了生产高度发达并且民主的美国社会呢？

如果我们心胸开阔的话，我想大家会说，其中的 1/5 是我们"挣"的。其余是这个高度发达的社会系统对其成员的惠赠。这个系统已经积累了庞大的物质资本，甚至更巨大的知识资本，包括我们所有人掌握的知识、技术以及组织技巧。因此那些与我们打交道的其他国家的公民，虽然有同样的天赋，但是缺乏这种知识以及丰富的非收入所得。

我要再一次指出，我没有具体的建议来配置一个丰裕社会中的"非收入"所得。当然，这是我们在 11 月大选投票中来决定的一件重要事项。显然，一个社会的收入配置是价值问题，需要通过政治过程来决定。

我只想强调，公众对收入分配公平性的态度是决定社会的公共组织活动范围和本质的一个主要因素，这不仅必要而且合理。在一个由私人组织/市场/公共组织组成的社会中，根本不能把社会产品合理配置的任务完全交给市场，也不能只考虑生产效率。显然，社会不是一个莱布尼茨单子集合。社会成员之间的信息交换与合作远远超过了冲击产生的动量简单交换。当使用公平标准的时候，达到帕累托效率（Pareto efficient）的市场均衡经常不如其他均衡（不管它们是否是帕累托效率）。

三、结论

从人类合作手段，即组织的进步角度来书写一部人类文明史并非匪夷所思。在这部历史中，等级系统以及具有基本的可分解性的系统占据着核心地位。几乎从一开始，人类就发现把工作分成不同的部分，把这些部分组合成一种等级，是把各种努力有效地协调起来的强大手段。在以后的日子里，市场作为协调某些交易的手段出现了，这些交易需要非常有限的沟通，因此能够在远距离上进行。然后，在基督教时代还没有到来的时候，民族国家和帝国出现了，显示出组织在规模追求上几乎没有上限。

1500 年后，社会的知识储备和技术创新开始加速发展，系统进入了新的阶段，而市场在推动这些发展的过程中首次发挥了核心作用。经济活动对协调的需求不断增加，组织的技术不断积累，而协调的优势也日益发挥出来，于是产生了大规模的公司。它们开始在规模上模仿民族国家的行政组织——我们也被"发射"进现代世界。

在这些现代发展中，私人和公共组织都发挥着必不可少的作用，它们在功能上相互补充，相互学习，同时也为了调控和管理已经出现的系统进行竞争。这个过程还没有结束，而且政治科学和经济学必须继续它们的相互教育，从对方学科学习。这种教育必须是对称的。其目标不是把政治科学转变为"公共选择"（假设了一个神秘的、效用最大化的"经济人"）的一种理论，而是理解人类行为和人类使用的复杂结构之间的相互塑造关系，以及在保持权力广泛分配的同时如何实现这种关系的。对于人类来说，这些结构保证了其实现大部分目标所需的协调，而权力的分散是民主制度的必然要求。

社会公共服务提供模式再市政化了吗？

——欧洲国家的经验及其对转型国家的启示*

［德］赫尔穆特·沃尔曼　著　　王宇锋　译**

一、引言

　　本文旨在讨论社会公共服务提供机制的演变情况。[①] 这一演变过程开始于19 世纪初期，在 20 世纪 60 年代民族福利国家制度鼎盛时期有了巨大的发展，及至 20 世纪 80 年代，它受到了全球性新自由主义政策、新公共管理观念以及欧盟市场自由化政策的影响。本文将考察在这些不同的发展阶段各个国家制度安排的共同点和差异性，进而分析导致这些国家间出现制度收敛或分叉的因素。

---

　　*　本文原载于《经济社会体制比较》，2011 年第 4 期。本文为提交给世界公共政策分析与管理学会（APPAM）组织的"改善公共服务质量研讨会"的报告。会议于 2011 年 6 月 27—29 日在莫斯科州立大学高级经济学院（HSE）召开。

　　**　［德］赫尔穆特·沃尔曼（Hellmut Wollmann），德国洪堡大学荣誉教授。王宇锋，江西财经大学经济学院教师。

　　①　本文基于一个国际研究团队的一系列研究成果（参见 Wollmann and Marcou, 2010）。该团队由德国、法国、意大利、英国和挪威的一些学者组成，召集人为沃尔曼和马可（Hellmut Wollmann and Gérard Marcou）。

本文讨论中涉及的国家主要为德国、法国、意大利、英国和挪威。

本文讨论的社会服务指的是为个人和家庭提供的一些服务，包括儿童保育、老年人和残障人士的长期照护以及健康服务。对于经济学上的公共服务概念及其实质涵义而言，在不同国家往往有所不同（Wollmann and Marcou，2010：1）。在盎格鲁-撒克逊国家——英国和美国，通常使用"公用事业"（public utilities）来表述，强调的是这类公共服务的产业维度（industrial dimension）。欧洲其他国家也有类似的表述。在意大利为"servizi pubblici"或"servizidi pubblicautilità"，在法国为"services publics industriels et commerciaux"。而在德国，普遍使用的是"daseinsvorsorge"（提供基本生存所需）。随着欧洲一体化进程的推进，欧共体的法律对此有了自己的定义，它将这一类服务定义为"为一般的利益主体提供服务"（services of general economic interest）。本文将使用"公用事业"这一表述。

本文在讨论社会服务时，主要以（对老年人、残障人士的）长期照护（详见 Bönke etc.，2010）为主，而在讨论公用事业时，主要以能源供应（详见 Wollmann and Baldersheim etc.，2010）为主。

二、从萌芽期到福利国家鼎盛期的发展

在历史上，社会服务和公用事业主要是由地方政府或地方慈善组织提供的。从中世纪起，地方当局的一项重要职责是为当地的穷人提供社会援助和照顾。19世纪，随着工业化和城市化的迅猛发展，卫生和基础设施问题变得非常迫切，地方当局逐渐在公共服务提供（如供水、供电和污水处理）中扮演了重要的角色。因此，地方政府被当代保守主义人士讽刺性地贴上了一个"市政社会主义"（municipal socialism）的标签。这种多角色的地方政府逐渐成为"地方性福利国家"的雏形（Pierre，1994），进而预示着民族福利国家的形成。

民族福利国家和社会民主主义的发展紧密地联系在一起，在20世纪60年代和70年代早期达到了顶峰，主要表现在以下三个方面：

第一，发达的福利国家的公共部门承担着广泛的社会公共服务职能与义务。

第二，这些职能主要由公共部门来承担，而非公共部门、非营利部门以及私人部门充其量只是扮演一个辅助性的角色。由公共部门提供公共物品源于这样两种思想：一是公共行政机构及其职员能够以专业、可靠的方式来承担这些任务；二是代议制下的地方机构（包括议会和地方委员会）可以有效地引导和控制公共物品的提供，以实现公共利益的最大化（Wollmann，2004：255）。

第三，福利国家政策与服务是由马克斯·韦伯式官僚机构来实施的。这种官僚机构采取科层制的结构，由专业化的人员组成，受外部的法律规则制约。

从国际比较来看，在宏观层面，发达的福利国家及其公共部门在上述三个方面表现出了一定的趋同，而在微观层面却出现了显著的分叉。其主要原因在于（历史制度主义者所强调的）历史传统、路径依赖和（以行动者为中心的制度主义者所强调的）不同行动者群体（actor constellation）的差异。

通过下面一些例子可以说明这种在宏观层面上趋同而在微观层面上分叉的现象。

就本文所论及的福利国家的社会服务而言，其制度框架存在着显著的差异。

在英国，社会服务的供给是由地方当局的公共部门及其职员来完成的。这一点英国走在了各国的前面。类似的，在法国，1982 年分权化改革以前，社会服务由省一级的政府雇员来提供。而在德国，根据辅助性原则（subsidiarity principle）（这一原则出现在 19 世纪，是政府和教会妥协的产物），社会服务主要由非公共部门、非营利机构来提供。在意大利，慈善组织长期以来也在社会服务方面扮演着重要的角色。

以能源提供（比如供水）为例，它是一种"网格状"（grid-based）的公用事业，可以分为三个阶段：生产、（网格式）传输和分配给消费者（家庭或企业）。对于本文所涉的国家，为地方居民和企业提供能源（如天然气和电）是地方当局的基本职责。英国（它是欧洲工业化和城市化的先驱国家）、德国都属此例。在德国，它通过"城市公用事业网络"来完成。这一组织将诸多公用事业服务垂直地纳入其中，其中能源提供是地方政府的核心职责。挪威的能源提供模式与这个国家的地理特征相关，如该国有许多瀑布，这使得其电力供应来源以水力为主。在很多位于海湾的、与外界隔离的、规模较小的自治市，它们拥有自己的水电站和输电网，为当地提供电力。法国则不同，赋予私人企业以特许权成为能源（如天然气和电力）供给的主要方式。

1945 年以后，由公共部门承担多种职能和提供公共服务这一宏观趋势在英国表现得尤为明显。具有半社会主义性质的工党政府执政后，电力部门（1947 年）、供水系统（1948 年）和国家医疗保健系统（National Health Service, 1958 年）相继被国有化了。"二战"后的法国同样如此，通过建立国有垄断企业（电力供应是 EdF，天然气供应是 GdF），1946 年该国的能源部门实现了国有化。相反，挪威的能源提供是大多数市立水电公司的专利。在德国，能源市场主要由私人投资的能源企业主导，而市属公司（市政公用事业公司）也占有相当大的份额。

三、20 世纪 80 年代以来的发展

从 1945 年到 20 世纪 70 年代初期，在社会民主主义的支持之下，由公共部门来提供服务的发达的福利国家模式得到了发展。20 世纪 80 年代以来，有三个相互重叠的政治和思想潮流对这一模式发起了挑战（Pollitt and Bouckaert, 2004；Wollmann and Marcou, 2010：241）。

第一，发达的福利国家的职能范围备受诘难，人们认为它给公共财政带来了沉重负担，抑制了私人经济的发展。承担尽量少的社会公共服务的"小政府"理念被推崇。

第二，马克斯·韦伯式行政模式等级森严，经济效率低下，因而受到了质疑。人们期望通过引入私人部门的管理原则和机制来对此进行纠正。

第三，社会公共服务提供如果以公共部门为主体，缺乏竞争和私人部门的参与，将会出现运行效率低下和经济效率低下的问题。因此，旨在为社会公共

服务的采购和提供引入市场竞争机制的改革要求和理念应运而生。

20 世纪 80 年代末以来，欧盟在促进"市场自由化"方面的作用越来越大，表现为：

其一，在欧盟范围内"统一"产品、服务和资本市场是欧盟的目标，而这一目标的实现，有赖于打破传统的地方自治政府体制下的"地方保护主义市场"。地方保护主义市场反映了民选的地方委员会的旨趣。它们要求，应根据当地社区的利益来设置社会公共服务的条款和价格。欧共体旨在推进统一市场的形成，这势必与自治市当局试图维持它们在提供社会公共服务方面的传统理念和实践相冲突。鉴于此，欧洲法院（The European Court of Justice）已经打算放松市场自由化方面的规定。

其二，欧盟主要通过欧盟章程或指南来推行市场自由化政策。欧盟要求其成员国在具体政策领域（如供电、供水和废物管理）将竞争性原则和机制写进国内法律。

（一）社会服务的提供

20 世纪 70 年代以前，英国一直维持高福利状态，地方当局通过市政职员提供具有准垄断色彩的社会服务（包括长期护理）。由行政机构来提供社会服务主要是基于这样的假设，即，地方当局的职员在提供这些服务方面是最胜任的。这种提供模式在 20 世纪 80 年代有了显著的变化，因为撒切尔政府采取新自由主义色彩的"强制性竞标"（compulsory competitive tendering）政策，让地方当局将社会服务外包给非政府部门（主要是非营利部门）。尽管新工党在 20 世纪 90 年代正式取消了"强制性竞标"政策，但竞争性的外包仍然存在，由众多外部供应商承包的方式取代了过去的内部提供方式。

20 世纪 80 年代初以前，在省级政府的监管下，法国的社会服务由政府职员和非营利的私人组织提供。1982 年以后，传统的中央集权主义政府进行了分权化改革，社会服务的提供任务转移到了省级地方当局。地方政府一方面通过扩员的方式直接提供社会服务，另一方面则将相关服务外包给外部供应商

（通常是非营利机构）。这一改革的力度并不大。事实上，这种分权很大程度上只是职能的横向转移，即从社会事务部转移到省里。

在德国，传统上，根据"辅助性原则"（subsidiarity principle），公共服务主要由非营利组织（也被称为"福利组织"）来提供。由于非营利组织的传统优势，用新公共管理学的语言来说，地方当局起到的只是"协助性"角色，它确保社会服务由当地来提供，只有在必要时才由它们直接提供社会服务。1994年，联邦《长期照护保险法案》（Long-Term Care Insurance Act）终结了福利组织的寡头垄断局面，将这一市场对所有的供应商（包括非营利组织、营利组织和自治组织）开放。长期照护服务的提供模式发生了重大的变化。尤其是居家照护（domiciliary care），现在主要是通过私有化或商业化的方式进行提供。

意大利的社会服务早前也是由非营利的慈善组织提供的，这些组织通常隶属于天主教教会。2000年，意大利进行了社会改革，但这一改革并没有清晰地从制度上界定不同政府层级的职责，于是形成了一个多主体的局面，各级政府和传统的非营利组织都参与其中。

（二）电力供应

1947年，英国工党政府对整个电力部门（包括地方电厂和私人电力企业）实施了国有化。1989年，电力部门又发生了重大变革，在保守主义政府推行的私有化浪潮中，公共电力部门被移交给私人企业。1989年制定的法规引入了"拆分"的概念，即，将电力供应拆分为三个环节（发电、输电和配电），从而为电力部门引入了竞争机制。与英国电力部门私有化运动的彻底性相比，欧盟其他国家电力供应的"市场化"改革却没有那么激进。

在挪威，电力历来完全由市政部门提供，确切地说，是由许多市政部门所属的水力发电公司提供的。1990年，挪威电力系统进行了重大改革。尽管自治市当局仍拥有并运营着水力发电厂和短距离输电网，但是，通过新成立的一个国家电力机构，将地方发电厂组织起来，引入市场机制，然后按照"有管理的市场价格"（market-regulated price）把电出售给消费者。尽管挪威一直没有正式地加入欧盟，但是其电力供应的市场化模式为欧盟的成员国提供了一个可供参考的模式。

直到 20 世纪 90 年代，其他欧盟成员国才将电力供应市场变得更具竞争性。这一过程中，欧盟的促进作用越来越大。2003 年 6 月 26 日通过的《加速指南》（*Acceleration Directive*）要求欧盟成员国将输电网进行拆分，以促进竞争。这种竞争要求实现无歧视准入，并成立国家规制机构对竞争行为进行"看护式"（watchdog）监督。

20 世纪 90 年代，本文所研究的这几个国家都有不同的国情和不同的初始条件，这使得其市场化改革的进程和范围都有所不同。

1946 年，法国对电力部门实施了国有化改革，电力市场由国有电力公司（EdF）垄断，那些未被国有化的市政电力公司只占极小的份额。20 世纪 90 年代，在遵从《加速指南》方面，法国政府动作迟缓，试图维持国有电力公司的垄断地位。2004 年，尽管国有电力公司在形式上被私有化为一个股份公司，但是私人参股总额不得超过 30%，它在法国电力市场上仍旧占据主导地位。因而，市政电力公司无法扩张，新的企业也无法在这一行业立足。

1962 年，意大利对电力部门实施了国有化，电力市场由国有企业意大利国家电力公司（ENEL）主导，而由自治市当局所属的市政公司没有被国有化，在电力市场中仍然扮演着重要的角色。1992 年，为了响应欧盟的市场自由化导向，意大利政府对 ENEL 进行了私有化改革，把它变成了一个股份公司，允许外部投资者拥有该公司的股份。另外，为了遵从《加速指南》，意大利还成立了独立的监管机构以监督市场自由化进程。那些在 1962 年国有化运动后仍未被国有化的市政公司，特别是那些大城市的市政公司，不仅在电力市场上保持了原有份额，还有所扩张。比如通过购入 ENEL 的股份，扩大发电和输电能力。这表明，电力部门出现了一定程度的再市政化（re-municipalization）现象。

在德国，由私人投资的股份公司占据着电力供应的绝对份额。此外，自治市当局所属的、多功能的公用事业公司也占有一定的份额。在欧盟推进市场自由化的第一个阶段，在德国出现了与初衷相矛盾的结果，一方面，电力市场的集中度急剧提高，另一方面却出现了主导市场的"四大巨头"（E. on，RWE，EnBW 和 Vattenfall，后者为瑞典国有电力公司），这几家企业通过资产私有化逐渐掌控了市政公用事业公司。为了遵从《加速指南》，德国联邦立法机构要求以 20 世纪 90 年代中期状况为蓝本进行分拆。作为与德国联邦政府达成的妥协结果，小于 10 万个用户的地方电力公司可以不执行这一分拆计划。2005 年，德国成立了联邦规制机构，以保证新规制方案的实施。

尽管"四大巨头"仍然在市场中占据主导地位，但是市政公用事业公司的地位也得到了巩固和扩张。其原因是：第一，他们适应了市场竞争；第二，由于其用户少于 10 万，因而可以不进行拆分；第三，欧盟委员会、联邦政府和德国的地方政府达成一致，通过支持小企业，尤其是市政公用事业公司来对抗"四大巨头"。

四、社会公共服务的提供任务重归公共／市政部门了吗？

在德国，一股对能源提供系统进行再市政化的潮流正蓄势待发。尽管地方政府在 20 世纪 90 年代推动了市场自由化改革，但现在，他们越来越想逆转这一潮流。因为，地方当局意识到，无论从短期还是长期来看，保持并扩张市政公司在财政上和政治上都有益处。他们已经开始建立新的类似于市政公用事业公司的市政公司，甚至建立发电厂，特别是可再生环保类的发电厂。另外，因为私营企业电网运输特许权到期，自治市当局重新开始自己运营输电网，并加大了直接向消费者提供电力服务的力度。与此同时，欧盟降低了对地方电力市场的影响，这一状况给电力"四大巨头"带来了压力，被迫出手了他们以前从市政公用事业公司购得的股份。最近一个备受瞩目的案例是市政公用事业公司的联营企业以 30 亿欧元的价格收购了 E. on 的一个子公司。如此看来，"再市政化"这个词不仅是地方政客提出的政治口号，而且已经开始纳入正式的议程。

同样，在意大利，市政公司，特别是大城市的市政公司，最近都表现出对扩大其在能源市场上的份额的兴趣，并且已经展现出这一动向在经济上的可行性。

法国的供水部门已经开始采取类似的行动。当私营部门的水网特许权到期时，一些城市（如巴黎）决定恢复由市政部门直接来运营。在公共交通方面，市政公交公司和企业及地方准公交公司（SEML）仍然是提供公共交通服务的重要选择。

在这一方面，美国的情形也值得一提。20 世纪 90 年代美国盛行的供水部门私有化已经明显转向了"再市政化"（Hefetz and Warner, 2007）。促成重归由公共/市政部门提供社会公共服务的因素有：

第一，依照私有化的基本原理和逻辑，私营部门提供社会公共服务比公共/市政部门提供更有效率。然而，社会公共服务提供的私有化模式却备受质疑。经验表明，一旦私人供应商在相关服务市场达到主导或垄断地位时（这一地位很可能是通过"倾销"实现的），他们会提高服务价格及收费。此外，为了确保利润，员工工作环境及收入状况可能会恶化。因此，地方当局开始"回购"相关资产，而回购价格往往远高于出售时的价格。

第二，私有化的基本原理所支持的大部分私人供应商都是"单一功能"的供应商，因而他们最感兴趣的是以各自的"单一功能"追求利润最大化，这不但忽略了其他目标，也可能会将相关成本外部化。此外"竞次竞争"或"逐底竞争"（race to the bottom）是有害的。例如，在供电或供水领域，"竞次竞争"可能对环境造成不利的影响。通过"再市政化"，地方当局可以提供"多功能"的服务，以满足地方居民的多样化目标，这在环境保护方面尤为突出。

第三，在欧洲的"多层级"政府间结构下，对地方当局施压以推进市场自由化，从这一实践过程可以总结出以下几个方面的教训：

其一，欧盟最初的政策目标是将市场竞争引入"为一般的利益主体提供服务"之中，这就要求地方当局将这种服务的提供在欧盟范围内公开招标。不过，在 2009 年 12 月生效的《里斯本条约》中，"为一般的利益主体提供服务"的相关条款已经明显放松，并放弃了部分最初的政策目标。① 在社会公共服务的提供方面，成员国的国家及地方当局拥有很大的决策权和自由裁量权。

其二，从政治的角度考虑，面对垄断性的国内和跨国大企业，欧洲委员会、德国联邦政府和州政府越来越重视地方当局及其所拥有的企业的作用。即便他们的力量不足以引入并加强相关领域的竞争，他们也能成为执行相关政策的有用的同盟军。例如，国家能源公司和跨国能源公司在追求利润最大化时常常会忽略再生能源概念，而地方当局及其所拥有的企业在推动再生能源发展方面可以扮演重要的角色。

其三，重归公共/市政部门提供社会公共服务的这种趋势反映出，尽管面临过度管制、承担过多的职能以及财政能力有限等问题，但是，传统的多功能的、民主的地方政府在多层级政府间结构中，还是表现出了强大的政治力量。应该强调的是，通过添加"辅助性"原则，地方自治政府的重要性首次在欧盟宪法《里斯本条约》中得到了明确的认可。②

五、对转型国家（如俄罗斯）的启示

尽管将政治和经济上都很发达的国家（如欧盟）的经验移植到有着强政府、强国有经济传统的转型国家（如俄罗斯）存在着很大的风险，但笔者还是尝试着提出一些建议。

---

① 《里斯本条约》写道："欧盟在为一般的利益主体提供服务方面所共享的价值应依照《欧盟运作条约》（*Treaty on the Functioning of the European Union*）的第14条：第一，国家、地区和地方当局在提供、试行和组织为一般的利益主体提供服务的核心角色和自由裁量方面，应尽可能接近消费者的需求。第二，鉴于服务的多样性，使用者需求与偏好的不同可能来自于不同的地理、社会或文化环境。第三，应保证高质量、高安全性、高可支付性、公平性以及对人们对于如何取得服务和权利进行宣传。"

② 《里斯本条约》第3a条第2款写道："联盟应该将成员国之间的平等、成员国的国家认同置于条约之上。这种认同植根于成员国的基础性结构，包括政治方面的结构和宪法意义上的结构，以及区域和地方自治政府。要尊重成员国的核心国家功能，包括确保国家领土完整、遵守法律、秩序和国防。尤其是，国防仍然是各成员国的核心职责。"

第一，欧洲国家的社会公共服务提供机制经历了一个长期的制度变迁过程，先是以公共部门提供为主，继而转向私有化，最近又回到以公共部门提供为主。这一变迁过程反映了公共部门和私有部门在提供社会公共服务方面各自的优势和劣势。这种"再市政化"值得关注。

第二，公共部门和私有部门两者形成可行的组合是社会公共服务提供的关键。前述发展过程，包括最近《里斯本条约》中反映的有关战略的变化，反映出在政府体系中，多功能的、民主的地方政府在形成这一组合过程中的重要作用。

参考文献

Hefetz, Amir and Mildred Warner, 2007. "Beyond the Market versus Planning Dichomy: Understanding Privatisation and Its Reverse in US Cities." *Local Government Studies*. 33 (4): 555 - 72.

Pollitt, Christopher and Geert Bouckaert, 2004. *Public Management Reform* (2nd ed.). Oxford University Press.

Schäfer, Roland, 2008. "Privat vor Staat hat ausgedient. Rekommunalisierung: Modetrend oder neues Publikph nomen?" Öffentliche Finanzen, Sonderbeilage, 19 June.

Stewart, John, 2000. *The Nature of British Local Government*. Houndmills: Macmillan.

Verbuecheln, M., 2009. Rùckùbertragung operativer Dienstleistungen durch Kommunenam Beispiel der Abfallwirtschaft." Difu-Papers, January.

Wollmann, Hellmut, 2004. "Local Government Reforms in Great Britain, Sweden, Germany and France: Between Bulti-function and Single-purpose Organisations." *Local Government Studies*. 30 (4): 639 - 66.

——2008. "Comparing Local Government Reforms in England, Sweden, France and Germany, Between Continuity and Change." www. wuestenrot-stiftung. de/download/local-government.

Wollmann, Hellmut and Geert Bouckaert, 2006. "State Organisation in France and Germany:Between 'Territoriality' and 'Functionality'." In Hoffmann-Martinot Vincent and

Hellmut Wollmann, eds. , *State and Local Government Reforms in France and Germany Convergence and Divergence.* Wiesbaden: VS Verlag fuer Sozialwissenschaften.

Wollmann, Hellmut and Gérard Marcou, eds. , 2010. *The Provision of Public Services in Europe: Between State, Local Government and Market.* Edward Elgar.

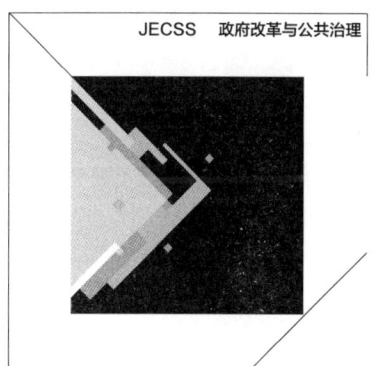

JECSS　政府改革与公共治理

第三辑

政府绩效

亚太六国国民对政府绩效的满意度[*]

［英］王正绪　著　　苏世军　译[**]

一、引言

从 20 世纪 80 年代晚期开始，政府绩效就成为一个既为学界所关注又具有政策意义的问题。对善治的讨论来自于国际开发组织，这一概念随后在其他领域也开始盛行起来。善治的正式定义主要来自世界银行、国际货币基金组织、联合国（特别是联合国开发计划署）、经合组织以及其他捐赠组织。例如，联合国认为治理可以简单地定义为"作出决策的过程和执行（或非执行）决策的过程"（联合国，2006）。

在国际开发组织对治理的研究中，世界银行关于善治的著名的六维定义具有代表性，其中包括诸如话语权与问责制、政治稳定、政府效能、法治、反腐败等（Kaufmann et al.，1999）。世界银行、联合国以及其他组织为帮助改进发展中国家的治理能力所作的这种努力当然是值得称道的。然而，在实践中，为实行善治所作的这种努力以及为其鸣锣开道所开展的讨论曾经受到

＊　原文载于 *Japanese Journal of Political Science*，11（1），2010。本文原载于《经济社会体制比较》，2011 年第 1 期。受篇幅限制，本译文有删减，有需要的读者可与编辑部联系。——编者注

＊＊　王正绪，英国诺丁汉大学当代中国研究学院中国政策研究所高级研究员、代所长。苏世军，北京印刷学院外语部教授。

过严重的打击和批驳。当然，关键问题在于对治理质量的测度指标所持的意见各不相同（Nanda，2006）。这些西方机构的专家所设计的测度指标常常被批评为脱离实际。特别是，通过将援助条件附加到治理改善指标之中，国际组织援助项目日益政治化的倾向广受诟病。本项研究旨在扩大我们对善治的认识。本文的研究结果在于把国民对政府绩效的满意度看作一种新维度，这有助于解决目前有关善治的文献严重短缺的问题。当前文献短缺的另一个方面在于这类文献都是针对发展中国家的政府绩效的。本文所探讨的六个国家既有发达国家又有发展中国家。由于理论界缺乏发展中国家与发达国家政府绩效方面的比较研究，本课题可以为之提供一定的启示。

本文以探讨善治为起始，将其视为文献研究的一个领域，也将其视为一个为促进发展所作出的国际性努力，随之介绍一种以国民为中心的有关善治的视野，本文利用这种视野旨在建立有关国民评价的假说：国民对政府绩效给予较高或较低评价的动机是什么？这些假说在随后的表述中将会提到，对其自变量也将作出解释。本文还利用一些篇幅从方法学的角度来介绍因变量：国民对政府绩效的满意度。随后对结果加以陈述，最后部分是讨论与结论。

二、善治"运动"

国际社会对善治的关注可以上溯到 20 世纪 80 年代。在那些岁月里，国际社会开发出了一系列的文献、工具与实践方法。这种运动认为，善治对经济、社会与人类发展至关重要，而"恶治"或"劣治"则被视为发展失败或延误的根源。联合国和世界银行以及发达国家的相关援助部门是呼吁提高执政能力、实现发展目标的主要力量。

对善治的强调是有意义的，因为世界要实现诸如"千年发展目标"这样的公平、可持续的发展，面临着严峻的挑战。联合国认为善治的特点应该包括参与、法治、透明、回应性、一致性方向、公正与包容、效能与效率、责任心（Kaufmann et al.，2008）。联合国以及其他机构尽管认识到这样的目标竭尽所能也难以实现，但还是认为应该采取行动朝着这样的理想迈进，以便实现人类社会可持续发展的目的。

到目前为止,世界银行的《全球治理指标》(Worldwide Governance Indicator, WGI) 对于把"善治"的理念变成可操作性的政策工具来说是最为成功的努力 (Kaufmann et al., 2008)。这种指标从六个维度来检查一个国家政绩表现的质量:话语权与问责制、政治稳定、政府效能、调控质量、法治、反腐斗争。《全球治理指标》从不同来源收集资料,可以使政策研究机构在全球范围来比较政府绩效。在 1993 年首次开展的调研中,《全球治理指标》课题仅依靠 13 个资料源,得出一个涉及 173 个国家的指标。到 2008 年,这个指标得到扩大,包含 35 个不同来源的资料,涉及 212 个国家 (Kaufmann et al., 2008)。这些资料主要是依靠感性认识得来的,即有关于政府绩效的主观数据,源自商业风险评估机构、智囊团、政府机构和国际组织在全国范围内所作的调研。

《全球治理指标》也许是最全面的、方法最严谨的评估政府绩效的量值,但是依然面临着几个观念性的挑战。例如,主要依据专家所做的民意测验的可靠性有多大?许多人认为这种民意测验样本量小,经常带有经济收入的色彩,也就是说,带有倾向经济上更为成功的国家的偏见。许多监督组织如"自由之家"、国际特赦组织在意识形态上的倾向性是尽人皆知的,其数据就是《全球治理指标》的根基。因此,这种组织所作的评估可能会有倾向性,例如,倾向于已经建立起民主选举制度的国家。近年来,《全球治理指标》力图在其数据源中加入较大规模的普查结果,包括一些家庭普查,但是对这样的数据所作的解释是否具有鲜明的文化色彩还依然是个问题。

人们会对这些指标的效力提出质疑,指出这些被认为是孤立的指标之间存在高度相关性。例如,人们会发现在非洲国家中"自由之家"的《世界自由》之评估是一个表示民主强度的指标。与此同时,对于每个国家来说,人们都会在《全球治理指标》中找到一个政府绩效的指标。这两个指标显然是由两个不同的组织策划和构建的,但彼此之间却非常吻合 (Bratton and Chang, 2006)。这一发现涉及相对民主化进程中的"程序化"争论,也就是,在发展中国家,民主化是应该走在建国之前还是之后的问题 (Rose and Shin,

2001）。布拉顿和张氏（Bratton and Chang，2006）认为，既然民主化（根据"自由之家"的评估而测定）与建国（由《全球治理指标》评估）是相辅相成的，因此就不该有先后顺序，而是应该携手并进。相关的民主指标和政府绩效指标可以相互印证这一发现，与此同时，还存在一种指责，这种指责认为，在现实中这两种指标实际上被用来评价同一事物，尽管在概念上两者大相径庭，是由两个不同的组织创立和发展的。

在把"善治"观念转换成政策工具的过程中，除了观念和方法问题之外，还有大量论争发生，原因在于通过限制性援助来实施善治措施是不会产生效果的。既然对治理的范畴和评估达不成共识，就无法制定普遍接受的措施来真正提高治理能力（Nanda，2006）。如果你不能对政府绩效作出评估，你就不能改进政府绩效。经验表明，从治理能力提高与债务免除的关系来看，治理能力正在提高的国家并没有得到债务免除的回报（Nanda，2006）。尽管开发机构否认受限援助的政治性质，声称它们的援助旨在促进政府绩效而不是民主，但是研究表明，民主和政府绩效如果彼此相分离，就会成为空中楼阁，因此研究者认为联合国和世界银行不应该宣称自己不带有政治目的，而是应该明确地宣称其开展援助活动的目的就是提高治理水平和促进民主发展（Santiso，2001）。

在接受援助的国家当中，对由西方制定并强制实施的准则的抵制依然强烈。为了强迫发展中国家进行政府改革，西方有时候把"善治"和人类可持续发展描写成"意识形态帝国主义"（Blunt，1995）。政治目标和非政治目标之间的紧张局势肯定十分强烈，西方想把两者区分开来的任何努力即使不是徒劳的，也是困难的。因此，中国最近参与援建工作，而不附带任何政府改革条件，似乎引起了新一轮的争论（Naim，2007）。

三、国民与政府绩效

不管意识形态帝国主义存在与否，到目前为止，《全球治理指标》以及其他指标并没有在其数据源中吸收国民对政府绩效的评价。当然这不是由于缺乏这样的资料，因为全国性的民意调查长期以来一直存在，这种调查有许多涉及国民对政府的满意度，如"世界价值普查"以及各种地区性的晴雨表。例如，《亚洲晴雨表》自从 2003 年以来一直在调查国民对政府在环境、卫生、公安、国防、养老等方面的开支的意见。类似的问题还出现在其他的全国性普查中，如《拉丁美洲晴雨表》、《新民主晴雨表》以及《非洲晴雨表》。诸如世界银行研究院这样的评估机构怀疑，这样的普查数据可靠吗？或说，我们应该担心公民缺乏评价政府绩效的能力吗？虽然我们眼下对这样的问题还没有答案，这种普查可以使研究者把重心从外在的政府绩效评估者转向内在的政府绩效评估者。在这种情况下，政府绩效的终极内在评估者是某一具体国家的国民，他们是由政府提供的商品的消费者。

只要人们开展关于国民对政府满意度的调查，就会发现相关的研究凤毛麟角。可想而知，在政治学和公共管理学中，有关国民对政府满意度的文献寥寥无几。一般来说，这样的问题经常在民意测验中提到，往往用在政治分析当中。例如，在美国政治文献和实践中，对"总体来说，你认为我们的国家是朝着正确的还是错误的方向走呢？"这个问题的回答经常被用来预测即将到来的总统选举的结果。但是，对公民对政府满意度的测量很少作为因变量来分析。

换言之，公民对政府绩效的满意度经常用来解释一种政治现象，但本身却很少得到解释。我们对国民满意度会如何导致选举结果和国民对政治制度的信任度的变化了如指掌，但是对导致国民满意度的真正因素却知之甚少。公民对政府绩效满意的因素是什么？是家庭收入的增加吗？是国家经济高速发展还是低通胀率，还是两者兼而有之呢？对于这些问题，现有的文献实际上不能提供什么帮助。

但是我们也不是到了无可奈何的境地。政治研究已经积累了大量的有关政治信任的文献，也就是公民对政府机构（如国会、法院和政府机构）的信任。在这种文献中，公民对政府绩效的满意度往往被当作自变量来处理，就是一个能够说明政治信任程度的因素。在这种调研中，从公民满意度似乎可以看出，可以用客观标准来衡量的指标的质量，如收入水平。公民满意度还可以用来解释其他事物，而自身却无须加以解释。此外，很多人往往把对政府的信任度与对政府绩效的满意度混为一谈。在关于公民对政府满意度的研究过程中，有些研究人员发现这个指标难以测量，与具体部门息息相关。例如，在公共行政管理文献中，人们可以找到与具体部门或问题相关的客户（公民）满意度的研究案例，而不是有关对政府绩效或治理的整体满意度的研究案例。但是对政府信任度的测量易于得出，而与善治相关的因素却含糊不清（Bouckaert and van de Walle，2003）。

这种研究似乎的确可以说明个人满意度、对政府满意度和对政府信任度之间存在着密切的关系。所有这些关系显然受到政府绩效的影响，例如在反腐斗争、经济发展、教育提供以及其他服务等方面。政府绩效可以影响公民对生活的满意度，例如，据发现，从全球的角度来看，个人对生活的满意度与《全球治理指标》中对政府素质的几个测量方法密切相关，其相关度超过与实际人均收入的相关度（Helliwell and Huang，2006）。把因果关系倒转过来，公民对生活的满意度就可以推导出对政府绩效的满意度，这反过来又会影响到公民对政府机构的信任度（Mishler and Rose，2001；Wang，2005）。由此可以表明，要说明公民对政府的满意度，我们可以从政治学文献中影响政治信任度的因素入手。

四、假说的构建

以有关政治信任的文献为基础，本课题的一项主要任务在于探讨可以揭示出影响公民对政府满意度的因素。本文的其余部分利用《亚洲晴雨表》的数据，旨在找出影响公民对政府绩效的满意度的变量。有关政治信任的文献浩如烟海，但是我们可以把各种不同的研究发现划分成几种假说。

（一）绩效假说

公民对政府的评估和信任度与政府绩效密切相关，如对经济的发展、对失业问题的解决、对腐败现象的斗争等方面的绩效（Nye et al.，1997）。

（二）公民评定、文化转向与后现代化假说

随着经济的发展，公民考虑事物的优先顺序在发生变化，从物质问题转向民主和自我表达问题。随着公民的期望值增加，对政府批评的力度会加大（Inglehart，1990，1997；Norris，2002）。

公民评定、文化转向与后现代化假说可以展示复杂的模式。一方面，从唯物观向后唯物观的转变以及一种后现代世界观的出现，整体来看意味着公民会对政府提出更多的批评；另一方面，后唯物论和后现代世界观的出现通常意味着公民更有可能感到对环境或生活的满意度有了提高（Inglehart，1990，1997）。可以认为，这还意味着具有更坚定的后唯物论或后现代世界观的人会对政府有更高的满意度。

（三）公民文化与社会资本假说

公民对政府的感知与个人的政治认识、政治觉悟、政治参与、对同胞的信任度以及其他因素密切相关（Almond and Verba，1963；Putnam，1993）。

除了这些假说之外，还存在某些相互作用产生的效果。例如，在政府绩效的各个不同方面，对现代价值有较强信念的人（因此就是对后现代价值有较弱的信念的人）会更强调政府确保公共安全方面的工作，而具有较强后现代价值观念的人可能会更强调政府在确保环境质量和社会福利方面的工作。这些作用是否可以通过现有的数据梳理出来，我们在以下部分中会看得出来。

我使用这些假说来组织根据《亚洲晴雨表》中的成套数据所确定的变量。具体说来，可能会影响个人对政府满意度的因素（这些因素在较后面的分析中将是自变量）包括以下几组变量：

第一组变量是关于个人满意度的。假定政府政策及其贯彻执行的一个目标就在于使公民满意。在《亚洲晴雨表》中，对个人满意度的几个层面作了

测量。通过变量因素分析，来确定以下种种因素：

1. 硬性满意度

我把个人对住房、生活标准、家庭收入和工作的满意度称为"硬性满意度"。这关系到"硬性"因素，即使人有能力或无能力追求更高的生活目标的因素。

2. 软性满意度

我把个人对家庭生活、休闲、精神生活、友谊及整体生活的满意度称为"软性满意度"。这反映着人生的较多的软性方面，与上面列出的硬性因素可能会有或没有直接关系。这些方面的满意度可以对政府的满意度产生影响。

3. 公众满意度

我把个人对公共安全、环境状况、社会福利体系和民主制度的满意度称为"公众满意度"。这个变化因素可以捕捉到个人对公共领域问题的感受；因此会直接受到政府绩效的影响。

4. 主观性福利

这是通过个人对几个问题的回答的平均分值来确定的，问题包括个人对幸福感的感知程度、享受生活快乐的频率、是否会实现对生活的追求。这完全是用另一种方法来测量一个人对自己生活质量的估价。

5. 政府的冷漠

如果公民感到政府官员对他们漠不关心，他们就会不满意。在所使用的成套资料中，这是通过个人的两种总体感受确定出来的，一是他或她感到政客一旦当选，就不再关心公众的利益了，二是政府官员不在乎一般公民的想法。

6. 腐败

公民如果感到在治理国务的公务员当中腐败盛行，那么他们就会感到不满意。在调查中要明确地问个人对两个问题的感受，即，在政府中腐败的严重性和普遍性。我用对这两个问题回答的平均分数来代表个人对腐败程度的感受。

第二组变量是根据公民批评所作的测量。皮帕·诺里斯（Pippa Norris）2002 年提出的公民批判学说和英格尔哈特（Inglehart）在 1990 年和 1997 年提出的文化转向学说、后现代主义，以及英格尔哈特与威尔泽尔（Inglehart and Welzel）2005 年提出的自我表达学说都强调影响公民对政府感受中的价值变化的重要性。这些学说认为，一旦经济发展使公民有能力改变所考虑的问题的重要性的顺序，从物质安全转向政治抱负，那么他们就会对政府作出更多的批评。《亚洲晴雨表》提供了一些十分有益的数据来评估在价值变化中这种生存—成就—表达的顺序。可以构建一种"现代价值"指标和一种"后现代价值"指标，且包括在本分析之中（Wang，2007）。

7. 现代价值

个人强调成就、勤奋以及相似的价值。

8. 后现代价值

个人强调表达、欢乐和政治权利。

9. 信息

"公民批评"学说和"公民文化"学说都认为掌握信息会影响公民对政府绩效的感受。在本文中，对信息的掌握是通过对互联网的使用来测定的，从中可以看出个人工作和生活中知识密集的程度，人们生活中知识—信息越密集，就越有可能批评政府。

10. "公民批评"学说和自我表达学说

普遍认为公民受教育程度越高，批评政府的可能性就越大。

第三组变量与文化转向与生命周期学说相关。

11. 年龄与年龄代

这两个因素在"文化转向"和"生命周期"学说中具有举足轻重的作用。"文化转向"学说认为在一代人取代另一代人的过程之中，价值观发生了变化（Inglehart, 1990）。因此在正处于现代化的社会中，如中国和印度，较晚辈的人更有可能成为批评型公民。在已经迅速完成现代化的国家中，如日本，一代人与另一代人之间的差别也会存在，因为不同年代的人在不同的社会经济环境中长大成人。

但是生命周期学说则认为人们表现出不同的价值观，因为年轻人和老年人不同：当年轻人变老时，他们就会有老年人的价值观。例如，年轻人很可能变得更加激进和更加"左倾"，但是当他们到了老年时候，他们的态度就会变得更加保守。但无论在哪一种情况下（文化转向或生命周期），年龄差别都有可能在个人对政府绩效的满意度中表现出来。

第四组变量是公民文化与社会资本变量。

12. 政治效能

个人是否感到有能力理解和影响政治，这是"公民文化"和"社会资本"文献中的一个重要维度。在本课题中，这是通过选取两个指标的平均值来测定的：一是个人对自己是否有权利来影响政府政策或行动的评定；二是个人对自己是否感到由于政治和政府过于复杂而不能理解的评定。

最后是宏观变量。

米史勒和罗斯（Mishler and Rose, 2001）把国家级宏观变量引入回归模型，用来说明政治信任度。这样的变量，如一个国家的经济增长率，对于说明综合数据组中的国家差异比国家模型的效果要好得多。在本文回归分析国民对政府绩效的满意度中，加入了几个变量：经济增长率、通胀率、政府腐败程度（根据国际透明组织评定准则测定的）、政府效率（根据《全球治理指标》中的"政府效率"指数测定的）、话语权和问责制（也是根据《全球治理指标》中的指数测定出来的）。

这种方法的问题在于《亚洲晴雨表》2008 年数据组只包含六个国家的数据。因此，宏观变量在回归模型中的解释能力是十分有限的，如果国家模型也包含在内就更是如此。在分析中，我一开始就引入了这些国家级变量和国家模型。当分析表明某些变量不相关或无足轻重时，为了使模型精致，就将其舍而弃之。

五、公民满意度的测定

这项研究所使用的数据是《亚洲晴雨表》2008 年的普查结果，涵盖六个亚太国家：澳大利亚、中国、印度、日本、俄罗斯和美国。被普查国家的抽样量以及其他信息见表 1。这些是亚太地区最大的六个国家，因此这里称之为六"大国"。

《亚洲晴雨表》要求接受调查的对象回答有关政府绩效的几个问题，以此来测定公民对政府绩效的满意度，受调查人要回答自己认为政府处理事务的能力如何，包括处理经济问题、政治腐败、人权、失业、犯罪率，提高公共服务质量，增加移民，解决种族冲突、宗教冲突、环境问题等方面的能力。

如前所述，满意度与具体的问题或行业息息相关，因此，公民对政府的各种不同的工作或领域的满意度似乎应该用不同的处理方法。但是有数据表明，公民对各种不同领域或工作的满意度实际上是高度相关的，就政府处理前六个领域——经济、腐败、人权、失业、犯罪和公共服务质量等问题而言，尤为突出，形成一个高度聚合群。为了精致起见，可以利用这六个领域满意度的均值来代表个人对政府绩效的总体满意度。这将成为下面分析中的因变量。

表1 《亚洲晴雨表》2008 年度评价的国家

国家	抽样量	人口（百万）	2007 年人均国民生产总值（购买力平价美元）	2007 年国民生产总值增长率	2003—2007 年通胀率	2007 年国际透明组织测定的腐败量级	2006 年《全球治理指标》测定的执政效率	2006 年《全球治理指标》测定的话语权和问责制
美国	1002	303.8	45800	2.80	2.90	7.2	1.64	1.08
俄罗斯	1055	140.7	14800	2.00	11.20	2.3	−0.43	−0.87
澳大利亚	1000	7.8	37300	3.30	2.70	8.6	1.94	1.45
日本	1012	127.3	33500	7.30	0	7.5	1.29	0.91
中国	1000	1330	5400	11.90	2.60	3.5	−0.01	−1.66
印度	1052	1148	2600	8.90	4.90	3.5	−0.04	0.35

资料来源：《亚洲晴雨表（2008）》；《经济学人》；皮帕·诺里斯：《各国民主数据组》（*Democracy Crossnational Dataset*）；美国中央情报局：《各国概况资料》（*CAI Factbook*）。

图1 给出了六国国民对政府满意度的均值。从总体来看，澳大利亚人满意度最高，其次是中国人，日本人对政府绩效的满意度最低，美国人和俄罗斯人没有表现出很大的差别。印度人似乎居中。

这种国家均值对比方法的问题显而易见，它主要是忽视了每个国家内在的差别以及在其中所做的具体抽样。国家内部的差别最大的是印度和美国，最小的是中国和日本。假定抽样至少是在次国家级别上才具有代表性（也就是说，在某国某个地区进行的抽样，其人口却代表着其国家）。在同一个国家，地区之间的差别也可以提供有意义的信息和有趣的画面。在印度，最高满意度出现在孟买，为3.6 分，满分为5 分；而最低分出现在加尔各答，为2.77，结果有近乎一个点之差。在中国，最高满意度出现在沈阳，为3.84分，满分为5 分，而最低满意度出现在广州，仅为3.32 分，结果有半个点之差。调查结果显示了在中国所调查的十个地区的公民是如何评价政府绩效的。我们可以将其调查结果与其他各国的均值相对比。广州市民在被调查的中国城市中满意度最低，给中国政府绩效打的分数只是比美国公民给政府打的平均分略微高一点儿，但低于印度国民给印度政府打的分。

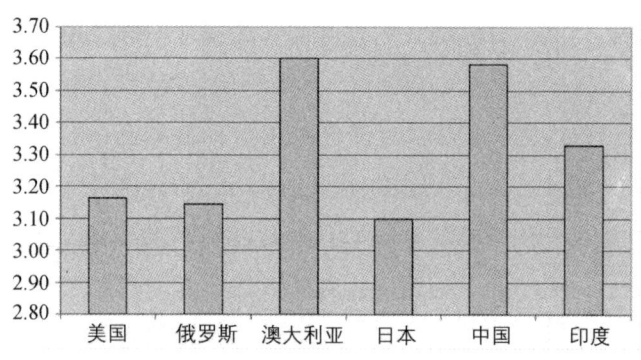

图1 六国国民对政府绩效的满意度

公民意见与专家意见

在说明这些国家的公民对政府绩效满意的原因之前，把他们的评价加以综合认识也许是必要的、有意义的。如果我们把他们的观点与世界银行的政府绩效指标相比较，则可以看出天壤之别。也就是说，这些国家的公民对他们的政府的看法与世界银行的专家的看法大相径庭。就2008年而言，把六个维度（话语权与问责制、政治稳定、政府效能、调控质量、法治和反腐斗争）结合起来看，世界银行把这六个国家排列的顺序定为：澳大利亚、美国、日本、印度、中国、俄罗斯。

各国新的政府绩效指标显然对澳大利亚、美国和日本的评价十分高。六项分数的值域从 - 0.5 到 + 0.25，就其均值而言，澳大利亚被评为1.65，在世界所有国家中几乎属于前94%以上的美国被评为1.36，百分比数约为87%，日本为1.21（约为84%）。而中国的平均分只有 - 0.47（39%），印度为 - 0.17（46%），俄罗斯为 - 0.73（21%）。虽然我们从公民那儿得到的数据表明中国、印度与澳大利亚的政府在六国当中表现最佳，但是《全球治理指标》却说明中国和印度的政府与俄罗斯一样，表现最差。

澳大利亚当然是一个理想的范例，专家认为其政府质量高，其公民对其政府绩效的满意度高。分歧最大的是中国和美国。中国公民似乎对政府非常满意，但专家认为政府质量非常低下，而美国的情况恰恰相反。

尽管政府绩效的公民感受和评价之间的这种差别远远超出了本文的研究范畴，但是下面的分析也许会提供一些启示。例如，《全球治理指标》所依赖的六个维度可能在不同国家的公民心目中具有不同的分量。在中国，世界银行对政府效能的评价实际上相当高，而对话语权与问责制和反腐败斗争的评价却很低。也许中国公民至少在眼下认为政府效能是最重要的，因此感到满意，尽管政府在话语权与问责制和反腐败斗争方面做得还不够。与此同时，我们下面的分析还表明，就个人而言，有些因素对他们对政府绩效的满意度的评价起着至关重要的作用。如果情况果真如此，我们就可以说明有些国家的公民对政府高度满意的原因，尽管专家对其评价很低。

六、对公民满意度的说明

（一）双变量分析

首先看看我在前面确定的解释性变量与因变量之间的双变量关系。表2的最后一行表明，这些解释性变量中的大多数与国民对政府绩效的满意度密切相关。具体来说，个人的满意度不是与个人的经济状况（硬性满意度）和个人生活的软方面（软性满意度，如婚姻和友谊）相关，就是与公众问题（公众满意度，如教育和公安）相关，它们都与对政府绩效的满意度成正向关系；而且公众满意度似乎与对政府绩效的满意度关系最为密切。主观福利似乎也与对政府绩效的满意度成正向关系。这些发现似乎可以证实政府绩效，也就是说，公民对政府的满意度取决于政府绩效。

表 2　影响政府绩效满意度的主要变量之间的关系

感知因素	硬性满意度	软性满意度	公众满意度	主观性福利	政府冷漠	可感知的腐败	互联网的使用	现代价值	后现代价值	政治效能
软性满意度	0.709									
公众满意度	0.427	0.424								
主观性福利	0.601	0.591	0.263							
可感知的政府冷漠	−0.028	−0.012*	−0.088*	−0.116						
可感知的腐败	0.047	0.058	0.070	0.084	−0.432					
互联网使用	0.187	0.169	0.007*	0.208	−0.151	−0.154				
现代价值	−0.139	−0.179	−0.021*	−0.138	0.089	0.082	−0.167			
后现代价值	0.087	0.118	−0.060	0.124	−0.144	−0.114	0.352	−0.402		
政治效能	0.134	0.144	0.010*	0.146	−0.407	−0.325	0.193	−0.231	0.291	
对政府的满意度	0.161	0.150	0.335	0.183	−0.199	−0.211	0.073	0.062	−0.013	0.034

注：除了标有星号 * 的数据外，所有数据的显著性都在 0.05 或以上的量级。

在这个表中，显著性较高的数据会引起误解。许多变量实际上不能表明在与国情相关模型中的自变量有显著的相关性。这表明统计学的高度显著性是较大规模调查的结果而不是统计学上的高度相关性。我对审稿人指出这一要点表示感谢。

相反，政府的冷漠与对政府的满意度呈负相关关系。相同的模式也适用于腐败。这看来不难解释：如果一个人感到政府对国民漠不关心（冷漠）或中饱私囊（腐败），那么就有可能对政府绩效感到不满。这又证实了政府绩效：政府绩效的阴暗面会导致公民的满意度下降。其他变量，包括政治效能、现代与后现代价值观以及互联网的使用只与对政府的满意度有轻微的关系（因变量）。因此这张相互关系表只给几种假说以微弱的支撑，包括国民批评、文化转向与后现代化假说以及国民文化与社会资本假说。

（二）多变量分析：与国情相关的模式

当把这些解释性变量植入与国情相关的回归模式中时，前面确定的双变量模式似乎就会重生。几乎在每个国家中，公众满意度、感知中的政府冷漠和腐败会严重影响个人对政府的满意度。个人对公共问题越满意，如教育、医疗、国家民主制度的运行，就越有可能对政府绩效表示满意。相反，如果一个人感到政府官员对国民漠不关心，政府内腐败盛行，他就更有可能对政府绩效非常不满意。

除了俄罗斯之外，对个人经济状况的满意度（硬性满意度）似乎与对政府绩效的满意度没有关系。同样，除了印度之外，对情感和亲情生活（婚姻、友谊等，被称为软性满意度）的满意度与对政府绩效的满意度也关系不大。主观福利，即个人对生活感到幸福或满意，与对政府绩效的满意度之间的正向关系似乎也是微乎其微的。

在几个国家中，女性对政府的满意度似乎比较低。受教育程度高似乎会导致对政府绩效的满意度下降，与此同时，这也符合公民批评、文化转向与后现代化假说。模型中的其他因素，如年龄、现代价值、后现代价值、政治效能、互联网使用等，也没有得出相关的重要结果。

（三）综合分析

当把国家的所有数据都综合到一起的时候，可以看出，几乎所有选出来的解释性变量都会对个人对政府绩效的满意度产生严重的影响。

第一，较年轻的人和受教育程度较高的人对政府绩效的满意程度比较低，这在一定程度上是对公民批评、文化转向和后现代学说的肯定。因此，尤其是在诸如中国、印度和日本这样的国家，它们正处于一个社会经济现代化向前不断推进的阶段，后辈人往往会对政府提出更多的批评。

第二，主观福利、公众满意度、硬性满意度与对政府绩效的满意度成正向关系，而感受中的政府冷漠和感受中的腐败则与其成负相关关系。这就再现出双变量模式，是对政府绩效的一种有力的证明。公众满意度是公民对公共政策问题的感受，如教育、环境、公安、政治体制所占的比重最大。这显然说明国民有能力根据公共政策问题来评价政府绩效。硬性满意度涉及公民的收入、住房和生活水平，只会产生些许作用。一个有趣的问题是，在综合分析中，软性满意度对政府绩效的满意度会产生负面作用。从软性满意度可以看出个人对他的家庭生活、人际关系和精神生活的感受，因此似乎完全有理由认为软性满意度不会直接影响个人对政府的评价。然而对自己生活较满意的人往往是受过良好教育的、有精神境界的人，因此，他们会是对政府要求较高、批评较多的人。如果实际情况如此，那么就可以说明这个变量是对政府满意度产生负面作用的原因。

第三，后现代价值与对政府的满意度呈正向关系。乍看起来，这与直觉感受相违背：自我表达和公民批评学说预测，多数后现代公民对政府的态度比较苛刻，因为就生活的不同方面而言，其中可能还包括政府，后现代派公民对满意度有较强的意识。

七、讨论和结论

本课题所涉及的国家数量少，因此，无法在模型中对很多国家级变量进行有意义的探讨。加入多于一个的额外变量也不会提高统计运算的空间。因此，即将开展的研究工作的一个战略在于扩大这种分析，使其覆盖近年来《亚洲晴雨表》普查过的所有国家。从方法学的角度来看，一个混合模型与当前的普通最小二乘法模型相比，可能会产生不同的结果。一个国家之内的差别也为进一步的深入研究提供了有所作为的根据。例如，就中国来看，满意度在广州最小。广州在 20 世纪 80 年代是中国经济开放和发展的前沿，现在依然是中国经济最发达的城市之一。这种经济发达与公民满意程度低之间的矛盾性会共存甚至会更加明显，如果我们考虑到中国公民的满意度在沈阳最大，这是中国东北的一个落后城市，其经济发展停滞不前大约长达十年之久。我们怎样才能找到新的数据来说明一个国家的地区之间的差别呢？

就个人程度因素而言，本文似乎既可大有所为又无所作为。我们认识到对公共问题如医疗和教育的个人满意度与对政府满意度的正向关系最大。因此，政府还应该努力缩小与国民之间的距离，这样，公民就会感到政府官员的冷漠态度有所减少。政府还应该认真地开展反腐斗争：一旦国民感到政府内部腐败盛行，就会对政府感到强烈不满。

好在这些研究成果似乎可以为善治提供明确的标准：要赢得公民的支持和感情，政府必须保障公共利益，贴近民众，减少腐败。这听起来像是陈词滥调，只不过是在重复人所共知的招数。可是问题在于，政府领袖是否有得力的手段来实现这些目标，确切地说，除了开"空头支票"外，他们是否正在努力实现这些目标。

要用 20 年时间来开创善治时代，在这个方向上我们依然面临着根本性的障碍，我们十分清楚地了解善治的范畴，我们清楚地知道，许多发展中国家的政府实现这一目标的能力是十分有限的。

但是本文的确可以证明，公民的满意度对政府绩效的"客观性"是相对独立的，如果这里所谓的"客观性"指的是专家对政府绩效的评价的话，那么被《全球治理指标》评为质量低的政府有时候却得到公民的高度评价。如果政府能够确定公民最关心的领域，能够把精力集中在这些领域中，那么即使在某些维度上暂时存在滞后，公民依然会打出高满意度的分数。例如，中国就是一个很好的典型：虽然政府在提供话语权和问责制方面滞后，但却在增加收入、提高公共安全、保障福利和就业方面卓有成效，因此公民似乎对政府都持高度肯定的看法。

一个国家一旦登上发展的阶梯，公民的要求就会增加。这时政府只保证增加收入是不够的，也许政府必须转变观念，从以物质为基础走向以规章为基础，满足公民不断增长的要求会受到越来越多的挑战，可能如本课题中美国和日本的情况所表明的那样。但是对诸如世界银行这样的开发组织来说，关键可能在于确定发展中国家的公民抱以最高期望的领域（如"硬性满足度"方面），支持政府在这些领域中加大投入。

服务型政府与政府绩效评估体系创新
——基于德尔菲调查法的发现[*]

杨宇谦　吴建南　马　亮^{**}

一、引言

近年来，建设服务型政府成为推动我国行政体制改革的核心目标和关键使命（中国行政管理学会课题组，2005）。地方政府在职能定位、规制手段、服务模式、管理流程等方面不断创新，以增进公民、顾客和市场主体的满意度（陈振明，2008）。在此同时，地方政府绩效评估体系创新也在进行中，体现出各种新做法不断涌现的态势（吴建南、杨宇谦，2009）。那么，目前政府绩效评估体系的创新在多大程度上响应了服务型政府理念的要求？针对这一

　　＊ 本文原载于《经济社会体制比较》，2011 年第 5 期。本文是国家自然科学基金项目"目标责任考核、财政管理与组织创新——面向中国地方政府绩效改进的实证研究"（项目编号：70873092）的阶段性成果。作者感谢全国政府绩效管理研究会的领导和理事对本次德尔菲研究的大力支持。论文主要研究结果曾在 2010 年 11 月 9 日由国家行政学院公共管理研究中心、上海市奉贤区人民政府、中国行政管理学会教学研究会联合举办的"服务型政府建设的理论与实践"政府管理创新前沿论坛上宣读。作者感谢到会领导和专家学者提供的建议，感谢 2011 年 6 月 12 日在西安交通大学主办的"华人公共管理学者研讨会"上为此研究提出建议的专家学者。

　　＊＊ 杨宇谦，西安交通大学博士生；吴建南，西安交通大学公共政策与管理学院副院长，全国政府绩效管理研究会副会长，博士生导师；马亮，西安交通大学公共政策与管理学院博士生。

问题，整体性的评估有待进行。

本文采用在 2008 年 2—3 月和同年 8—9 月期间，使用德尔菲调查法面向中国行政管理学会政府绩效管理研究分会（全国政府绩效管理研究会）理事发放问卷所获得的数据进行分析。所选问卷题目围绕市级政府绩效评估活动的定位、绩效评估指标、利益相关者和结果使用方式四个方面展开，共有 16 个城市 26 名政府绩效评估专家完整地参与了两轮调查。

论文先从目前使用优先权、未来需求度和未来可行性等方面构建了用于识别现有绩效评估体系创新状况与趋势的分析框架；然后，基于德尔菲调查数据，描述市级政府绩效评估体系创新的基本特征，并与有关服务型政府理念倡导的创新要求进行比较。

通过识别目前已经广为采纳并将在未来持续下去的创新（本研究称之为"明日"的创新），目前并不普及但具有在未来进入实践潜力的创新（本研究称之为"明年"的创新），以及目前并不普及且在未来具有不确定性特征的创新（本研究称之为"蛰伏"的创新），本文发现，服务型政府的理念并未深入和广泛地影响市级政府绩效评估体系创新，其要求的创新内容尚处在"蛰伏"状态之中。本研究将结合如上发现，讨论研究的实践意义。

二、创新内容的分析框架

政府绩效评估体系的发展历程，是适应政治、社会和经济条件而形成的产物。西方发达国家的经验表明，绩效评估体系存在不同的发展阶段，在不同的历史环境中，绩效评估体系创新实践主题也各具特色（蓝志勇、胡税根，2008）。一般认为，绩效评估体系中的创新虽然形式内容多样，但概括起来，主要是在三个方面具有显著差异。第一，一些创新的积极效果已经显现，持续创新还能够持续产生积极效果，而另一些创新目前尚未进入主流实践，而是处在试点或者论证阶段。换句话说，绩效评估体系的创新在实践之中的优先权是不同的，一些创新在帮助政府提高决策质量和管理水平、改进与公众的互信关系方面已经成为实践的主流，而另一些尚未推广普及（Cavalluzzo and Ittner，2004）。第二，利益相关者对于不同创新的需求程度存在差异。研究发现，公众参与绩效评估活动之所以在发达国家的创新过程中较为活跃，是同地方议会、非营利组织和公众个人的大力倡导和影响有关（Dalehite，2008）。而在不发达国家，利益相关者还难以合作促成类似绩效评估体系的创新。第三，不同创新在其产生所必需的资源积累方面存在差异。

目前，在中国地方政府绩效评估体系的发展中，以上几个方面的特征相互组合，形成了三类典型的绩效评估体系创新。

第一类绩效评估体系的创新，具有较高的目前优先权、未来需求度和未来可行性，同时，人们对其未来可行性的判断比较确定。例如，目标责任考核是中国地方政府目前使用最为广泛的评估工具，它对于推动政府管理和提高行政效率的积极作用已经得到了各方面的认可。在未来发展中，这种创新将继续占据主要地位，并且在实践中探索与完善（吴建南、杨宇谦，2009）。为了突出这种创新在未来出现的密集性和连续性，本研究将具有较高的目前优先权、未来需求度和未来可行性的绩效评估体系创新，称为"明日"的创新。

第二类绩效评估体系的创新，虽然目前优先权较低，但是具有较高的未来需求度和可行性。换句话说，这种创新已经具备了进入实践的必要性和可行性条件。例如，20 世纪 90 年代开始尝试的"服务承诺制"将公众绩效评估作为重要环节。虽然在当时，地方政府并没有广泛开展公众参与政府绩效评估的先例，但是，地方政府主要领导和社会公众对于这种创新的需求较为迫切，同时在技术条件上并不存在太多的阻碍，因此，这种创新的扩散速度很快（Foster，2006）。由于此类创新在目前并不流行，但创新潜力巨大，本研究将其称为"明年"的创新，表示同第一类创新相比，它们进入实践的起始时间距离目前可能稍远一些。

第三类绩效评估体系的创新，从目前优先权、未来需求度和未来可行性三方面来看都不尽如人意，人们对其未来可行性也并不确定。从强度和未来发生的可能性上看，这种类型的创新显然是较弱的，本研究将这种创新称为"蛰伏"的创新。在实践中，网上评价政府绩效可能就属于这种创新。学者发现，由于在数据公开和结果实用性方面存在缺陷，很多地方政府并不把它作为高优先权的评估工具，对其未来的进一步发展需求也并不高，只有在地方领导充分重视并提高其可行性之后，这种创新才会进入实践（Hartford，2005）。该分析框架如表 1 所示。

表1　绩效评估体系创新的分析框架

类型	目前优先权	未来需求度	未来可行性	对未来可行性的确定程度
"明日"的创新	高	高	高	高
"明年"的创新	低	高	高	高或低
"蛰伏"的创新	低	低	低	低

通过识别如上三类创新的具体内容，可以对目前政府绩效评估体系创新在多大程度上符合服务型政府理念的要求进行比较。如果本研究界定的"明日"和"明年"的创新与服务型政府所要求的战略思维、公众参与、创新导向和能力发展等因素具有对应关系，就可以初步得出服务型政府理念对于绩效评估体系创新已经具备显著影响的判断。反之，如果在"明日"和"明年"的创新中，服务型政府要求的要素体现得并不明显，在"蛰伏"的创新中体现更多，则可能说明以服务型政府为导向的绩效评估体系创新趋势在未来可能难以获得突出的地位。在区分具体绩效评估体系创新究竟属于以上哪种创新类型时，本研究采用德尔菲调查方法，在全国范围内向熟悉和关心政府绩效评估体系的专家发放调查问卷。

三、研究方法

德尔菲调查法是在一组地域分散的专家之间进行组群通信的活动，它允许专家系统性地处理一个复杂的问题或任务（Ziglio，1996）。它是介于一次性问卷调查与其他介入性研究之间的调查方法。德尔菲方法实施的关键有三个方面，一是被调查者对所在政策领域和研究问题的熟悉程度，二是调查问题的覆盖面和重要性，三是调查者与被调查者之间的相互信任程度。

本文采用 2008 年"中国市级政府绩效评估体系'德尔菲'调查"的数据

进行分析。该调查以全国政府绩效管理研究会理事（共 151 名专家）作为专家库，他们在政府绩效评估领域的专业背景和知识可以充分保证调查的有效性。采用邮寄（快递、挂号信、平信相结合）的方式将问卷发放给选定专家。第一轮调查在 2008 年 2—3 月进行，在全国范围内回收 34 份有效问卷，学者与官员数量平均分布。第二轮在 2008 年 8—9 月进行。在第二轮调查中有 26 位专家给予回复。在系统检索和考察国内市级政府绩效评估体系创新实践的基础上，本文选取了德尔菲调查的四个方面进行分析。（如表 2 所示）

表 2　绩效评估创新的考察清单

组成部分	题数	题项设置
评价定位	12	服务创新、合作创新、流程创新、激励、晋升（面向上级领导和同级人大满意）、晋升（改善可持续发展）、晋升（面向公民满意）、控制下级、问责、组织学习、绩效预算、降低成本
绩效指标	10	数量、质量、单位成本、公平、效果、性价比、市民满意度、服务对象满意度、问责、廉洁
利益相关	19	市民、公共服务对象（公民个人）、国有企业、私营企业、区县政府、财政局、人事局、审计局、监察局、省级政府、党的纪律检查部门、党的组织部门、专家学者、工会、省长、市长、市委书记、人大、政协
结果使用	11	透明公开、绩效改进、沟通和协商工作目标、诊断和控制问题、组织学习与发展、激励下属、实施奖惩、调整工组安排、配置组织资源、为预算作准备、识别培训机会

专家调查问卷采用 5 级量表的形式，询问了专家四个方面的问题：（1）"现在的使用率"题目，请专家填答其所在城市政府在目前绩效评价活动中某个题目在实践中具有怎样的使用情况，"1"表示完全不用，"3"表示介于两者之间，"5"表示到处使用。（2）"未来的需求度"题目，请专家填答其所在城市在未来三年中，使用某个题目所描述的内容在多大程度上是该城市政府所期望的，"1"表示没有需求，"3"表示介于两者之间，"5"表示极为需要。（3）"未来的可行性"题目，请专家填答其所在城市在未来三年中，使

用某个题目所描述内容的可行性如何，"1"表示低，"3"表示中等，"5"表示高。（4）"未来可行性之确定性"题目，请专家填答其所在城市在未来三年中，对某个方面所描述的内容可行性的判断在多大程度上是确定的，"1"表示低，"3"表示中等，"5"表示高。

根据专家的得分，如果所调查题目的得分均值超过该领域中所有调查题目得分的均值时，认为该题目所反映的创新在特定评判标准上的评价较高。例如，在有关绩效指标创新的可行性评估方面，如果调查结果表明，专家认为"数量"在未来三年中作为绩效指标的可行性较之于"数量、质量、单位成本、公平、效果、性价比、市民满意度、服务对象满意度、问责、廉洁"在内的全部题目的可行性评估均值更高，则认为"数量"作为绩效指标的未来可行性较高，说明"数量"指标成为未来绩效指标的可行性更高；反之，则认为"数量"成为未来创新的可行性较低。如果"数量"这一指标在目前优先权、未来需求度、未来可行性与不确定性的评价方面同时符合三类创新中任一一类的判断标准时，则认为"数量"这一绩效指标的创新属于某类创新。

四、绩效评估体系创新的现状与趋势

（一）评估定位的创新

表3报告了绩效评估定位各种创新的目前优先权、未来需求度、未来可行性，以及对可行性的确定性评价。

目前优先权中得分最高的创新均与官员晋升有关。德尔菲专家认为，用于"使上级领导以及同级人大确信该政府做得很好"，以及通过"促进可持续发展来增加晋升机会"的创新目前优先权最高。"控制"和"流程创新"并列第三。目前优先权最低的分别是"学习"和"预算"，两者得分的均值均低于3分。

表3　绩效评估定位

评估定位	CP	FD	FF	C
晋升：使上级领导以及同级人大确信该政府做得很好	3.71	3.96	3.72	3.00
晋升：通过促进可持续发展来增加晋升机会	3.59	4.08	3.54	3.00
控制：确保下属做正确的事	3.48	3.77	3.77	3.08
流程创新：政府通过新的方式来提供服务	3.48	4.00	4.00	3.16
晋升：通过提高公民满意度来增加晋升机会	3.38	3.81	3.54	3.12
服务创新：政府实施面向公民的新服务	3.36	4.23	3.73	3.04
激励：激励员工做有利于改进绩效的事	3.30	3.81	3.50	2.96
问责：为行为（尤其是错误）承担责任	3.32	3.96	3.68	3.04
降低成本：确保当地行政成本不致太高	3.24	4.00	3.65	2.96
合作创新：政府与其他机构或实体合作以进行创新	2.76	3.50	3.04	2.69
预算：在特定领域、群体和项目上规划公共资金使用	2.72	3.69	3.50	2.92
学习：找出工作中干得好坏的内在原因	2.63	3.58	3.42	2.84

注（以下各表相同）：**CP** = 目前的优先权；**FD** = 未来需求度；**FF** = 未来可行性；**C** = 对可行性的确定程度。

在未来需求度方面，"通过促进可持续发展来增加晋升机会"这一创新的未来需求度最高。"服务创新"需求度较高。"合作创新"的未来需求度最低。所有需求度的得分都在3分以上。

在未来可行性方面，"流程创新"的未来可行性最高，其次为"控制"，也就是"确保下属做正确的事"。学习即"找出工作中干得好坏的内在原因"的得分较低。"合作创新"的未来可行性最低。所有创新的未来可行性都获得了高于3分的评价。

在未来可行性的确定性方面，德尔菲专家最确定的是"流程创新"的可行性。专家最不确定的是"政府与其他机构或实体合作以进行创新"成为评估定位的可行性。

（二）绩效评估指标的创新

由表4可以看出，在不同的绩效指标中，目前优先权占前三位的分别是

"正式的效果"、"廉洁"和"市民满意度"。它们的得分都在 3.5 分以上。"回应性"、"公平性"和"单位产出的成本"得分处在最后三位。其中，"单位产出"的成本得分低于 3 分。

表4 绩效指标

评估指标	CP	FD	FF	C
正式的效果：例如 GDP 实际增长；通过考试学生白分比	3.96	4.00	3.92	2.92
廉洁：例如接受贿赂的领导或官员的数目	3.70	4.00	3.65	2.69
市民满意度：例如市民对于当地政府的总体满意度	3.58	4.38	3.92	3.04
问责性：例如对于当地反腐倡廉人员的投诉状况	3.38	4.15	3.62	2.58
数量：例如公共服务接受者的数目	3.38	3.88	3.77	2.81
质量：例如在过度拥挤的学校上学的百分比	3.25	3.69	3.73	2.73
用户满意度：例如读者对于图书馆开放时间和馆员的满意度	3.21	3.88	3.77	2.88
回应性：例如急救服务的响应时间	3.17	4.12	3.85	2.88
公平性：例如不同阶层居民对于文化休闲设施满意的百分比	3.13	4.00	3.54	2.62
单位产出的成本：例如每个家庭垃圾收集的成本	2.46	3.77	3.31	2.65

在未来需求度方面，"市民满意度"成为绩效评估指标的需求得分最高，其次为"问责性"和"回应性"。其他题目的得分也在 3 分以上。其中，"廉洁"、"正式的效果"和"公平性"的均值都为 4 分。"质量"在所有绩效指标中的未来需求度的得分最低。

在未来可行性方面，"市民满意度"和"正式的效果"作为指标创新的可行性最高，但是均未超过 4 分。"问责性"平均分为 3.62，在所有题目中排名倒数第三。"公平性"在未来成为绩效指标创新的可行性同样偏低，但在 3.5 分以上。"单位产出的成本"的可行性最低。

在未来可行性的确定性方面，德尔菲专家对于"市民满意度"在未来成为绩效评估指标的可行性评价最高。对于其他题目，确定性的得分均小于 3 分。其中，"问责性"成为未来政府绩效评估指标的确定程度最低。

（三）绩效评估利益相关者的创新

表5报告了绩效评估体系中利益相关者的情况。在目前优先权方面，获得4分以上的利益相关者从高到低依次是"党委"、"党的纪律检查部门"、"党的组织部门"、"人民代表大会"和"市长"。这些利益相关者的共同特征是掌握或部分掌握领导干部的人事管理权限。"一般公众"和"工会"的目前优先权最低。

表5 利益相关者

利益相关者	CP	FD	FF	C
学术专家	3.33	4.46	4.19	3.35
企业：国有企业	3.29	3.65	3.35	3.00
企业：私有企业	2.72	3.62	3.35	2.92
个人用户：如医院患者、学生家长	2.52	3.92	3.50	3.04
市民：如一般公众	2.48	3.92	3.35	2.96
工会	2.28	3.31	3.00	3.04
市级党委	4.32	4.27	4.31	3.23
党的纪律检查部门	4.20	4.27	4.46	3.44
党的组织部门	4.16	4.36	4.40	3.28
人民代表大会	4.04	4.23	4.23	3.27
市长	4.00	4.23	4.23	3.27
审计局	3.92	4.12	4.08	3.40
人事局	3.92	3.65	3.84	3.24
更高一级政府：省政府	3.92	4.08	4.15	3.19
统计局	3.76	4.35	4.35	3.42
监察局	3.72	4.35	4.15	3.19
政协	3.52	4.04	3.88	3.15
县或区政府（含县级市）	3.44	3.77	3.81	3.31
财政局	3.17	4.12	3.92	3.19

在未来需求度方面，平均得分最高的利益相关者依次为"学术专家"、"党的组织部门"、"统计局"和"监察局"。这些利益相关者的未来需求度都高于3

分。未来需求度得分最低的利益相关者是"私营企业"和"工会"。

在未来可行性方面，"党的纪律检查部门"、"党的组织部门"、"统计局"和"市级党委"的可行性最高。其他利益相关者也获得了较高的可行性评价，均在3分以上。"工会"是未来可行性得分最低的利益相关者。

在未来可行性的确定性方面，多数利益相关者的得分在3分以上。其中"党的纪律检查部门"、"统计局"、"审计局"和"学术专家"的得分较高。德尔菲专家对于两类利益相关者参与绩效评估体系创新的确定性评价较低，一是"市民"，二是"私有企业"。

（四）结果使用

绩效评估结果具有不同的使用方式。表6报告了统计结果。在目前优先权方面，"实施奖惩"、"改进绩效"与"诊断与控制问题"的得分最高。"为预算作准备"的目前优先权最低，并且在3分以下。

表6　结果使用

结果使用	CP	FD	FF	C
实施奖惩	3.80	4.35	4.19	3.15
改进绩效	3.56	4.46	4.19	3.23
诊断与控制问题	3.48	4.15	3.65	2.92
与下级沟通和协调工作目标	3.32	4.15	3.92	3.08
激励员工	3.32	3.96	3.77	3.12
调整工作安排	3.20	3.69	3.69	3.12
配置组织资源	3.12	3.81	3.62	2.92
组织学习与发展	3.04	3.81	3.54	3.00
向公众公开评价结果	3.00	4.54	4.19	3.19
提供培训机会	2.96	3.50	3.27	2.96
为预算作准备	2.88	3.77	3.38	2.77

在未来需求度方面，"向公众公开评价结果"、"改进绩效"和"实施奖惩"的需求度最高。所有题目的得分均在3分以上，这说明在未来，评估结

果使用方式的创新需求是多方面的。"为预算作准备"、"调整工作安排"和"提供培训机会"成为结果使用方式的需求度最低。

在未来可行性方面，"向公众公开评价结果"、"改进绩效"和"实施奖惩"的可行性最高。所有题目的得分都在 3 分以上，说明绩效评估结果使用方式的创新空间较广。"为预算作准备"和"提供培训机会"的可行性最低。

在未来可行性的确定性方面，德尔菲专家同样对"向公众公开评价结果"、"改进绩效"和"实施奖惩"的可行性最为确定。多数题目获得了大于 3 分的确定性得分。"提供培训机会"、"诊断与控制问题"、"配置组织资源"和"为预算作准备"的可行性得分均在 3 分以下。

（五）"明日"、"明年"与"蛰伏"的创新分布

分阶段创新点的识别结果如表 7 所示。表 7 显示了"明日"的创新、"明年"的创新和"蛰伏"的创新分节，分别从评估定位、评估指标、评估中的利益相关者和评估的结果使用四个方面列举了未来各阶段的创新内容。

表 7　各类创新的具体分布

	"明日"的创新	"明年"的创新	"蛰伏"的创新
评估定位	使上级领导满意从而晋升，流程创新，问责	降低成本	学习、合作创新、预算
评估指标	正式的效果，市民满意度	回应性	单位产出的成本
评估中的利益相关者	市级党委、党的纪律检查部门、党的组织部门、人民代表大会、市长、审计局、更高一级政府、统计局、监察局	学术专家	国有企业、私有企业、个人用户、市民、工会
评价的结果使用	实施奖惩，改进绩效，同下级沟通协调工作目标	向公众公开评价结果	配置组织资源，组织学习与发展，提供培训机会，为预算作准备

五、结论

通过德尔菲调查法，本文对中国市级政府绩效评估体系的创新现状和未来趋势进行了初步分析，以期识别整体的政府绩效评估体系创新在多大程度上回应了服务型政府理念的要求。从现状来看，绩效评估的定位、指标、利益相关者和结果使用方式等方面的主流创新实践，并没有体现服务型政府所要求的战略思维、公众参与、创新导向和能力发展等要素。同时，一些目前优先权不高，但是具有较高未来需求度和可行性的创新，同样未能较为充分地回应服务型政府的要求。

本研究进一步发现，服务型政府所倡导的创新，具有在目前优先权偏低、未来需求度和可行性较低，同时可行性的不确定性较高的特点，按照本文的说法，它们尚处在"蛰伏"的状态之中，只有在现有行政环境不断变化，条件充分成熟之后，才有可能产生。由于目前绩效评估体系的创新并没有直接有力地回应服务型政府的要求，服务型政府和绩效评估体系的创新可能并未充分衔接，为了推动两者充分融合，地方政府应进一步考虑从服务型政府的理念出发，完善现有的绩效评估体系，充分借鉴国外政府在战略规划、公众参与等方面的经验，提高绩效评估对于推动服务型政府的管理价值。

本文的局限在于，从数量上看，调查覆盖的样本城市较少，专家学者的数量也不多，可能存在抽样上的偏差；另外，本文所提出的创新类型识别框架，仅仅考虑了目前优先权、未来需求度和未来可行性和确定性，未能纳入更多复杂的因素，因此还需要不断扩展。后续研究可以采用案例研究方法，深入分析某地绩效评估体系变迁的历史经验。另外，可以采用大范围样本调查，分析绩效评估体系的差异和服务型政府建设成效之间的关系，以提供更多的经验和证据。

参考文献

薄贵利，2005："完善政府公共服务职能，加强服务型政府建设"，《国家行政学院学报》，2005，6：23。

陈振明，2008："深化行政体制改革 加快服务型政府建设——中国政府改革与治理的新趋势透视"，《福建行政学院学报》，2008，4：5—12。

蓝志勇、胡税根，2008："中国政府绩效评估：理论与实践"，《政治学研究》，2008，3：106—115。

唐铁汉，2008："建设服务型政府与基本公共服务均等化"，《国家行政学院学报》，2008，2：8—12。

王川兰，2005："论服务型政府的困境、超越与建构"，《公共管理学报》，2005，2（4）：19—25。

吴建南、杨宇谦，2009："地方政府绩效评估创新：主题、特征与障碍"，《经济社会体制比较》，2009，5：152—158。

中国行政管理学会课题组，2005："服务型政府是我国行政改革的目标选择"，《中国行政管理》，2005，4：5—8。

Cavalluzzo, S. K. and D. C. Ittner, 2004. "Implementing Performance Measurement Innovations: Evidence from Government." *Accounting, Organization and Society.* 29：243 – 67.

Esteban G. Dalehite, 2008. "Transforming Grades into Meaningful MPA Program Outcomes: Lessons from Benchmarking Learning Objectives in the Public Budgeting and Finance Course." *Journal of Public Affairs Education.* 14（3）：413 – 426.

Foster, K. W., 2006. "Improving Municipal Governance in China: Yantai's Pathbreaking Experiment in Administrative Reform." *Modern China.* 37（2）：221 – 50.

Hartford, K. and Dear Mayor, 2005. "Online Communications with Local Governments in Hangzhou and Nanjing." *China Information.* 19：217 – 60.

Ziglio, E., 1996. "The Delphi Method and Its Contribution to Decision-Making." In M. Alder and E. Ziglio, eds., *Gazing into the Oracle: The Delphi Method and Its Application to Social Policy and Public Health.* London：Jessica Kingsley.

转型期中国县级政府的客观治理绩效
与政治信任

——从"经济增长合法性"到"公共产品合法性"*

孟天广 杨 明**

一、问题的提出

改革开放以来，为应对社会转型的挑战，中国政府在经济和社会发展、制度建设等方面不断进行着治道变革，期望通过治理结构的完善和治理手段的调整来实现良好治理（Burns，2003）。进入 21 世纪，中国政府加快了治理转型的步伐，逐渐放弃了"经济建设为中心"的一元治理模式，并在全国范围内推行社会和经济增长并重的多元治理模式（Gu and Kelly，2007）。近年来，和谐社会建设正是这种治理模式的集中体现，政府一方面通过调整经济结构和收入分配来保证经济的健康稳定发展，另一方面通过积极推动教育、医疗、社会保障等民生福利领域的治理变革以应对转型期各类社会问题的迫切需要。同时，为了确保改革大局，提高政府治理的能力，政府也非常关注

---

　*　本文原载于《经济社会体制比较》，2012 年第 4 期。基金项目：教育部人文社会科学重点研究基地重大项目"培育社会资本与政府信用的实证研究"（项目编号：2009JJD810002）。

　**　孟天广，北京大学政府管理学院博士生；杨明，北京大学政府管理学院教授。

社会治安、公共安全和法律制度建设等纯公共产品的供给。

那么，这些治理变革及其绩效是否能得到公众的广泛认可和支持呢？政治信任是衡量公众对政府及其治理认可和支持程度的重要理论工具（Almond and Verba，1963；Easton，1965）。它联系着个体公民与政治机构的纽带，一方面是政治合法性的重要表现，体现着公民对政府的认可和支持；另一方面也是政府与公民互动的"社会资本"，是政府公信力的微观基础。因此，探讨现阶段政府治理变革与政治信任之间的关系不仅在理论上可以检验政治信任的理性选择，解释在中国的适用性，而且有助于从实践上为未来一个阶段的治理变革提供知识。本文致力于讨论转型期中国的政府治理对政治信任的影响。具体而言：（1）政府治理绩效是否构成政治信任的关键决定因素；（2）哪个领域的治理绩效对政治信任的贡献更大，经济增长还是公共产品（民生福利和纯公共产品）；（3）政治信任主要是基于对现状的满意度还是对未来的预期；（4）客观治理绩效如何影响政治信任。

二、文献回顾与分析框架

（一）政治信任及其影响因素

政治信任研究由来已久。伊斯顿（David Easton）在政治系统论中认为，政治信任具有支持功能（Easton，1965）。阿尔蒙德的政治文化研究则开创了政治信任的实证传统（Almond and Verba，1963）。学术界对政治信任的理解长期存在两种传统。[①] 一是从一般"信任"来推论政治信任。莱恩（R. E. Lane）认为，对候选官员的信任是人类信任的一个特例（Lane，1959：164）。

---

① 政治信任的概念及测量的更详细讨论，请参见 Citrin, Jack and Christopher Muste, 1999, "Trust in Government." In John P. Robinson, Phillip R. Shaver, and Lawrence S. Wrightsman, eds., *Measures of Political Attitudes*, San Diego, London, Boston, New York, Sydney, Tokyo, Toronto：Academic Press.

普特南（Robert D. Putnam）认为，政治信任在一定程度上是社会信任的结果（Putnam，1995）。二是认为政治信任不同于一般意义上的信任，源于政治领域是其特性。伊斯顿认为，政治系统中存在两种政治支持：具体支持和扩散支持，具体支持针对政治家和政治机构，而扩散支持涉及政治社群和政治体制（Easton，1975）。有些学者将伊斯顿的政治支持量化为政治信任，但不同学者的侧重点不同。有学者强调具体支持，认为政治信任主要涉及政治家及政治机构的胜任力、动机和伦理（Listhaug，1995）。更多学者倾向于扩散支持的理解，将政治信任理解为公众对政治社群、政治体制、政治赖以运行的原则的支持（Citrin and Muste，1999）。具体到中国语境，史天健认为，政治信任是公民对于政治体制的整体或部分将会带来的积极成果的信念（Shi，2001）。

无论理论还是实践，探索政治信任的影响因素对于维持稳定且高水平的政治信任都至关重要。学术界通常从制度和文化两个角度来解释政治信任（Mishler and Rose，2001）。制度的解释认为："政治信任源于政治领域，是人们对政治制度和政府的绩效、政治制度的可信性的一种理性的评估。"（Newton，2001）文化的解释则很不系统，主要包括早年社会化影响说（Newton，2001）、社会信任产生政治信任说、后物质主义削弱政治信任说、独特民族文化说（Putnam，1995；Ingerhart，1997）。此外，也有研究从公民的个性特质、政治交换理论、社会结构等视角提供解释（Stoneman，2008：69）。

（二）政府治理与政治信任

相对而言，治理绩效在型塑政治信任的过程中发挥着重要作用的观点得到更多学者的支持。政治信任增强了政府的合法性和效能（Braithwaite and Levi，1998；Hetherington，1998），它代表公民对政府绩效的一种评价，展示着政府绩效与公众对政府的期望相一致（Miller and Listhaug，1999）。无论是政府的客观治理绩效（如经济增长、失业率、通货膨胀率和社会福利提供等），还是公众对政府治理绩效的认知，都对政治信任有促进的作用（Citrin，1974；Hetherington，1998；Mishler and Rose，2001）。然而，治理绩效解释不论在理论的跨国适用性、经济增长决定论、前瞻性还是回顾性效应等解释机制上仍存在争论。

首先，治理绩效解释的关键挑战在于理论的跨国适应性。克拉多和海尔洛斯（Criado and Herreros，2007）发现，制度绩效对政治支持的影响会受到具体政治制度的影响，如制度绩效对政治支持的影响在多数代表制国家更高，在比例代表制国家较低，因为多数代表制国家的政府具有更明晰的治理责任。有学者发现，该解释在东欧转型国家也具有强解释力（Mishler and Rose，2001）。那么，政府治理的解释能否有效解释转型期中国的政治信任呢？近来，涉及中国政治信任的研究仍很少。然而，仅有的研究表明，公众（农民）对主要政治机构有高信任（Shi，2001；Li，2004；Wang，2005），一些学者从文化价值、后物质主义、威权主义角度提出解释（Shi，2001；Wang，2005；马得勇，2007）。然而，政府治理的解释却没有得到充分的关注，近来胡荣等（2011）以厦门城市居民为例初步探讨了政府绩效与政府信任的关系，但该研究缺乏全国推广性，未将农村居民纳入分析，且没有探讨治理变革及客观治理绩效的影响。

其次，经济治理的绩效是否对政治信任的影响最大。有学者认为，经济治理绩效对政治信任的影响最为重要（Citrin，1974；Hetherington，1998）。美国在20世纪70年代糟糕的经济绩效比水门事件对政治信任的影响更大，而政治信任在20世纪90年代则因积极经济绩效而增长，却并未因受克林顿丑闻的影响而下降（Hetherington，2005）。劳伦斯（R. Z. Lawrence）则认为，20世纪70年代以来美国政治信任的衰落看似与经济治理不善有关，但实际上是人们基于先前的经济绩效，对政府期望过高所致（Lawrence，1997）。转型国家的研究也支持经济评价对政治制度合法性有重要影响（Plasser and Ulram，1996）。然而，只有经济增长仍是不够的，公众的政治支持还依赖于他们对经济社会秩序是否公正、政府是否开放有序的评价（Mason and Kluegel，2000）。斯通曼（Paul Stoneman）认为，英国人对教育、医疗、经济绩效的评价对政治信任有最强的解释力，其中民生福利（卫生和教育）绩效至关重要（Stoneman，2008：93）。

最后，回顾性评价与前瞻性评价。回顾性评价强调公众对政府治理现状的满意度，而前瞻性评价更重视公众对未来政府实施良好治理的信心。有学者发现，公众主要基于前瞻性预期产生政治信任（Stoneman，2008：149），我国台湾地区也有类似发现（Hsieh and Fuh Sheng et al.，1998：383）。而克拉克等（Clarke and Stewart，1995）则发现，不仅前瞻性评价有影响，而且回顾性评价也有影响。中东欧转型国家的经验也表明，对当前经济状况的评价和对未来经济增长的预期都对公众评价新生政治制度有重要影响（Plasser and Ulram，1996）。

结合文献回顾和中国实践，本文试图在当前治理变革的大背景下考察政府治理对公众政治信任的复杂影响，即考察近来中国政府建设"和谐社会"和"服务型政府"的政策干预是否、在何种程度上，以及通过何种机制影响着政治信任的保持。下文将从政府治理的主观和客观维度，政府在经济增长、民生福利和纯公共产品供给三大领域的治理绩效，以及回顾性和前瞻性评价三个方面展开论述。

三、研究设计：数据、变量与模型

（一）数据

为客观分析城乡公民的政治信任及其与治理绩效的关系，本文采取基于全国性大样本调查数据的定量分析方法。个体层面数据来自"2008 年中国公民意识年度调查"，该调查由北京大学中国国情研究中心设计并实施，在全国25 个省市区，73 个县级单位，146 个乡镇街道，292 个村/居委会访问了 4004位受访人，有效完成率达 73%。该调查采取分层多阶段、GPS /GIS 辅助的区域抽样方法，有效地解决了传统户籍抽样中的人户分离、一户多址以及行政区域抽样中的边界不清的问题。① 县级数据来自 73 个样本县的公开资料、

---

① 参见沈明明等，2009：《中国公民意识调查数据报告》，北京：社会科学文献出版社。此外，该数据在某些变量上存在缺失值，本文对这些缺失值进行了均值插补的处理，但部分二分类变量缺失值难以处理，最终用于分析样本量为 3830 个。

《2008 年中国区域经济统计年鉴》、《2008 年中国县市社会经济统计年鉴》和政府网站。

（二）变量

因变量是政治信任，即公民对各类政治机构的信任程度。本文将公民对中央政府、法院、人民代表大会、村/居委会、中国共产党、检察院、县/市政府、新闻媒体①和公安机关九类政治机构的信任程度加总构建了一个指标变量，用以反映公民政治信任的总体水平。

自变量包括控制变量和解释变量。控制变量包括年龄、性别等人口学变量，教育、收入、流动人口等社会经济变量，政治介入、社会信任、幸福感等主观变量。控制变量的选择参考了国内外政治信任解释模型的已有研究（Shi，2001；Wang，2005；Stoneman，2008）。这些研究表明，上述因素通常对政治信任有显著影响。

本文的解释变量包括个体层面公民对治理绩效的回顾性和前瞻性主观评价变量和县级层面的客观治理绩效变量。基于已有文献和中国治理变革的实践发展，主观维度主要从个体层面公民对政府治理的回顾性和前瞻性进行主观评价；客观维度用县级单位的客观政府治理水平来测量。个体层面的变量不仅纳入了国外研究中检验"经济决定论"的"经济增长"回顾性和前瞻性评价，而且将该方法扩展至公众对民生福利、纯公共产品提供的回顾性和前瞻性评价。具体包括经济增长评价、经济增长预期、民生福利评价、民生福利预期、纯公共产品供给评价、纯公共产品供给预期六个变量。客观治理绩效包括 2007 年县级单位的人均 GDP、人均福利支出、登记失业率、基尼系数。②人均福利支出指县级单位花费在教育、卫生和社保领域的财政支出的人均水

---

① 考虑到政府在新闻媒体创办和管理上扮演重要角色，本文将其纳入政治信任的测量指标。

② 由于统计制度的差异，部分县级单位人均 GDP、失业率、人均福利财政支出的数据存在缺值，这对本文的分析造成一定困难。因此，对这些缺失值，本文利用该县级单位所属的地级单位的相应数据进行弥补。

平；登记失业率为城镇登记失业人员数占总人口的比例；基尼系数基于调查样本报告的 2007 年家庭人均收入计算获得。① 这部分概要介绍变量的界定和测量，第四部分将详细介绍相关变量的测量指标及分布。

（三）模型

学术界在这个领域的实证研究有两种方法。一是基于时间序列数据研究政府治理历史的客观绩效与政治信任的关系；二是基于截面数据研究个体层面政府绩效主观认知对政治信任的影响（Nye, Zelikow and King, 1997）。然而，它们在方法论上都存在固有困境，方法一忽视了政治信任的主体——公民，方法二则以主观评价取代政府治理绩效，混淆了政府治理的客观表现与主观认知。本文不仅关注公民对政府治理的主观评价对政治信任的影响，还关心居住在不同政府治理水平地区的公民在政治信任上是否有系统性差异，即不同地区政府治理客观绩效是否影响政治信任。

考虑到上述原因，本文选择分层线性模型（Hierarchical Linear Model）来同时分析政府治理的客观表现和主观评价对政治信任的影响。分层线性模型是近来统计学研究分层数据分析的最新成果（Raudenbush and Bryk, 2007），这种方法注意到日益增加的具有嵌套结构（Nested Data）的多层数据在理论和统计上的挑战，多层数据的嵌套结构一方面增加了信息量，另一方面也违背了传统线性回归分析的正态性、方差齐性和独立性等基本假定，而多层分析可以有效地解决上述统计问题。此外，社会科学的很多现象（变量）不仅受到个体层面微观变量的影响，还受到其隶属的环境变量的影响。该方法有助于从方法论上克服社会科学研究中的生态学谬误和简化论谬误（郭志刚，2004：23）。近来，这种方法为微观政治学所倡导，因为个体的政治态度和行

① 我们基于 PPS 方法在每个县级单位抽取 2 个乡镇/街道，每个乡镇/街道又分别抽取 2 个半分格（地理经纬度上 30″ ×30″ 组成的单元格，相当于村庄或社区聚落），最后基于 4 个半分格随机抽取的约 55 个家庭估算县级单位的收入基尼系数。

为不仅受到个体微观变量的影响，也不可避免地受到其所依存的政治环境的影响（Conover and Searing，2002）。

四、转型期县级政府治理绩效与政治信任

（一）县级政府的客观治理绩效

县级政府在中国的政府结构中处于重要位置，也是政府治理的主体之一。一方面，县级政府在各级政府中属于接近公众的"基层政府"，直接与公众发生互动关系，因而公众对县级政府的治理绩效更了解。另一方面，县级政府拥有相对独立且全面的地方经济和社会事务管辖权，且是地方基本公共产品和服务的直接提供者或监管者。简言之，县级政府及其治理绩效是公众了解政府，形成政治信任的主要渠道，因此本文基于县级单位来检验客观治理绩效的地区差异对政治信任的影响。

受数据限制，本文从人均 GDP、失业率、基尼系数、人均福利支出四个方面来考察县级政府的客观绩效。人均 GDP 是经济增长的代表性指标。图 1 显示了 73 个样本中县人均 GDP 的分布。县级单位平均的人均 GDP 为 20614 元，这与国家统计局提供的全国人均 GDP 为 18934 元的数据接近。同时，样本县人均 GDP 的标准差高达 18107，表明样本县的经济水平差别很大。其中，人均 GDP 万元以上的县有 42 个，占 58%，超过 50000 元的经济发达县有 8 个，而 5000 元以下的经济落后县有 7 个。

人均福利支出：财政支出是政府治理的主要手段，而福利支出直接作用于公众，反映政府在民生福利领域的投入水平。根据图 1，总体上县级单位人均福利支出水平较低，人均支出仅为 934 元，且差异巨大，标准差达到 782。其中，53 个样本县的人均福利支出在千元以下，达到 73%，甚至有 10 个县级单位人均福利支出不足 500 元。

失业率和基尼系数：失业率和基尼系数是衡量地方政府社会发展水平的综

合性指标。根据图2，总体上县级单位的失业率较低，51%的样本县的失业率不到0.5%，只有12%的样本县失业率超过1%；但基尼系数却总体偏高，55个县级单位的基尼系数超过0.4，占75%，甚至有16个样本县的基尼系数超过0.5。

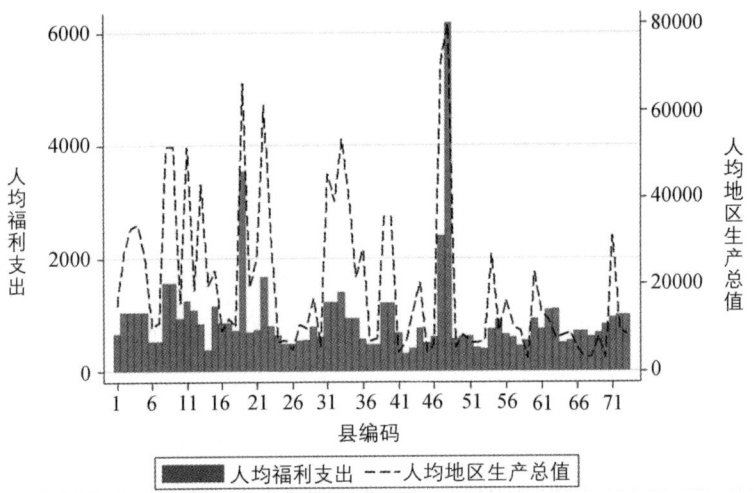

图1　样本县的人均 GDP 和人均福利支出（2007）

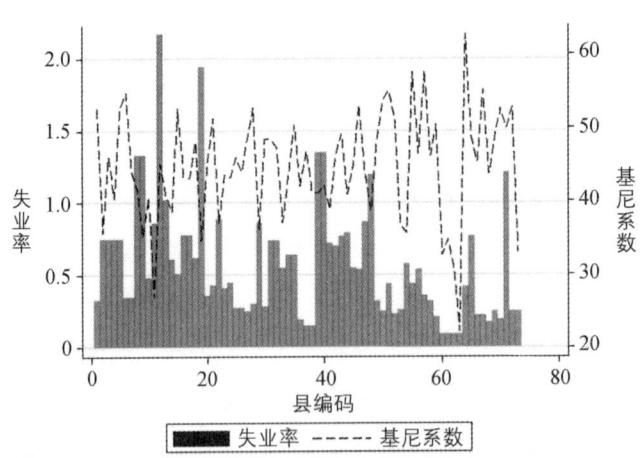

图2　样本县的失业率和基尼系数（2007）

（二）公民对政府治理绩效的主观评价

中国公民如何评价政府的治理绩效？为全面考察人们对政府绩效的评价，本文将中国政府的主要治理领域分为三类：经济增长、民生福利和纯公共产品供给，后两者可归为广义的"公共产品"范畴。考虑到回顾性评价和前瞻性预期对政治信任可能存在不同影响，因此在测量上细分为经济增长评价、经济增长预期、民生福利评价、民生福利预期、纯公共产品评价、纯公共产品预期六个维度。"经济增长评价"指公众对全国、本地现在经济状况的评价；"经济增长预期"指公众对全国、本地和家庭经济状况未来一两年、五到十年改善的评价；"民生福利评价"测量公众对政府当前义务教育、公共卫生、社会保障工作的满意度；"民生福利预期"指公众对未来五年社会保障、社会平等得以改善的判断；"纯公共产品评价"用公众对政府当前社会治安、环境保护、基础设施建设工作的满意度来测量；"纯公共产品预期"指公众对未来五年社会稳定、法制建设、环境保护和政治民主得以改善的预期。主观评价在测量上采取逆向提问，即由小到大表示对政府治理越不满意或越缺乏良好期望。信度分析显示各维度的观测变量都具有较好的一致性信度①，因而可加总构建各维度的得分。

根据表1，公民总体上对政府在各个领域的治理绩效表现出较高水平的满意度和乐观预期。第一，无论是回顾性评价还是前瞻性预期，经济增长的主观评价最高，91%的公众对当前的经济增长表示满意，96%的公众仍然对经济的持续发展有信心；第二，民生福利的主观评价相对较低，但仍有77%的公众对政府的民生福利工作表示满意，80%预期未来五年内民生福利将有所改善；第三，公民对政府在社会治安、公共安全、法制建设等纯公共产品供给

①　主观评价指标的 Cronbach's Alpha 信度系数为：经济增长评价0.759；经济增长预期0.821；民生福利评价0.658；民生福利预期0.652；纯公共产品评价0.704；纯公共产品预期0.839。Cronbach's Alpha 是常用的测量内部一致性信度的重要指标，它反映量表的观测值能获得真值的能力，一般要求达到0.6的水平才可建立指标变量（Cronbach，1951）。

方面的工作满意度较低，只有 65% 表示满意，但 86% 的公众认为未来五年纯公共产品供给会有所改善。公民对经济增长、民生福利、纯公共产品三领域的前瞻性预期普遍高于相应的回顾性评价，这一方面表明公民整体上对政府的治理能力持乐观态度，并对政府未来治理改革的方向有基本认同，另一方面也凸显出政府尚须改善治理以满足公众的政策需求。

表1　转型期中国公民对政府治理的评价　　　　　　　　　　　　　　（百分比）

评价内容 ＼ 评价度	非常好	比较好	不好	非常不好
经济增长评价	31.20	60.23	7.89	0.68
经济增长预期	80.50	15.07	3.60	0.84
民生福利评价	20.91	55.98	20.13	2.98
民生福利预期	17.10	63.11	18.96	0.84
纯公共产品供给评价	11.31	54.15	27.73	6.81
纯公共产品供给预期	14.52	71.46	27.55	0.99

（三）转型期中国公民的政治信任

"2008 年中国公民意识调查"测量了公众对九类政治机构的信任程度。根据表2，总体上公众对各类政治机构有较高的信任水平，分别有高达 60%—92% 的公众对各类政治机构"非常信任"或"比较信任"。从数据来看，中国公众的政治信任存在一个受"距离感"影响的从遥远政府到一线政府的序列结构，"中央政府"、"中国共产党"和"人民代表大会"位于最受信任水平，分别有 92.1%、89.4% 和 80.2% 的公众信任这些机构；"法院"、"检察院"、"公安机关"和"新闻媒体"位于政治信任的次级水平，信任度分别有 72.3%、71.1%、70.2% 和 71.2%；处于最低信任水平的机构是"县/市政府"和"村/居委会"，信任度只有 69.0% 和 60.2%。这与胡荣等（2011）的发现类似，限于篇幅，我们将在其他文中讨论这一结构。

表2　转型期中国公众的政治信任　　　　　　　　　　　　　　（百分比）

部门 信任度	中央 政府	法院	人民代 表大会	村/居 委会	中国 共产党	检察院	新闻 媒体	县/市 政府	公安 机关
非常信任	63.8	37.1	46.0	22.8	60.6	35.0	29.7	30.0	32.2
比较信任	28.3	35.2	34.2	37.4	28.8	36.1	41.5	39.0	38.0
不太信任	3.3	13.4	6.4	23.8	4.6	10.6	14.6	16.8	15.5
非常不信任	0.8	3.1	1.3	9.1	1.1	2.4	2.1	4.1	4.6
缺失值	3.8	11.2	12.1	6.9	4.9	15.9	12.1	10.1	9.7

主成分分析显示，九个项目可以提炼出一个公因子（方差负载为53.0%），且 Cronbach's Alpha 信度系数为0.903，我们将九个项目的得分加总构建了取值范围为9—36的"政治信任"变量。政治信任平均得分为29，得分超过27的占73%，得分介于18—27之间的有26%，只有1%的公民得分低于18。这与学术界对转型期中国政治信任的测量结果基本一致（Shi，2001；马得勇，2007；胡荣，2011）。这表明，中国公民对主要政治机构有较高水平的认可，这与公众对政府在各个领域的治理绩效的积极评价和信心保持一致。此外，73个样本县公民政治信任的分布无论是在集中趋势还是离散趋势上都差异很大（ANOVA：$F = 9.270$，$Sig < 0.001$），即不同治理水平的地区公众的政治信任可能存在系统性差异，这为我们应用分层线性模型提供了依据。

五、发现和讨论

（一）模型设计

为检验研究假设，本文定义四个二层线性模型，模型估计的结果呈现在表3中。

表3　政治信任的分层线性模型回归结果

	模型1	模型2		模型3		模型4	
	系数	系数	标准化系数	系数	标准化系数	系数	标准化系数
固定效应							
常数项	29.02***	28.112***		28.894***		31.760***	
客观政府治理绩效							
人均GDP（万元）						-0.360**	-0.137
失业率［0.09－2.17］						-1.042*	-0.091
基尼系数［22.15－62.73］						-0.050*	-0.080
人均福利支出（万元）						6.430*	0.106
控制变量							
年龄［18—70］		0.030***	0.085	0.025***	0.073	0.026***	0.075
男性［参照类：女性］		-0.345**	-0.036	-0.333***	-0.035	-0.342**	-0.036
受教育年限［0—22］		-0.116***	-0.101	-0.071***	-0.062	-0.067***	-0.058
收入（万元）		-0.240***	-0.041	-0.240***	-0.041	-0.220**	-0.037
流动［参照：非流动人口］		-0.514**	-0.037	-0.701***	-0.050	-0.662**	-0.048
社会信任［参照:不信任］		0.819***	0.087	0.651***	0.069	0.656***	0.069
政治介入［3—12］		-0.307***	-0.136	-0.186***	-0.082	-0.186***	-0.082
幸福感［0—50］		0.082***	0.169	0.029***	0.060	0.030***	0.062
政府治理主观评价							
经济增长评价［5—25］				-0.206***	-0.126	-0.204***	-0.125
经济增长预期［6—30］				-0.094***	-0.074	-0.094***	-0.074
民生福利评价［3—12］				-0.322***	-0.108	-0.321***	-0.107
民生福利预期［2—8］				-0.122	-0.025	-0.121	-0.024
纯公共产品评价［3—12］				-0.281***	-0.100	-0.281***	-0.100
纯公共产品预期［4—16］				-0.297***	-0.111	-0.297***	-0.111

续表

	模型 1	模型 2		模型 3		模型 4	
	系数	系数	标准化系数	系数	标准化系数	系数	标准化系数
随机效应（方差成分分析）							
层一方差 σ^2	19.557	17.834		15.713		15.712	
层二方差 tau	2.948	2.298		2.415		2.050	
P – value	<0.001	<0.001		<0.001		<0.001	
偏差 Deviance	22414	22097		21645		21670	
信度 Reliability	0.883	0.866		0.885		0.867	
组间相关 ρ	0.131						
方差消减比例：个体层面		0.0881		0.1965		0.1966	
县级层面						0.3046	

注：n = 3830；***表示 0.01 的显著性水平，**表示 0.05 的显著性水平，*表 0.1 的显著性水平。

（1）模型 1 是随机效应的单因素方差分析。该模型的目的是检验因变量是否具有分层结构。模型在设计中既不添加个体（层一）自变量，也不设置县级（层二）自变量，目的在于获得组间相关系数 ρ，ρ 代表层二方差占总方差的比例。

（2）模型 2 仅在个体层面放入年龄、性别、教育、收入、流动人口、社会信任、政治介入和幸福感等控制变量。

（3）模型 3 在模型 2 的基础上纳入个体层面公民对政府治理的主观评价，即经济增长评价、经济增长预期、民生福利评价、民生福利预期、纯公共产品评价、纯公共产品预期等自变量，旨在分析政府治理的主观维度对政治信任的影响。

（4）模型 4 是最终模型。层一和层二都设自变量，个体层面包括模型 3 的所有变量，县级层面是人均 GDP、人均福利支出、失业率和基尼系数等客观绩效。该模型只设定县级客观绩效对县平均政治信任的解释模型。

（二）政府治理主观评价与政治信任

首先，考察个体层面自变量的整体解释能力，尤其是政府治理主观评价的解释能力。模型 1 的方差分析表明，政治信任存在分层结构，13.1% 的政治信任方差是县级单位之间的差异造成的，其余 86.9% 则由个体层面的影响因素决定。模型 2 显示，个体层面的年龄、性别、教育、收入、流动人口、社会信任、政治介入和幸福感等控制变量显著地影响政治信任，此处限于篇幅，不对控制变量的影响一一说明。重要的是模型 2 仅解释了政治信任个体层面方差的 8.8%，因此引入更为重要的自变量就非常必要。模型 3 引入政府治理主观评价变量，这样个体层面模型的整体解释能力提高了 10.8%，这个增幅超过所有控制变量影响的总和。这充分说明治理绩效主观评价是影响政治信任的非常重要的因素，这与胡荣等（2011）基于厦门数据的分析类似，值得我们深入分析。

其次，具体考察政府治理主观评价对政治信任的影响。模型 3 的结果基本支持了我们的理论预期，除民生福利预期外，经济增长评价、经济增长预期、民生福利评价、纯公共产品评价、纯公共产品预期都对政治信任有显著影响，且其作用方向与预期一致，即人们对政府在经济增长、民生福利、纯公共产品供给方面的治理越不满意（或越缺乏信心），其政治信任水平就越低。同时，其标准化系数也普遍较高，尤其是经济增长评价、民生福利评价、纯公共产品评价和纯公共产品预期对政治信任的影响远大于其他控制变量，即政府治理的主观维度是个体层面上影响政治信任的核心因素。改革以来，中国政府在主要治理领域都有较好表现：一方面，长期保持着较高水平的治理绩效；另一方面，较为良好的治理绩效保持了稳定发展的态势，也较为及时地在经济和社会治理的各个方面推动改革。从国际比较来讲，这非常类似于欧美"二战"后发展的黄金时代，因而大多数公众对政府在各方面的治理绩效总体上比较满意，对未来普遍有较乐观的预期，这是目前公民高水平政治信任得以产生的主要根源。

模型 3 显示，公民对政府在三个领域的治理绩效的回顾性评价和前瞻性预期都影响着公民的政治信任，这与中东欧国家公众对经济现状的满意度和对未来经济增长的预期都影响政治支持的现象类似（Plasser and Ulram，1996）。但相对而言，三个回顾性评价的标准化系数都高于相应的前瞻性预期，这表明中国公众更多地基于回顾性评价（满意度）而不是前瞻性预期（信心）来提供政治信任。这个结果不难理解，满意度指公众对党和政府等政治机构既有的治理绩效的认知和评价，它能够直接产生政治信任，而信心更多地反映出公众对政府未来治理的需求，但只有在这种需求与政府治理的实践指向一致时，政治信任才能产生。因此，注重功利的公众更多地依靠看得见摸得着的过去及当前"治理绩效"来生产政治信任，这是符合逻辑的，毕竟对未来治理绩效的良好预期在不确定性的影响下会大打折扣。

最后，我们来比较三个治理领域的影响。模型 3 显示，涉及法制建设、公共安全和社会治安的纯公共产品供给对政治信任的影响最大，标准化系数都很高，此后是经济增长和民生福利。这与欧美经验不同（Citrin，1974；Hetherington，1998），这可能源于转型期中国独特的治理实践。改革以来，中国在经济增长领域保持了长期快速发展的势头，并使大多数公众从中受益，因而对经济增长的高评价和高预期已经成为公民的普遍态度。反之，政府的纯公共产品和准公共产品（如民生福利）供给则相对滞后，不仅没有满足大多数公众的需求，而且在不同社会群体间有不公正对待，从而导致不同人群政府信任的差异。这个结论与杨佩红发现消极政府行为比积极政府行为对政治信任的影响更大基本一致。消极政府行为主要是指政府在法制建设、社会治安、政务公开等方面的行为（Yang，2007），胡荣也认为信访制度失灵是农民政治信任流失的主要根源之一（胡荣，2007）。

（三）县级政府治理客观绩效与政治信任

政府治理本质上是为实现特定政策目标而进行的活动，其绩效可以由一系列可度量的客观指标构成。而现实生活中由于信息困境和个体理性的存在，公民很难对政府治理形成准确、同质的认知，因此区分主观认知和客观政府治理绩效对政治信任的影响非常必要。事实上研究客观政府治理绩效的影响不仅是一个理论问题，也是一个方法难题，因为政治信任只对公民个体有意义，而客观政府治理却首先是社会性、集体性的，是以国家、地区为分析单位的。然而，情景理论启发我们，客观政府治理是可以作用于个体政治信任的，也可以通过对个体层面某些因素施加影响来塑造政治信任。近年来，政治心理学应用多层数据的统计技术，认为分层模型可以将情景变量和个体变量结合起来，这是一种最恰当的方法（Criado and Herreros，2007），本文应用该方法。

首先，居住在特定县级单位的公民享有相同水平的政府治理客观绩效，因而其治理水平会影响该县政治信任的平均水平。模型4在县级层面引入人均GDP、失业率、基尼系数、人均福利支出等客观治理绩效以考察其对县平均政治信任水平的影响。表2显示，模型4解释了30.5%的县级单位间的政治信任差异，四个县级客观绩效都显著地影响着县平均政治信任，且个体微观变量对政治信任的影响关系也没有明显变化。此外，非常值得关注的是，涉及民生福利的失业率、基尼系数和人均福利支出的标准化系数大于人均GDP，即"民生福利"绩效对政治信任的影响高于"经济增长"绩效，这对近年来很多地方政府以大力促进"经济增长"来塑造、维持其政治合法性的施政策略提出了挑战。

其次，与预期一致，良好的民生福利绩效有助于维持高政治信任。一方面，失业率和基尼系数与政治信任负相关，即失业率和基尼系数越高，县平均政治信任就相应越低；另一方面，人均福利支出正相关于政治信任，县平均政治信任在民生福利水平高，分配更公平的地方更高。这是因为，伴随着县级单位对民生福利的愈加重视，向公民提供更广泛、高水平的民生福利产品和服务，公民相应地更满意于政府的施政作为，从而政治信任得以普遍提高。此外，相对剥夺理论（Relative Deprivation）也有助于解释这个现象（Stoneman，2008），在基尼系数和失业率更低、人均福利支出更高的地方，人们在社会经济地位方面的相对剥夺感就越低，越感觉社会更公平，从而对政府治理就越满意。

最后，县人均 GDP 的增长却没有发生预期中促进政治信任的效果，反而微弱地负作用于政治信任，人均 GDP 每增加 1 万元，政治信任就相应下降 0.36。王正绪认为，批评性公民假设有助于解释这一现象，尽管他的研究没有发现自我表达价值对政治信任有显著影响（Wang, 2005），但本文却为"经济增长促生批评性公民"假设提供了实证支持。经济增长水平越高的地方，人们的物质生活水平、受教育水平和接触媒体的机会都会增加，因而受后物质主义影响的公众逐渐增加，公民的权利意识和批判精神（自我表达价值）会有所增强，这种现象在东部和大城市有逐渐显现的趋势。

六、结论

政府治理绩效的主观和客观维度的分析结果均表明，良好的治理绩效是转型期中国公民政治信任赖以形成的主要根源，而且经济增长的合法性效应已逐渐被公共产品（民生福利和纯公共产品）赶上并超越，后者逐渐成为生产政治信任的新源泉。一方面，个体层面公民对政府在经济增长、民生福利、纯公共产品方面治理绩效的回顾性和前瞻性积极评价都显著地促进着政治信任的提高，且其影响远大于人口学特征、社会经济地位等控制变量。更为重要的是，我们发现中国公民在表达政治信任时非常务实，更多地基于对政府过往表现的满意度而不是对未来的信心。纯公共产品总体上对政治信任的影响最大，其次是经济增长和民生福利，这反映出中国政府治理的当前实践问题，即经济增长成就得到了公众的普遍认可，但公共安全、社会治安和法治建设等纯公共产品供给和教育、医疗、社保和就业等民生福利事业发展则相对落后。另一方面，县级政府的客观治理绩效与政治信任之间存在紧密联系。本文只考察了县级政府客观治理绩效的影响，不能简单推广至其他政府层级。基于县级单位的分析发现，县人均福利支出对县平均政治信任有促进作用，失业率、基尼系数的增长都引起政治信任的大幅下降，而人均 GDP 则不仅无助于政治信任的提高，反而与其负相关。经济增长的客观绩效已无助于政治信任的维持，而公共产品方面的治理绩效（如降低失业率、基尼系数和提高人均福利支出等）更有助于塑造政治信任。这与何增科、海贝勒（王海）等在城市社区的发现比较一致，建立有效的社会保障而不是选举和公民参与构成了当前政治合法性的主要来源（何增科、王海等，2007）。

参考文献

郭志刚，2004："分析单位、分层结构和分层模型"，《北京大学社会学学刊》，北京：北京大学出版社。

何增科、王海、舒耕德，2007："中国地方治理改革、政治参与与政治合法性初探"，《经济社会体制比较》，2007，4。

胡荣，2007："农民上访与政治信任的流失"，《社会学研究》，2007，3。

胡荣、胡康、温莹莹，2011："社会资本、政府绩效与城市居民对政府的信任"，《社会学研究》，2011，1。

马得勇，2007："政治信任及其起源——对亚洲八个国家和地区的比较研究"，《经济社会体制比较》，2007，5。

［美］Stephen W. Raudenbush and Anthony S. Bryk，2007：《分层线性模型：应用于数据分析方法》，郭志刚译，北京：社会科学文献出版社。

Almond, G. A and Verba S. , 1963. *The Civic Culture：Political Attitudes and Democracy in Five Nations.* Princeton, NJ：Princeton University Press.

Burns, John P. , 2003. "Governance and Public Sector Reform in the People's Republic of China." In Anthony B. L. Cheung and Ian Scott, eds. , *Governance and Public Sector Reform in the Asia Pacific：Paradigm Shifts or Business as Usual?* London：Routledge Curzon.

Braithwaite, Valerie A. and Margaret Levi, eds. , 1998. Trust and Governance. New York：Russel Sage Foundation.

Citrin, Jack, 1974. "Comment：The Political Relevance of Trust in Government." *American Political Science Review.* 68（3）：973 – 88.

Clarke, Harold D. and Marianne C. Stewart, 1995. "Economic Evaluations, Prime Ministerial Approval and Governing Party Support：Rival Models Reconsidered." *British Journal of Political Science.* 25（2）：145 – 70.

Conover, Pamela Johnston and Donald D. Searing, 2002. "Expanding the Envelope: Citizenship, Contextual Methodologies, and Comparative Political Psychology." In James H. Kuklinski, ed., *Thinking About Political Psychology*. Cambridge: Cambridge University Press.

Criado, H. and Herreros, F., 2007. "Political Support Taking into Account the Institutional Context." *Comparative Political Studies*. 40 (12): 1511 – 1532.

Easton, D., 1965. *A Systems Analysis of Political Life*. New York: John Wiley and Sons.

——1975. "A Reassessment of the Concept of Political Support." *British Journal of Political Science*. 5 (4): 435 – 57.

Gu, Edward and David Kelly, 2007. "Balancing Economic and Social Development: China's New Policy Initiatives for Combating Social Injustice." In Samir Radwan and Manuel Riesco, eds., *The Changing Role of the State*. Cairo: The Economic Research Forum.

Hetherington, M. J., 1998. "The Political Relevance of Political Trust." *American Political Science Review*. 92 (4): 791 – 808.

Hetherington, M. J., 2005. *Why Trust Matters. Declining Political Trust and the Demise of American Liberalism*. Princeton, NJ: Princeton University Press.

Hsieh, John, Fuh-Sheng, Lacy, Dean and Niou, Emerson M. S., 1998. "Retrospective and Prospective Voting in a One-party-dominant Democracy: Taiwan's 1996 Presidential Election." *Public Choice*. 97 (3): 383 – 99.

Ingerhart, R., 1997. "Postmateralist Values and The Erosion of Institutional Authority." In Joseph S. Nye, Philip Zelikow, and David C. King, eds., *Why People Don't Trust Government*. London, England, Cambridge, Massachusetts: Harvard University Press.

Lane, R E., 1959. *Political Life*. New York: Free Press.

Lawrence, R. Z., 1997. "Is It Really the Economy, Stupid?" In Joseph S. Nye, Philip Zelikow, and David C. King, eds., *Why People Don't Trust Government*. London, England; Cambridge, Massachusetts: Harvard University Press.

Li, Lianjiang, 2004. "Political Trust in Rural China." *Modern China*. 30 (2): 228 – 58.

Listhaug, O., 1995. "The Dynamics of Trust in Politicians." In Klingemann, H. D. and Fuchs, D. Eds. *Citizens and the State*. New York, NY: Oxford University Press.

Mason, David S. and James R. Kluegel, 2000. "Introduction: Public Opinion and Political Change in the Postcommunist States." In David S. Mason et al., eds., *Marketing Democra-*

cy: *Changing Opinion about Inequality and Politics in East Central Europe*. Lanham, Boulder, New York, Oxford: Rowman & Littlefield Publishers.

Miller, A. and O. Listhaug., 1999. "Political Performance and Institutional Trust." In Pippa Norris, ed., *Critical Citizens*. Oxford, UK: Oxford University Press.

Mishler, W. and R. Rose., 2001. "What are the Origins of Political Trust? Testing Institutional and Cultural Theories in Post-communist Societies." *Comparative Political Studies*. 34 (1): 30 – 62.

Newton, K., 2001. "Trust, Social Capital, Civil Society and Democracy." *International Political Science Review*. 22 (2): 201 – 214.

Nye, Joseph S., Philip Zelikow, and David C. King, eds., 1997. *Why People Don't Trust Government*. London, England; Cambridge, Massachusetts: Harvard University Press.

Plasser, Fritz and Peter Ulram., 1996. "Measuring Political Culture in East Central Europe: Political Trustand Support." In Fritz Plasser and Andreas Pribersky, eds., *Political Culture in East Central Europe*. Aldershot: Avebury.

Putnam, R. D., 1995. "Tuning In, Tuning Out: The Strange Disappearance of Social Capital in America." *Political Science and Politics*. 28 (4): 664 – 83.

Raudenbush, S. W. and Bryk, A. S., 2002. *Hierarchical Linear Models: Applications and Data Analysis Methods*. Vol. 1. Sage.

Shi, Tianjian, 2001. "Cultural Values and Political Trust: A Comparison of the People's Republic of China and Taiwan." *Comparative Politics*. 33 (4): 401 – 19.

Stoneman, Paul, 2008. *This Thing Called Trust: Civic Society in Britain*. Palgrave Macmillan.

Wang, Zhengxu, 2005. "Before the Emergence of Critical Citizens: Economic Development and Political Trust in China." *International Review of Sociology*. 15 (1): 155 – 71.

Yang, Peihong, 2007. "Government Behavior and Trust: The Case of China." *Cato Journal*. 27 (3): 359 – 72.

政府绩效考核、地方干部行为与地方发展[*]

［德］托马斯·海贝勒　　［德］雷内·特拉培尔　著　　王　哲　译^{**}

一、引言

　　本项研究考察的是中国政府绩效考核对县乡领导干部行为产生的影响。在中国大陆广大农村地区实现现代化的过程中，县乡领导干部发挥着重要的作用（Schubert and Ahlers，2011：19 – 46；Ahlers and Schubert，2009：35 – 62）。有关报告显示，这些政府官员的活动兼具两面性：一方面，他们存在一些腐败和违规行为；另一方面，他们充当了地方发展的代理人。很多学者认为，干部责任制中的考核体系对考察地方干部的表现至关重要，并因此而关系到政治运行的结果（Edin，2003：35 – 52；Whiting，2001；Gao，2009：21 – 31；Gong，2009：33 – 41）。

---

　　* 本文原载于《经济社会体制比较》，2012 年第 3 期。本项课题"社会主义新农村建设：作为战略性群体的县乡干部"受到德国研究基金会的资助，它的研究建立在2007—2011 年间我们在 8 个省14 个县（市）进行实地调研的基础上。调研地点包括福建（厦门）、贵州（湄潭县、息烽县）、江苏（江阴市）、江西（南丰）、辽宁（营口）、陕西（石泉）、山东（莱西、青岛、寿光）、四川（安居、遂宁）、新疆（石河子）、浙江（德清）。

　　** ［德］托马斯·海贝勒（Thomas Heberer），德国杜伊斯堡-埃森大学东亚研究院教授，其在部分中文著述中以"王海"署名；［德］雷内·特拉培尔（René Trappel），德国杜伊斯堡-埃森大学东亚研究院研究员。王哲，东北财经大学国际商务外语学院副教授。

我们把"考核"界定为外部专家对某一组织或个人的业绩进行的事后评估（Frey，2007：207）。当代中国的政策评估受到了新自由主义方法（如新公共管理运动）、封建社会的政治传统和社会主义干部监督方法的综合影响（Kipnis，2008：275 – 89）。在西方政治体制中，考核的目的是"回答政策制定、方案设计、项目改进、效率和效能测试过程中出现的问题"（Rossi and Berk，1981：287）。因此，考核相当于一项"政治技术"（Shore and Wright，2000：61）。同时，考核也反映出上级政府对下级政府缺乏信任。考核是制度的有机组成部分。通过考核这种方式，上级政府把政策执行的责任移交给下级政府。尤其在新公共管理运动的背景下，上级政府使用考核这种办法，可以使自己摆脱政策执行的事务性工作，而专事对考核结果的监督。尽管上级政府并非时刻亲临现场，但他们可以使用考核这种"远程"工具来加大对下级领导干部的监管力度。拉图、罗斯和克普尼斯（Latour，Rose，and Kipnis）所称的"远程管理"，是指对考核对象进行间接控制。这种做法的关键是"通过塑造他们的灵魂来培养可控的、勤勉的且有责任感的人，或者让那些不可控的、懒惰的且没有责任感的人加强自律"（Latour，1987：219 – 32；Rose，1999：49 – 50；Kipnis，2008：279）。

上述新公共管理方法与中国政治考核之间存在的主要差异是"灵魂塑造"的程度和方向。与新公共管理方法不同，对后者而言，"好干部"的道德形象比理性行为和有效率的行为更重要。在中国政府看来，考核的目的是对考核对象的表现（如行为和业绩）进行校正，使之更接近社会主义国家的政治传统（Bakken，2000：243）。对地方领导干部进行考核的标准包括：德（道德素质）、能（能力/技能）、勤（工作态度/勤奋敬业）、绩（成绩）和廉（自律/廉洁）。考核的重心不是处分，也不是对领导干部的表现进行监督，而是要转变他们的态度和行为。故此，权力和政治的内部化是至关重要的。中国正是以这种方式来影响领导干部，使他们自觉参与到国家的各项规划中来，并视之为自己的政绩。

在当前的同类研究中，有关中国政府绩效考核的分析范围比较狭窄，主要集中在短期的有效控制上。从委托—代理的视角来看，考核应该让上级政府树立对下级政府的信任感。地方官员的腐败行为屡见报端，更是验证了这种说法。这里的逻辑是：只有地方干部的行为符合上级的要求，大家才能相安无事。因此，对中央政府来说，要想规范地方领导干部的行为，促使其改善农村的生活条件，考核已成为必要的手段。

本文的研究主体是县和乡镇。县是中国政府管理层级的一部分。与上级政府相比，县级政府享有一定的自主权，可以因地制宜地制定政策。地方领导干部有权制定本县的优先政策，并且可以根据地方特点和自己的偏好对这些优先政策进行调整。县乡干部负责具体的管理工作（如政策执行）。这会影响到县级政府与上级政府之间的目标责任书的签订，并直接影响到上级政府对县级政府绩效考核的内容。

根据理性管理的逻辑，从中央政府到乡镇政府这种自上而下的考核方法可以对地方干部行为进行统一的考核。党和国家试图把地方干部解决问题的各项措施均纳入中央政府的议程，比如关注国家的整体利益和如何使绩效考核标准化。然而，众多研究表明，这些考核未必能让地方干部的行动整齐划一（Smith，2010：601－18），而是出现了相当矛盾的结果。

我们的假设如下：

第一，考核：（1）是监督地方领导干部的多维工具；（2）是各级政府进行政治沟通的双向渠道；（3）是管理干部行为的手段；（4）是产生激励机制的手段。这里所说的政治沟通是指各级地方政府部门之间进行的具体政治议程的沟通。例如，市、省或者中央政府利用考核机制，在众多的政策目标中优先确定具体的目标，而地方领导干部则利用考核的机会展示自己的业绩，希望得到提拔。考核成为这些干部"印象管理"的一个有机组成部分，尤其是通过一定的策略和技巧来塑造自己在社会交往中的形象和他人对自己的印象（Snyder，1981：112）。由于印象管理的目的是努力形成正面的形象，它因此也成为地方政府与上级政府沟通过程的一部分。

第二，不同的地方干部对考核的反应是不同的。我们认为，有望被提拔的干部和无望被提拔的干部对考核的反应是不同的。此外，考核凸显了群体性动力（group dynamic）的重要性。从我们的实地考察和所收集的文献资料来看，群体性动力似乎明显地影响到了考核过程的每一个步骤，包括最终评价，而最终评价不仅是技术性的，而且是政治性的。

由于我们的研究只是考察绩效考核与考核对象的行为反应之间的关系，所以没有必要对政策执行作全面的分析，也不探究考核与政策结果之间的联系。这样做的好处如下：

研究政策执行的学者认为，执行结果与它对行为人的激励有关（Geddes，1994；Scharpf，2000）。在通常情况下，对理性的利己主义者进行变量分析表明，政策执行或者政策抵制均符合执行人的最大利益（Whiting，2004：101－19）。考核是把市场化激励机制引入政治过程的手段，理性的行为人应该给予正确的回应（Heimer，2006：122－38）。考核的激励问题在于，政治体制内部或外部的其他制度可能会对激励结构产生相反的影响。例如，马克·格兰诺维特（Mark Granovetter）认为，行为人嵌在社会网络之中，他们的决定和兴趣取决于其人际关系（Granovetter，1985：481－510）。人际关系网络的建立是中国地方干部最突出的特点，而政策执行不力往往与这些网络有关（Smith，2010：601－18；Zhao，2007：36－44；Zhou，2010：47－78）。

行政系统的影响因素包括该地区的经济状况。在很多情况下，公共服务的提供状况、地方开发项目的完成情况取决于能否找到新的资金来源以及使用这些资金的能力。在黄佩华、赵树凯和钟杨等看来，农村的经济状况不容乐观，而某个县的政策执行空间和该县的资金状况有一定的关系（Wong，2009：929－52；Zhao，2003：36－44；Zhong，2003）。

此外，还有一个重要的因素，即不同的政策领域之间存在着差异。多数研究针对的是政策评估对政策执行的影响，这使这些研究局限在某一个特定的政策领域。然而，正如欧博文和李连江在十多年前已经提出的那样，应该开发出一种能够涵盖所有政策领域的更为全面的方法（O'Brien and Li，1999：170）。即便在同一个县，各种考核目标的复杂性和对这些目标进行测量的准确性也千差万别。于是，绩效考核不仅会影响到某个具体政策的执行，而且会导致各项政策的重新排序。

综上所述，把考核体系与当地发展联系起来显然是非常困难的，有时可能是无法做到的。故此，政策执行的结果问题不是本文讨论的重点，而政府绩效考核对地方干部行为的影响将会是我们研究的中心内容。

二、中国地方政府绩效考核现状

下面我们介绍一下中国农村地区推行的各种政策评估实践。首先简要论述三种考核办法：目标考核、领导干部考评及一票否决。

（一）制度背景

1. 考核办法一：目标考核

根据干部责任制的规定，村、乡镇和县级机关在年初都要制定本年要完成的工作任务并向上级报批，然后，上级政府把所有的目标任务都列入与下级部门签署的责任书中。上级部门年终要对重要政策的实施进展进行考核：市政府对所辖的县政府进行考核，县政府考核乡镇政府，乡镇政府对村级组织进行考核。同时，上级机关的组织部门为下级机关制定考核准则。各级党委组织部给每项任务的完成情况打分。有两种打分等次：（1）优秀、合格和不合格；（2）优秀、称职、基本称职和不称职。

2008 年，莱西市对所辖乡镇在如下 19 个方面的进展进行了目标考核。

莱西市目标考核（2008）的 19 项内容①：

1. 地方财政收入；2. 规模以上工业企业；3. 外贸出口；4. 农民人均纯收入；5. 地方生产总值；6. 固定资产投资；7. 重点工程（如党建、统战、村民自治和社区建设，老干部工作、工会、共青团、妇联和工商联工作）；8. 莱西平安工程；9. 党风廉政建设；10. 宣传思想、文化、精神文明创建；11. 民生（劳动保障、低保、新农合）；12. 国土资源与环境保护；13. 为民服务代理工作；14. 现代农业与新农村建设；15. 招商引资、社会事业（包括政府负责的民政事务、卫生、残疾人士救助、计生、老龄人口帮扶、体育和教育）；16. 地方人大和地方政协工作；17. 工作创新；18. 日常生活；19. 民意调查。

---

① 莱西市工作目标管理考核领导小组办公室文件：《关于印发 2008 年度镇（街道）目标绩效考核实施细则的通知》（莱西，2008）。

给每项考核内容打分看起来相当复杂。上面的每项内容满分为 100 分，而每项下面又另设一些项目。青岛市（莱西所在的地级市）大约设置了 1000 个考核项目。

在年终考核的百分制里，农业现代化和新农村建设是 8 分，分值比重占第三位。分值比重占前两位的分别是地方财政收入（15 分）和规模以上工业企业（9 分）。80 分被视为"达标"，"达标"是最低标准。如果上面 19 项的考核结果大都为"一般"，那么这个县及其领导干部均不能被评为"优秀"，这也就意味着，县领导不能或不应该得到提拔。

2. 考核办法二：领导干部考评

除目标考核之外，县委组织部还要对领导班子及其他主要官员（如政府各机关、乡镇政府和村的主要领导）的个人表现进行考核。考核的目的是看主要领导的行为是否符合上级制定的政策要求（德）；他是否表现出合格的执行能力和协调能力（能）；他是否积极解决问题（勤）；与其他单位相比，他是否圆满地完成了自己负责的机关、乡镇或村的目标任务（绩）；他是否廉洁自律（廉）。除个人考核标准之外，领导班子的行为也要接受考察，评判的标准是这个领导集体是否通力协作，步调是否一致，行动是否创新。

根据规定，县级主要干部（书记、副书记，以及党委常委会成员）接受考核时必须召开由所有政府机关全体人员参加的大会，同时上级政府的代表（一般是省级政府的代表）也要出席。对乡镇领导进行考核时，村支部书记和村长也要参加。对领导个人和领导班子的考核都是无记名的。只有连续两次以上被评为"优秀"的干部才能得到提拔。需要注意的是，个人表现和组织绩效并不是综合评价某个干部的唯一标准。

3. 考核办法三："一票否决"

"一票否决"在考核过程中起到了非常重要的作用，尤其对定期必须圆满完成的"硬"指标至关重要。也就是说，如果某项硬指标没有完成，地方干部的所有其他成绩都等于零，县或乡镇领导也因此不能被评为"先进"，县和乡镇党委书记也就不可能得到晋升。任务（如计划生育、维护社会稳定）是由中央或各省、市下达的，也可以根据当地需要和优先发展领域（如环境保护、节约能源、农村发展等）由县下达。

我们在实地考察中发现，各地的硬指标既有相同之处，也存在巨大差异。例如，2009 年，"绿色农业示范县"寿光市（县级市）的"一票否决"指标包括环保、社会稳定和计划生育，而遂宁市和莱西市的"一票否决"指标则包括避免重大生产事故、维护社会稳定（无大规模抗议和骚乱，无向上级政府如省或中央上访的现象）、计划生育、改善农村地区的基础设施。遂宁市安居区规定，必须完成安全生产任务，尤其要避免发生重大工业事故，维护社会稳定（主要指避免出现集体上访的现象），必须完成计划生育指标，执行农村环境保护政策（包括环境保护及卫生保健问题）。遂宁市是新农村建设和农村养老保险计划实施的试点城市，农村养老保险的实施状况也进入了"一票否决"之中。此外，新型农村合作医疗制度以及一些农村环保政策（特别是垃圾处理）都在硬指标之列。

上述考核办法在中国地方政治体制中发挥着重要的作用。下面我们分析它们的职能。

（二）干部考核的职能

中央制定的干部考核体系旨在给地方干部设置规则和目标，并成为公职人员职业管理的重要环节，以促进其道德水平的提高。玛丽亚·艾丁（Maria Edin）认为，地方干部责任制和考核体系的设计目的是为了提高政府效率，加大对下属单位的控制力度，有效协调中央与地方之间的关系（Edin, 2003：36）。我们认为，只强调考核是建立高效、理性的政府机构的政治手段并没有完全揭示考核的真正价值。因此，我们从如下四种不同的角度来看待考核的职能。

第一，考核成为行政系统的主要工具，它界定了下级（如县和/或乡镇）政府行动的一般框架。

第二，考核是一种沟通的手段，它有助于把上级政府的政策目标和期望传达给地方政府（如县政府）。上级政府通过对政策执行情况的考核，能够了解到政策执行过程中出现的问题及其原因，从而有助于提高政策制定的水平。从这个意义上讲，考核过程起到了反馈的作用。与此同时，地方领导干部利用接受考核的机会把政绩传递出去，让上级领导"看见"（印象管理）。所以，考核体系在各级政府如县、乡镇或村之间以及志在升迁的干部之间引发了竞争。

第三，考核可以发挥激励和监督机制的作用。职务晋升是地方干部追求正面评价的主要动力。对政策执行情况的考核在干部提拔和职务晋升中非常重要，一般来说，仅凭"关系"是不够的。考核规则要求，只有那些连续被评为"优秀"的领导干部才能获得提拔。

此外，还有道德激励机制（社会地位、声望等）和强制激励机制（领导干部屡次考核不是"优秀"或"合格"等次将会离职或不能获得晋升），而希望得到晋升、避免突然失去官位是其主要的动力。因此，考核体系也可以被视为"压力体制"。在与中国地方领导干部和中国学者进行访谈时，我们发现，考核给地方领导干部带来了巨大的压力，因为考核是定期进行的，并可能会影响到职务晋升，所以，干部们普遍具有不安全感。①

第四，考核是使社会政治控制内部化的手段，同时也是让地方干部遵守国家传统价值观的约束手段。有了考核体系，上级政府可以塑造地方干部的价值观。

这一点再次让我们注意到新公共管理方法所界定的考核体系与中国的考核体系之间存在着差异，前者强调的是理性的官僚主义因素，它允许分权化控制机制的存在，而后者超出了这个范畴，它把传统的政治文化要素（如与公务员行为相关的道德理想）结合起来。这种差异更为明显地体现在管理部门对待考核结果不佳的方式上，中国的考核体系不对考核对象进行处分，而是让上级机关通过谈话的方式督促地方主要领导干部调整行为，以便完成目

---

① 许多县和乡镇干部都谈到了这一点。例如，小寨坝镇访谈记录，2010 年 9 月 4 日。

标任务，"从而为建立有秩序的模范政府作出贡献"（Shore and Wright，2000：62）。一般来说，那些谈话内容是不公开的，但至少从理论上讲，可以公开那些不至于让谈话对象丢"面子"的谈话内容。只有在行为不良的极端情况下（通常指引起地方或国家媒体注意的事件），"一票否决"才能起到惩罚的作用。可见，考核的目的是让领导干部把上级政府的政治目标内部化，从而让他们监督自己的行为。

相应地，我们必须在某一给定的地区对参与考核的不同政策领域和严格程度进行区分。中央考核项目中的考核规则越来越严格，这个因素也必须考虑在内。具体体现为如下几点：

首先，对于不同的政策来说，考核形式会有所不同。如前所述，中央设定的目标可分为必须完成的"硬"指标和应该完成的"软"指标，以及定期优先完成的指标（一票否决）。上级机关对硬指标和一票否决的执行情况会进行相当严格的检查。而对于软指标，则不作硬性规定，即便某些政策领域的考核结果不佳，也不会给领导干部的职务晋升造成太大的影响。不过，至少从原则上讲，考核人会考查县级政府是否执行了某些政策内容。对每个政策领域都要打分，最后的考评总分将决定领导干部是优秀、合格，还是不合格。如上所述，只有那些连续两次以上考评成绩为"优秀"的干部才有望得到提拔。

其次，考核的严格程度取决于顶头上司的重视程度、与上级政府的关系以及从市到县的资金流。例如，青岛市把大量资金下拨给下属的各县，并严格控制这些资金的使用情况；而遵义市给湄潭县的拨款则不多，因而它对拨款的使用情况的控制就没有那么严格。

再次，中央和各省正加大气力完善考核过程，让上级机关更直接地参与考核。我们在 2007 年进行实地调研时，环保政策领域尚不存在真正的考核。由于环保部门人手不足，很多地方的考核主要由相关部门或官员汇报。而2008—2010 年的实地调研则碰到了完全不同的状况，即考核采取了听取地方领导汇报、对群众进行问卷调查以及实地调查等方式。①

---

① 遂宁市安居区常理乡访谈记录，2009 年 9 月 4 日。

（三）干部考核在制度上的缺陷

毫无疑问，上述所有考核程序在控制政策执行情况和地方干部行为方面均存在不足之处。这些不足在某种程度上与如下四个制度上的缺陷有关：强调对复杂的结果进行量化处理；对调查结果的解释富有弹性；一票否决的标准虚高；与当地百姓的需求脱节。除了这些制度上的缺陷之外，我们还将在后文探讨干部行为及其对考核的有效性和准确性的潜在影响。

显然，提交给上级部门的考核报告只注重量化数据。到目前为止，为了实现某一既定目标而投入的资金和其他资源的使用状况及其长期影响尚未纳入考核的范围。这种做法也许是必要的。安德鲁·克普尼斯在一篇关于审计文化的文章中提到了权力的运作，他认为，"为了让审计过程高效、易懂、看似可靠，必须要有一定的信息量，而信息往往是数字化的，并且是根据样本或简单调查而非详尽调查得到的"（Kipnis，2008：281 - 82）。因此，从复杂的数据中得出有关农村人口的具体情况，这一点不能让人信服。

上文已经提到，考核体系在考核结果的政治解释上存在着一定的灵活性。高洁认为，这是由于上级部门知道自己所下达的目标任务是含糊的，甚至有时是自相矛盾的。如果地方干部努力去实现某一目标，那注定是有问题的，因为有些因素超出了他们的可控范围，他们的努力也只能付诸东流。因此，上级领导为了不打消地方干部的积极性，一般会谨慎动用处罚手段（Gao，2010：70 - 71）。

以莱西市为例，它用后备村替代考核可能不达标的村。2008 年，莱西市向青岛市报告说，所有 301 个被考核的村都完成了改善农村基础设施的目标，其实，其中有 3 个不达标的村被事先更换了（Heberer and Senz，2011：77 - 112）。

很多考核标准目前正处于讨论阶段。到目前为止，对所有干部来说，最重要的似乎只有硬指标的考核结果（一些干部和指标除外）。这些硬指标包括经济发展、社会稳定、地方收入水平的提高和计划生育。上级机关对这些指

标的考核仍然是很严格的。而对于软指标的考核来说，虽然各级政府都积极
贯彻中央的规定，但在实际考核中，制度和法律手段往往是缺位的。中国学
者批评道，考核标准模糊、片面、不连续，很难操作，不能适应具体地区的
具体情况。过分强调硬指标的做法使得短期目标虽然实现了，但长期目标却
被忽视了。

　　由于"一票否决"不时提出新的政策重点，而且考核指标似乎越来越多，
故此，它遭到了很多地方干部、中国学者甚至中央机关的质疑。地方领导干
部为了追求较好的考核结果，有时会对报告内容和数据进行调整。① 四川省委
党校的一位学者把"一票否决"描述为软指标和硬指标的结合体。他说："也
许有人不认同这种观点。但由于目前我们的很多东西并非明文规定，它的相
关性也时刻在警示地方干部，所以，'一票否决'也包括软指标，而这种关联
性让地方领导不敢懈怠。以计划生育为例，上级部门的检查人员很难搞清事
实，或者说，他们有时候不想弄清真相。如果出了问题，比如，媒体披露了
问题或上级发现了问题，'一票否决'就会发挥作用，并且会给地方干部造成
不好的影响。这时，计划生育就变成了一项硬指标。"②

　　只有在行为不端的极端情况下（比如受到了其他地方媒体或国家媒体的
关注），考核数据或"一票否决"才能转化为惩罚机制。因此，考核的目的更
多的是为了使地方干部对上级政府的政治目标进行内部化，从而严格约束自
己的行为。

　　最后，当前的考核体系在很大程度上脱离了群众需求，考核指标和考核
方法的制定均没有农村居民的真正参与，考核结果也没有很好地反映群众的
意见。可以说，干部"不怕群众不满，就怕领导翻脸"。

---

　　① 　王勉、郭奔胜：《变异了的"一票否决"》，http：//news. xinhuanet. com/legal /2009 - 06/
09/content _ 11512216. htm，2010 年 8 月 9 日登录。《"一票否决"值得商榷》，http：//www. people.
com. cn /GB/32306/33232/4086234. html，2010 年 8 月 9 日登录。与郁建兴教授访谈记录，2010 年 8
月 6 日。肖遥、韩立群、卞民德：《"一票否决"请别滥用》，《人民日报》2011 年 9 月 21 日。肖遥、
韩立群：《有些"一票否决"该退出了》，《人民日报》2011 年 9 月 26 日。吴齐强：《清理"一票否
决"之后》，《人民日报》2011 年 10 月 12 日。

　　② 　四川省委党校专家访谈记录，2009 年 9 月 11 日。

三、考核程序的复杂性

据报道，现行考核体系在有效地监管干部行为方面存在诸多缺陷。政策改革者也注意到了这个问题。当前出台的改革措施在一定程度上体现了改革者对考核及其应该发挥的功能的正确认识。在我们看来，这与中国的政治文化有关，比如道德诉求和对模范的宣传可以弥补考核在技术操作上的不足。在对考核体系进行微调的过程中，有三种结构性改革值得关注。

第一，地方领导干部的"德"。当前，地方领导干部在业余时间的行为也列入了考核范围（如官员是否善待父母、配偶和子女，是否包养"二奶"，是否吸毒、嫖娼和赌博等）。地方政府试图通过这个目标塑造领导干部的行为模式。① 例如，浙江省的某个城市作出决定，在领导干部被提拔之前，需要就其行为征求邻居的意见。② 湖南省的某个县明确规定，在领导干部被提拔之后，他或他的家庭成员必须签署《家庭道德鉴定书》。③ 江苏省的某个县聘请专门人士着便装对主要官员在业余时间的行为进行监督。不过，这些做法在地方干部和群众之中褒贬不一。④

事实上，私下的不端行为与公开的不良行为是相关的，下面的这段话具有代表性："近年来，大多数的腐败官员都有婚外情。"⑤ 山东省淄博市把"德"分为"政治品德"、"职业道德"、"社会公德"和"家庭美德"。为了考量干部的道德水平，该市又把"德"细分成各种不同的道德类型。在这个地方，"德"甚至成为干部考核的"硬性"标准。⑥

---

① 《人民日报》2010 年 7 月 30 日。

② 袁亚平：《票决干部：党代表旁听监督》，《人民日报》2010 年 7 月 20 日。

③ 《人民日报》2010 年 9 月 8 日。

④ 《今日早报》2009 年 3 月 6 日；2011 年 9 月 1 日。

⑤ 陈晓舒、徐凯：《高官贪腐录》，《财经》2010 年第 22 期，第 57 页。 "Moral Standards for Officials' Personal Life Necessary", *China Daily*, 30 July 2010.

⑥ 周茂松：《健全干部"四德"考察评价体系》，《人民日报》2010 年 6 月 23 日。

"德"已被正式确定为最重要的考核内容。① 在与干部行为相关的三个核心问题（德、科学发展观和重视基层）中，"德"排在第一位。② 中央要求，干部的"德"应该越来越多地接受地方群众的直接考核。这意味着，中央开始从对政治经济任务执行情况的监管，转变为对干部道德行为的监管。因此，党和国家不仅在约束地方干部的不良行为和腐败行为，也在努力提高其干部在公共领域和私人领域的"素质"，这种转变触及了领导干部的精神世界。③

第二，要求公众更多地参与公共政策评估。从 2006 年开始，中央一直在强调群众参与考核过程的重要性，而群众满意度在考核过程中发挥的作用也越来越大（至少在文件上是如此）。相关规章制度的制定也要求群众的参与。不过，这些规章制度的规定很笼统，地方政府有不同的解读。④

例如，广东省把群众满意度视为考核的内容。群众可以对主要领导干部进行评价，考评的选项为"满意"、"比较满意"或"不满意"。如果超过 90% 的人认为满意或比较满意，那么这位干部就会被评为"优秀"；相反，如果超过 1/3 的人认为"不满意"，那么这位官员只能被评为"基本称职"；倘若超过 50% 的人表示"不满意"，那么这位官员就被评为"不称职"。在广东省，只关注经济数字的"GDP 崇拜"和"数字干部"受到了批评。⑤ 其他几个省也已采取了这种评价模式，例如，在云南省，公众满意度在 2009 年度的考评中已经成为重要的考核标准之一，其中业绩占考核结果的 60%，民主测评占 20%，民意调查占 20%，而且参加民意调查的人不得少于 100 人。全国各地都在尝试各种民调方法。⑥ 江苏省江阴市政府委托北京的一家调查机构每年对"幸福江阴建设"进行市民满意度调查。⑦ 河北省邯郸市对统计局进行的民意调查出台了严格的规定，至少需要 500 人（100 名公务人员、200 名

---

① 《人民日报》2011 年 5 月 5 日；2011 年 5 月 25 日；2011 年 9 月 8 日；2011 年 9 月 21 日。

② 邓圩：《"德"不合格，绝不提拔》，《人民日报》2011 年 5 月 25 日。

③ 例如《人民日报》2010 年 9 月 7 日的一篇文章强调以事实为根据，阻止地方领导信鬼神。

④ 《人民日报》2009 年 11 月 3 日；2010 年 6 月 2 日。

⑤ 朱佩娴、叶帆：《建立促进科学发展的干部考核评价机制》，《人民日报》2009 年 11 月 23 日。

⑥ 《人民日报》2009 年 12 月 24 日；2010 年 6 月 26 日。

⑦ 江阴市统计局访谈记录，2011 年 8 月 16 日。

普通群众、100 名困难群众和 100 名新阶层代表）参加测评，这种考核形式突出了群众参与性。① 内蒙古扎兰屯市规定，60% 的"民主测评"应该由"民意"组成。②

与上述省份稍有不同，四川省采取的方式是由省级考核小组直接对市委书记和县委书记进行考核。搞"突然考核"或让百姓参与考核能够比较准确地了解当地的状况。不过，如上所述，只有为数不多的领导干部因为考核而被免职，因为考核的主要目的只是想对领导干部进行教育，并通过激励机制让他们积极执行上级的政策，服从上级的规定。

我们在实地调研中发现，让公众参与考评的趋势已经显现。我们调研的每个县（或市）都告诉我们，考核已经吸收了群众的参与。不过，在多数地方，所谓的群众代表其实是党政机关工作人员、地方人大代表和政协委员，尤其是地方干部的亲信或其下属。2008 年，莱西市对乡镇干部进行了群众"民主测评"，参加的群众包括如下群体：普通的乡镇干部、各乡镇的部门领导、各村支书和村长。③ 正常情况下，乡镇领导和乡镇部门干部的会议是内部会议，"群众"是不能参加的，即便有群众参加，也往往要召开一次预备会，乡镇党委书记和地方组织部门的领导要在预备会上决定正式会议上对干部的考评方式。④

近年来，《人民日报》一直在质疑考核存在的问题。有报道认为，尽管国家出台了很多规定，但考核大都仍然在内部进行，参加者大部分是领导干部。⑤ 同时，中央授权国家统计局在全国组建由一定比例的"群众"参与的调查网络，以便了解群众满意度情况。⑥

第三，以 GDP 增长为硬指标的改革存在一些问题。2010 年，四川省决定

---

① 《人民日报》2009 年 7 月 8 日。

② 同上。

③ 莱西市访谈记录，2009 年 8 月 24 日。

④ 在北京与赵树凯的访谈记录，2009 年 9 月 15 日。

⑤ 董宏君：《改革考核机制，促进科学发展》，《人民日报》2009 年 11 月 3 日。

⑥ 同上。

12 个指标（包括 GDP 增长、工业结构、预算和税收、增加城乡收入等）中的
8 个指标在年初不具体下达，年终根据全省平均水平综合考核；只对全社会固
定资产投资额、引进到位国内省外资金及外商投资实际到位额、单位生产总
值综合能耗下降率、主要污染物总量减排等 4 项指标年度量化下达，年终根
据各地实际完成情况进行考核；此外，它还细化了"一票否决"的 5 个指标，
即计划生育、耕地保有量、安全生产、维护稳定、廉政建设。[①]

　　简言之，党和国家正在努力使考核变得更加透明，并营造一个群众参与
考核的氛围。同时，考核对地方领导干部的士气也起到了较大的影响作用。

四、考核、考核对象与激励机制

　　我们在上一部分介绍了中国农村地区的考核情况，下面我们研究考核对
象以及他们对考核的反应。我们分三部分来讨论：第一部分考查干部个人的
职业生涯；第二部分探讨干部对考核的反应；第三部分探讨考核所激发的群体
性动力。

（一）干部的个人职业生涯与考核

　　钟杨认为，职务晋升是干部的主要动力，我们赞同他的观点。地方干部
升迁能够带来很大的政治和物质利益（Zhong，2003：99 - 105）。不过，上级
领导的赏识、社会地位、声望、社会关系也极大地影响着地方干部的行为。
这些非物质激励来自行为人展示自己能力或社会心理因素（如农民出身、生
活阅历、社交能力）的内在动力。

　　根据相关规定，考核对干部提拔或降职应该发挥重要的作用。但是，考

---

　　① 《人民日报》2010 年 9 月 21 日。四川省人民政府《关于印发四川省人民政府市（州）目标管
理办法（试行）的通知》，http://ww.sc.gov.cn/zwgk/zcwj/zfwj/cff/201009/t20100907_1021658.sht-
ml，2011 年 4 月 26 日登录。

核起到激励或震慑干部的作用了吗？为回答这个问题，我们认为应该考虑考核对象的差异。为此，我们可以把干部分成两大类：一类干部志在升迁，因此奋力交上最好的考核答卷；另一类干部升迁的可能性很小，只想保住原职，继续享受这一职务带来的利益。

钟杨对这两类干部的差异作出了解释。根据干部管理条例中有关提拔的规定，即所谓的"四化"（革命化、知识化、年轻化和专业化），他把乡镇干部和县级干部分成有望被提拔的干部和无望被提拔的干部（Zhong，2003：187）。其中，对年龄和受教育程度的规定对于干部的职业生涯影响最大。如果干部超过了一定的年龄或者没有达到所要求的学历，就不能被提拔。根据钟杨的观点，县里的多数干部（除几位主要领导，如县委书记和县长之外）属于无望被提拔的干部，而乡镇里的多数干部属于有望被提拔的干部。

格雷姆·史密斯（Graeme Smith）也对有望被提拔的干部与无望被提拔的干部之间的区别进行了研究。他认为，考核对县委书记和乡镇党委书记的压力特别大，因为"这对他们能否升迁发挥着至关重要的作用"（Smith，2009：49）。其他领导干部也倍感压力，但多数干部只是通过领导干部的活动和他们优先考虑的事情而间接感受到考核带来的压力。

根据樊红敏的观点，要想达到升迁的目的，干部必须具备三大要素：个人素质、政绩和关系（樊红敏，2008：51）。她指出："政绩考核机制是一个县委书记所考虑的重心所在。每一任县委书记有他的为政理念、知识经验、行为方式，背景不完全一样，但是有几点是一样的，上级提拔任用干部的考察指标基本上是一样的，他怎么干好这个县委书记？他第一个考虑的是他的上级，上级对他的考核。"（樊红敏，2008：42）

希望得到提拔的干部之间难免会出现竞争。考核体系对这种竞争行为作了规定。很多领导干部努力地在考核小组和上级部门面前表现得更加"突出"。经验显示，一定要不遗余力地让上级了解自己的业绩。

对无望被提拔的干部来说，遭到降职的风险明显大于受到提拔的风险。不好的考核结果对地方干部来说有多危险呢？钟杨认为，对那些行为不端和业绩不佳的领导干部来说，考核只不过是个小小的威胁。他引述了一项调查结果：在 1995—2000 年所有的腐败案件中，98% 是"因为有人向上级部门提供线索而败露的"，"此项数据清楚地表明，制度性考察和规定对迅速披露和制止官员的不端行为的作用很小"（Zhong，2003：152）。他总结道："在中国，腐败猖獗的主要原因是被抓和受到惩处的风险很小，但收益却很大。"（Zhong，2003：155）

在我们调研的一些县里，当地组织部门告诉我们，为了不破坏官员之间的团结，应尽量不作出免职或降职的处理。① 这些县只处分过几位考核不合格的干部。正如那些组织部部长所解释的那样，考核的主要目的不是处分干部，而是让他们遵守政策和发展要求，认清自己解决问题的能力。② 以湄潭县为例，2009 年仅有两人因为考核不合格而被免职。③ 这似乎支持了约翰·P. 伯恩斯（John P. Burns）和王晓琪得出的结论。他们在调研中发现，99% 的干部都被评为"优秀"或"称职"，因此都有资格获得经济奖励，"全国只有0.3% 的干部被评为'不称职'"（Burns and Wang，2010：73）。我们认为，这种情况表明，在中国的政治文化中，考核不应该被视作一种惩罚的手段。但也有人认为，不应简单地否定考核体系所发挥的控制作用。在对 100 个地方基层干部的调查中，30.5% 的人抱怨考核给他们带来了巨大的压力。④ 我们在实地采访中也发现了同样的现象，尤其是硬指标给地方干部造成了特别大的压力。

如前所述，绩效考核的复杂性，加上媒体和互联网信息的畅通，使得应对考核变成了地方干部的重要任务。在竞争的条件下，地方干部对不合格的考核结果丝毫不敢怠慢。对那些仍有远大抱负的有望被提拔的干部来说更是如此。

此外，用来建设社会主义新农村的专用资金也会让上级政府对考核结果

---

① 湄潭县委组织部访谈记录，2010 年 8 月 30 日。

② 王晓东在一篇文章中强调了解决问题的能力，他认为，考核的压力可以转化为鉴别合格干部的工具。见王晓东：《在化危为机中考察干部》，《人民日报》2009 年 1 月 19 日。

③ 湄潭县委组织部访谈记录，2010 年 8 月 30 日。

④ 《人民日报》2009 年 11 月 26 日。

格外关注（Schuber and Ahlers，2011：32）。例如，青岛市对各县大规模建设农村基础设施的资金使用情况就十分关注。

总之，想在考核中取得好成绩的压力在上述两类干部中是不同的。第一类干部希望用新的政策模式和成绩来博得上级的好感；第二类干部则没有这种压力，他们想要的就是保住现有职位。对硬指标的重视是一个重要的策略。不过，考核的激励机制似乎不足以解释干部的行为。中层干部或职位到达终点的干部好像不会直接受到考核的激励或震慑，但对这些人来说，绩效考核是重要的，因为他们的顶头上司受到了考核的影响，并且会把一些压力传递下来。于是，干部绩效考核引发了地方干部的不同反应。

（二）考核与地方干部的反应

我们把地方干部可能从事的活动分成三种主要的形式：（1）政策试验或政策创新；（2）实施可靠的政策来完成失败风险最小的任务；（3）为获得好的评价而制定对策，但不解决实际问题。这些活动都能带来好看的数据。我们认为，在所有地方，这三种活动形式是交叉存在的，在不同的政策领域，政府可能会同时采取几种不同的活动形式。

在中央看来，地方政府应该积极创新，推出可以推广的、成功的政策试验。[①] 政策试验以追求政治创新的"示范"和"试点"的形式出现（Heilmann，2008：1–30）。示范县可以从中央、省和市政府申请相应的财政补贴。为了成为示范县，地方政府必须执行中央、省和市的规章制度，而市政府将定期考查其示范性及其发展情况。[②] 考核加大了地方干部的压力，促使他们推出类似的政策试验，效仿成功的做法，并由此表明地方及其领导都很"先进"。

---

① 《当代贵州》2010 年第 7 期。《人民日报》2010 年 9 月 1 日。息烽县访谈记录，2010 年 9 月 6 日。

② 《人民日报》2011 年 9 月 6 日。与江阴市某镇副书记访谈记录，2011 年 8 月 15 日。

　　示范模式每年都要接受目标考核，而创建成功的示范模式会对地方干部的社会地位和考核得分产生正面的影响。此外，通过创建示范县，地方干部也可以展示其依据具体规章制度执行政策的能力。一旦某项试验成为示范模式，对其进行成功的复制是非常重要的，而且仿效得越好（甚至超越它），考核得分就越高。因此，通过考核示范县，可以看出地方政府准确执行政策规定的能力，同时也是上级了解某个县未来"路线图"的途径。

　　在中国，很多县、乡镇和村都创建了自己的示范区或试验区。在我们调研的市和县里，厦门市思明区是执行 ISO14001 环境管理体系国际标准的试验区①；湄潭县通过乡村重建（用传统的带有地方风格的新建住房取代旧房）成为发展乡村旅游业的示范县；德清县是全国生态示范县；寿光市是"绿色"蔬菜示范县（市）；息烽县由于有中国最大的国民党集中营而成为"红色旅游"示范县；遂宁市有很多古代寺庙，是宗教旅游示范市；南丰县不仅是蜜橘种植和销售的示范县，也是保护传统傩（nuo）文化的示范县；江阴市是"创建幸福城市"示范县；石泉县是关爱留守儿童的示范县。

　　这些政策试验和示范的重要意义毋庸置疑，因此，地方干部必须要展示出本地发展特色。如果考核者看到的都是同一模式的乡村，他们不会向上级推荐当地的领导干部。在展示政策创新或新模式时，这个县必须证明自己的发展比其他地方更为成功。②

　　第二种活动形式是"可靠的政策"。可靠的政策就是执行这些政策可以预知结果。与政策试验不同，完成这类任务需要与上级管理机构签署合约，接受管理。政策创新存在风险，成败具有不确定性，可能会遭到上级机构的否定。相反，可靠的政策主要是完成目标任务，特别是完成责任合约或执行预先确定的首要的政策任务，最重要的是完成像经济发展、维护社会稳定或"一票否决"这样的"硬指标"（Strumpf，2002：207 - 13）。为了规避风险，

---

　　① 厦门市访谈记录，2007 年 9 月 15 日。

　　② 例如，在湄潭县高速公路沿线，可以看见一排排漂亮整洁的村庄，这是第一批新村庄。在下一年度的考核中，地方干部应该促成新村庄的建立。在这方面，考核可能会促进地方发展，而不仅仅是表面工程。

县委书记可以公开拒绝创新。① 即便在没有示范或试点工作的情况下，圆满完成可靠的政策，也能取得良好的考核成绩。

第三种活动形式是考核对象的对策。如维达夫斯基（Aaron Wildavsky）所言，消极地应对考核很正常，它是"自我保护"的一种表现（Wildavsky，1979：6）。被考核的机构尽力掩盖自己的行为缺陷，而努力展示自己好的一面（印象管理）。这么做有多种原因，如政策失误、目标虚高、政策执行缺乏资源、人力不足、遭到当地百姓反对等。发展较差的县和乡镇总是竭力掩盖问题，而在较为发达的地区，领导则担心腐败案件、挪用资金或滥用资源问题被曝光。地方干部通常会对考核结果施加影响，甚至操纵考核结果，有时县和乡镇干部暗中串通一些"群众"、企业家和村干部。此外，吃紧的财政状况和越来越严格的考核使地方干部应对考核的办法以及串通行为花样出新。不考虑地方实际，对那些伪造数据和报告的前任领导既往不咎，这种定期考核十分普遍。个人关系和不公开的汇报制度是主要的对策。青岛市即墨县的一位乡干部说："你必须和考核者搞好关系，把他们招待好，这样他们才能正面地评价你。"②

上文提到，如果上级政府意识到地方政府即使再努力也无法实现全部发展目标时，对考核结果的解释就会呈现出相当大的弹性。但有时，地方干部并不想完成这些任务。在这两种情况下，干部就会伪造数据。此时，疏通与领导干部的关系就显得尤为重要，而干部之间的协调合作更是不可或缺，于是，这些官员歪曲事实，把发展假象呈报给上级政府。

青岛市某县一位前任镇党委书记对地方干部串通一气的做法进行了如下解释："我们经常缺乏完成上级指示所必需的经济条件，而且任务的差异性很大，我们几乎无法同时完成所有的目标任务。所以，我们特别挑选那些靠近高速公路的示范村给外来的考察人员看。如果他们对乡村柏油公路的数据感兴趣，我们就夸大公路网的里程数；如果他们看重农村垃圾回收，我们就把垃

---

① 《人民日报》2011 年 8 月 22 日。

② 即墨县某乡党委书记访谈记录，2008 年 9 月 2 日。

圾运到一个村；如果他们想了解农民收入，我们就把他们带到最富的一个村，并让他们相信这只是一个普通的村。当然，县里来的考察人员对此心知肚明，不过，为了把好结果汇报给青岛市，他们与我们沟通好了。"①

德清县的一位副县长说，如果考核暴露出县里的问题太多，就会影响到整个县，甚至影响到上级部门。② 有一位官员告诉我们："如果你把真实的数据汇报给上级部门，他们可能会特别不高兴，因为这会造成不良的后果。"③ 所以，县领导关心的是外面考察人员或考核小组不发现问题，而考核小组也往往不想找到问题。为了确保考核过程圆满顺利，县领导会竭尽全力确保所有地方干部的行动达成一致。

信息管理至关重要。甚至有两套汇报材料：把真实情况（或比较真实的数字）汇报给县里的内部领导小组，而把政治上正确的报告提交给上级政府。第二份报告描述的其实是未来目标而不是现实情况。这样的做法也符合上级的利益，因为他们必须把这些报告汇总后再上交给上级部门。

我们在前一部分介绍了地方领导干部的三类理想的行为模式。在这三类模式中，激励机制和压力促使考核对象把发展的先进成果展示给考核者，从而证明自己是这种发展的功臣。我们在下文中将分析地方干部的群体行为。

（三）群体性动力

为了应对考核带来的压力，地方干部有两种选择：一是为实现政策目标而努力工作；但如果完成任务的代价太大，任务又没有吸引力或者无法完成，他们可以作出第二种选择，即"调整"考核结果，但这需要干部们的通力合作。在这里，与考核体系相关的连带责任制度发挥着重要的作用，因为对于发现的所有问题，不仅责任干部本人必须作出解释，而且分管的领导干部也

---

① 青岛市访谈记录，2009 年 8 月 19 日。

② 德清县访谈记录，2009 年 3 月 5 日。

③ 安居区访谈记录，2009 年 9 月 9 日。德清县访谈记录，2009 年 8 月 8 日。与赵树凯的访谈记录，2009 年 9 月 15 日。

要作出解释。考核（和一票否决）强化了群体意识和认同感：倘若有一项任务没有完成，所有的领导干部都要承担后果（Zhou，2010：63）。群体意识和集体行动得到了加强，集体认同感和集体意识也因此得到了强化。

干部的行为习惯存在一些相似之处，这就促成了非正式社会合约及协作关系的形成。地方领导干部注意到通过多种渠道（如党员身份、党和政府的网络），通过多年共事的经历，通过对政治制度和结构的了解，他们已经形成了认同意识。与当地普通百姓相比，他们在不同的社会层面和信息层面上能够看清自己。① 例如，中国共产党党员的身份促成了一个关系网，形成了认同感。共同的习惯和消费行为、开会和活动（如遂宁市直机关的干部需要下乡一起回收垃圾）也增强了地方干部的认同感。乡镇政府的很多干部以前在县的各个机关工作过，彼此认识（Thogersen，2008：418）。此外，党校也对这种关系的形成起到了重要的推动作用。地方领导在党校进行联谊，建立起了对自己升迁至关重要的关系网。② 弗兰克·派克（Frank Pieke）在《优秀的共产党员》（The Good Communist）一书中研究了党校培训对各级干部建立社会关系的重要作用。可以说，干部们把自己视为一个拥有共同使命和共同意识的群体（Pieke，2009）。比如，在莱西市，党校学员通过参加军训或参观监狱等活动形成了认同感。党校安排学员参观监狱，是想告诉他们腐败官员的下场。此外，中国很多著名的腐败案件也表明，一旦某位领导干部东窗事发，所有与之相关的人都岌岌可危。③ 故此，地方干部在一定程度上会出于自我利益去保护其上级领导，即使他们不赞成这些领导的行为，他们也会这么做。

这些在干部绩效考核的压力下应运而生的群体性动力对干部行为的影响大于考核所带来的激励。如果干部们通力合作，他们就不必担心绩效审计。

---

① 西昌市干部访谈记录，2010 年 8 月 4 日。

② 山东省委党校学者访谈记录，2009 年 2 月 22 日。青岛市访谈记录，2009 年 8 月 31 日。四川省访谈记录，2009 年 9 月 10 日。贵州省访谈记录，2010 年 9 月 9 日。中央党校访谈记录，2009 年 9 月 14 日。

③ Branigan，Tania and Wang Xiaofang，"Exposes World of Chinese Bureaucracy"，25 February 2011，The Guardian，http：//www. guardian. co. uk /books /2011/feb /25/wang-xiaofang-exposes-chinese-bureaucracy，March 21st，2011.

相反，如果得罪了顶头上司，结果不是被降职就是被调离，或可能影响年终奖，也可能减少升迁机会。

五、结论：绩效考核的另一种视角

本文探讨了在中国农村地区进行的绩效考核。我们没有把政策执行结果与考核联系起来，因为目前似乎还做不到这一点。我们在这里探讨的是考核在中国政治文化中的作用。此外，我们还仔细考察了考核对地方干部行为的影响。

乍一看，农村地区的绩效考核是一种制度化的手段，用来判断和比较地方政府及其主要领导干部的活动。考核所收集的数据既复杂又抽象，但易于技术操作。人们可能认为，这些数据对改善现行政策的执行结果没有发挥应有的作用，但我们认为其主要目的不在于此。

利用考核，党和国家把行政管理等级的概念灌输给了地方干部，引导他们把思想和行动投入到政策执行上来。"德"在干部考核中扮演重要的角色，显示出传统模式仍然在起作用。

在地方干部看来，考核所引导的优先领域和激励机制很明显。某些政策的完成情况即所谓的硬指标会受到严格的检查。如果上级领导对某些软指标项目（如莱西市的农村基础设施发展规划）感兴趣，这些软指标就可能会变成硬指标。考核对象已经适应了这套考核体系，他们往往使出浑身解数，以便争取好的考核成绩。在这方面，我们分析了三种行为模式，即政策试验、可靠的政策和共同捏造数据。尽管只有少数干部具有升迁的可能性，但所有干部都不想因为一时失手而失去目前的职位，因为这可能会让他们在考核中垫底。同样，最腐败的干部也要玩出"好成绩"的游戏。

此外，本文还认为，考核会激发考核对象作出重要的反应。为拿出亮点和合适的数据（如示范区或其他能赢得晋升资格的成绩）来迎接绩效考核，地方领导干部需要通力合作。地方干部对上级政府的个人依赖增强了群体性动力。

总之，我们认为，应该换一种角度来看待绩效考核。有两点理由。首先，考核作为一种综合性手段，它至少有四种不同的职能。不能只把它视为统治和监管的方式，而且还应该看到它是中央、省、市和地方进行政治沟通的双向渠道。上级政府通过考核把任务按一定的优先顺序下达给下级政府，而考核对象则根据自己在管理部门的职位，利用考核这种方式谋得晋升机会，或巩固自己的职位，全力展示自己的成绩。在考核体系中，硬指标和具体项目显得尤为重要，这两类考核内容往往是具体的发展或建设项目，而且容易量化。在地方政府面对的诸多目标和指标中，地方干部的绩效考核是制定正确的优先政策的重要指挥棒。

最后，考核在中国农村地区产生了巨大的群体性动力，群体内的团结和等级结构也因此而得到了增强。考核成为地方领导干部进行内部治理的手段，地方干部为取得良好的考核结果必须服从上级，但这是否与考核体系所包含和设想的激励初衷相矛盾，则不得而知。

参考文献

樊红敏, 2008：《县域政治：权力实践与日常秩序》, 北京：中国社会科学出版社。

叶贵仁, 2010：《乡镇领导人的权力与责任研究》, 广州：华南理工大学出版社。

Ahlers, Anna and Gunter Schubert, 2009. "'Building a New Socialist Countryside'— Only a Political Slogan?" *Journal of Current Chinese Affairs*. 38 (4)：35 – 62.

Bakken, Borge, 2000. *The Exemplary Society, Human Improvement, Social Control, and the Dangers of Modernity in China*. Oxford et al.：Oxford University Press.

Burns, John P. and Xiaoqi Wang, 2010. "Civil Service Reform in China：Impacts on Civil Servants' Behaviour." *The China Quarterly*. (201)：73.

Edin, Maria, 2003. "State Capacity and Local Agent Control in China：CCP Cadre Management from a Township Perspective." *The China Quarterly*. (173)：35 – 52.

Frey, Bruno S. , 2007. "Evaluierungen, Evaluierungen … Evaluitis." *Perspektiven der Wirtschaftspolitik*. 8 (3)：207.

Gao, Jie, 2009. "Governing by Goals and Numbers：A Case Study in the Use of Performance

Measurement to Build State Capacity in China. " *Public Administration and Development*. (29):
21 – 31.

——2010. "Hitting the Target but Missing the Point. " *Administration & Society*. 41 (1):
70 – 71.

Geddes, Barbara, 1994. *Politician's Dilemma: Building State Capacity in Latin America*.
Berkeley: University of California Press.

Gong, Ting, 2009. "Institutional Learning and Adaptation: Developing State Audit Capacity
in China. " *Public Adminstration and Development*. (29): 33 – 41.

Granovetter, Mark, 1985. "Economic Action and Social Structure: The Problem of Embed-
dedness. " *The American Journal of Sociology*. 91 (3): 481 – 510.

Heberer, Thomas and Anja Senz, 2011. "Streamlining Local Behaviour through Communica-
tion, Incentives and Control: A Case Study of Local Environmental Policies in China. " *Journal of
Current Chinese Affairs*. 40 (3): 77 – 112.

Heilmann, Sebastian, 2008. "From Local Experiments to National Policy. " *The China
Journal*. (59): 1 – 30.

Heimer, Maria, 2006. "The Cadre Responsibility System and the Changing Needs of the
Party. " In Kjeld Erik Brodsgaard and Yongnian Zheng Eds. , *The Chinese Communist Party in Re-
form*. New York: Routledge.

Kipnis, Andrew B. , 2008. "Audit Cultures: Neoliberal Governmentality, Socialist Legacy,
or Technologies of Governing?" *American Ethnologist*. 35 (2): 275 – 89.

Latour, Bruno, 1987. *Science in Action. How to Follow Scientists and Engineers through So-
ciety*. Cambridge /Mass. et al. : Harvard University Press.

O'Brien, Kevin J. and Lianjiang Li, 1999. "Selective Policy Implementation in Rural Chi-
na. " *Comparative Politics*. 31 (2): 170.

Pieke, Frank N. , 2009. *The Good Communist. Elite Training and State Building in Today's
China*. Cambridge: Cambridge University Press.

Rose, Nikolas, 1999. *Powers of Freedom, Reframing Political Thought*. Cambridge: Cam-
bridge University Press.

Rossi, Peter H. and Richard A. Berk, 1981. "An Overview of Evaluation Strategies and
Procedures. " *Human Organization*. (4): 287.

Scharpf, Fritz W. , 2000. *Interaktionsformen: Akteurszentrierter Institutionalismus in der Politikforschung.* Wiesbaden: VS Verlag für Sozialwissenschaften.

Schubert, Gunter and Anna Ahlers, 2011. " 'Constructing a New Socialist Countryside' and Beyond: An Analytical Framework for Studying Policy Implementation and Political Stability in Contemporary China. " *Journal of Chinese Political Science.* (16): 19 – 46.

Shore, Chris and Susan Wright, 2000. "Coercive Accountability. The Rise of Audit Culture in Higher Education. " In Strathern, Marilyn, ed. , *Audit Cultures.* London, New York: Routledge.

Smith, Graeme, 2009. "Political Machinations in a Rural County. " *The China Journal.* (62): 49.

——2010. "The Hollow State: Rural Governance in China. " *The China Quarterly.* (203): 601 – 18.

Snyder, Mark, 1981. "Impression Management. The Self in Social Interaction. " In Lawrence S. Wrightsman and Kay Deaux, eds. , *Social psychology in the Eighties.* Monterey, Brooks Cole.

Strumpf, Koleman S. , 2002. "Does Government Decentralization Increase Policy Innovation?" *Journal of Public Economic Theory.* 4 (2): 207 – 13.

Thogersen, Stig, 2008. "Frontline Soldiers of the CCP: The Selection of China's Township Leaders. " *The China Quarterly.* (194): 418.

Whiting, Susan H. , 2001. Power and Wealth in Rural China: The Political Economy of Institutional Change. New York: Cambridge University Press.

——2004. "The Cadre Evaluation System at the Grass Roots: The Paradox of Party Rule. " In Barry J. Naughton and Dali L. Yang, eds. , *Diversity and National Integration in the Post-Deng Era.* Cambridge: Cambridge University Press.

Wildavsky, Aaron, 1979. *Speaking Truth to Power. The Arts and Crafts of Policy Analysis.* Boston, Toronto: Little, Brown and Company.

Wong, Christine, 2009. "Rebuilding Government for the 21st Century: Can China Incrementally Reform the Public Sector?" *The China Quarterly.* (200): 929 – 52.

Zhao, Shukai, 2003. "The Debt Chaos of Township Governments. " *Chinese Sociology and Anthropology.* 39 (2): 36 – 44.

Zhong, Yang, 2003. *Local Government and Politics in China: Challenges from Below.* Armonk, N. Y. : M. E. Sharpe.

Zhou, Xueguang, 2010. "The Institutional Logic of Collusion among Local Governments in China." *Modern China.* 36 (1): 47 – 78.

JECSS　政府改革与公共治理

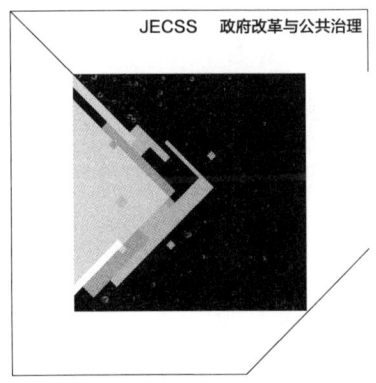

第四辑

官僚制再造

中国的公务员制度：对西方经验的拒绝、改造、引进与超越[*]

宋世明　王红缨[**]

制度创新往往是引进与改造在不同程度上的结合，百分之百的照搬和完全土生土长的制度创新都不多见，然而，学界却较少探讨中间的灰色地带。新制度学派从交易成本的角度强调，制度引进与趋同是大势所趋，而社会经济学从"包理"性的角度认为制度引进只具有"仪式"性，不可能成功。本文将具体分析《中华人民共和国公务员法》（以下简称《公务员法》）的一些重大制度设计如何立足现行中国政治体制，对西方相关经验采取拒绝、改造、引进与超越的做法。

一、公务员的范围

公务员的范围是任何一个公务员制度必须首先确定的问题，也是中国公务员制度中的一个首要问题。目前，由于各国历史文化和政治经济上的差异，

---

　　* 本文原载于《经济社会体制比较》，2010 年第 6 期。

　　** 宋世明，国家行政学院教授，美国雪城大学麦克斯韦学院访问学者；王红缨，美国雪城大学麦克斯韦学院政治学副教授。

世界各国没有形成统一的公务员的范围概念。大致看来，有大、中、小三种划分方法，即以英国为代表的小范围划分法、以美国为代表的中等范围划分法和以法国为代表的大范围划分法（宋世明，2004a；林弋，2006）。

按照英国的习惯，公务员指中央政府系统中非选举产生和非政治任命的公职人员，即常务次官以下、通过公开考试择优录用、不与内阁共进退、没有过失可以长期任职的文职人员。由于英国是最早建立公务员制度的国家，所以，受它影响的国家和地区很多，如印度、巴基斯坦、澳大利亚、新西兰、加纳、肯尼亚、南非等。

美国国家机关的工作人员都属于公务员，包括立法机关、行政机关和司法机关的工作人员，其中，行政机关的公务员占绝大多数。与英国不同，美国选任制与政治任命官员也属于公务员范围，但不适用于《公务员法》的管理。德国、菲律宾、泰国、韩国等国家的雇员范围与美国相似。

法国公务员由在公共法人机构供职领薪并受《公务员法》身份地位制约的全体公务人员构成。总体上讲，法国将从中央到地方行政机关的公职人员、各级立法机关、审判机关、检察机关、国立学校及医院、国有企业等部门的所有正式工作人员，统称公务员。法国选任制与政治任命官员属于公务员范围，但不适用于《公务员法》管理。原法国的一些属国、属地，其公务员制度多仿效法国，如摩洛哥、突尼斯、几内亚、黎巴嫩等。

虽然各国公务员的范围有所不同，但是它们普遍遵循了确定公务员范围的一般原理，即政治与行政两分法（Wilson，1887；Goodnow，1900）。根据这一基本原则，西方国家都不把政党机关的工作人员划为公务员。

中国的公务员应该包括哪些人？这是《公务员法》立法过程中最大的争论。1993年的《公务员暂行条例》规定，公务员是"各级国家行政机关中除工勤人员以外的工作人员"。在《公务员法》起草过程中，对此出现了两种相反的意见。一些委员提出，中国的政治体制同多党制国家不同，中国共产党长期执政，党的工作人员和政府系统的国家公职人员一样，履行管理国家事务的管理职能。对党派工作人员与其采取参照管理的形式，不如纳入公务员序列更加规范。另一些委员提出，公务员范围过大，不利于公务员管理；如果将党的工作人员也纳入到公务员范围内，可能在国际上带来一些负面影响和评价（侯建良，2007）。

最终出台的《公务员法》规定，"本法所称公务员，是指依法履行公职、纳入国家行政编制、由国家财政负担工资福利的工作人员"。根据2006年的《中华人民共和国公务员法实施方案》，公务员范围主要包括七类机关的工作人员：（1）中国共产党各级机关的工作人员；（2）各级人大机关的工作人员；（3）各级行政机关的工作人员；（4）中国人民政治协商会议各级委员会机关的工作人员；（5）各级审判机关的工作人员；（6）各级检察机关的工作人员；（7）民主党派、工商联各级机关的工作人员。

中国在参考了西方国家的文官制度后，确立了相对更广的公务员范围，特别值得一提的是它把党的机关的工作人员也包括在内。这样的规定是与中国的国情分不开的。与西方国家不同，在中国现阶段，行政机关不是行政权力的唯一载体，党的机关与行政机关都是行政权力的分享者。在有中国特色政党体制框架下，党的机关的工作人员与政府系统的国家公职人员一样履行着管理国家事务的职能（澎湃，2000；胡伟，1998；谢庆奎，2002）。《公务员法》第一次把党的机关的工作人员纳入公务员的范围，有利于党和国家工作人员法律责任的统一，有利于克服在某些情况下党的领导干部的法律责任不如政府领导干部的法律责任明确、具体、易于追究的弊端（袁曙宏，2006）。

二、公务员的分类

实行多党制的西方民主国家普遍将其官员分为政务类与业务类。政务类一般由选举与政治任命产生，业务类一般通过录用考试产生。业务类官员属于公务员范围，依照公务员法管理。有的国家的政务类官员属于公务员范围，如美国、德国、日本；有的国家政务类官员则不属于公务员范围，如英国。在两种情况下，对政务类官员的管理都不适用于《公务员法》。

美国联邦政府的公务员按职务性质可分为政务类与业务类。政务类公务员由民选产生或总统任命，通常与总统共进退；业务类公务员多由公开的竞争性考试择优录用，担任机关的日常工作，其身份受公务员法律制度的保护，任期不因政党政府的更换而受影响，无重大过失者，可以任职到退休。① 德国、日本的情况与美国类似。

德国的公务员分两类：一类是以民选方式任用的特别职务的公务员，即不适用《联邦公务员法》的公务员，如联邦总理、联邦政府各部部长、国务秘书等，他们是随内阁的更迭而进退的公务员，相当于美国的政务官；另一类是一般职位公务员，即适用《联邦公务员法》的公务员，他们是不与内阁共进退的公务员。②

依日本《国家公务员法》的规定，无论中央公务员或地方公务员都可分为一般职与特别职。特别职指通过选举或政治任命的官员，不适用《公务员法》管理。当人们对某种职位是否属于公务员的职位，或对其是属一般职还是特别职产生意见分歧时，由人事院裁决（刘文英，2008）。

中国公务员队伍是否区分政务类与业务类？这也是个很有争议的问题。中国共产党的"十三大"报告里提到的公务员要分成政务类和业务类。1993年的《国家公务员暂行条例》里废除了这个分类法。在起草《公务员法》的过程中，再次出现了两种观点。一种是中国公务员队伍不搞"政治中立"，没有必要区分政务类与业务类。许多论者把不分政务类和业务类作为中国公务员法的一个主要特点："不分政务类与业务类，强调公务员无论职务高低，其工作性质是一致的，对党和国家负责与对人民负责也是一致的。"（张柏林，2005）另一种观点认为，是否搞"政治中立"不成为是否区分政务类与业务类的理由，应以职务来源方式为标准，对本来存在的两类公务员实行差别管理，选任制的政务类公务员实行任期制，以畅通出口，委任制的业务类公务员实行常任制（部分实行聘任制），以提高专业化水准（宋世明，2004a）。

---

① 参照 *Civil Service Act of* 1883，第 12、13、14 条。

② 参照《德国公务员法》。中德公务员法立法研讨会（北京 2004 年 4 月 19—20 日）期间，德方提供了《德国公务员法》。转引自宋世明 2004a，403。

　　最终颁布的《公务员法》没有对公务员作出政务类与业务类的区分，但对公务员中的"领导成员"与"非领导成员"作了明确划分。根据前国家公务员法起草领导小组组长、前人事部部长张柏林主编的《〈中华人民共和国公务员法〉释义》，领导成员具体包括：中国共产党各级委员会、各级人民代表大会常务委员会、各级人民政府、中国人民政治协商会议各级委员会及其工作部门或者工作机构的领导人员、中国共产党各级纪律检查委员会、各级人民法院、各级人民检察院的领导人员。领导成员以外的其他公务员为非领导成员（张柏林，2005b）。

　　在现行干部管理体制中，对领导干部的管理与其他干部由不同的主体来管理。党政领导干部一般都由各级党委按干部管理权限推荐提名，由各级党委及其组织部门管理。而其他干部由各机关自行管理。另外，从职务来源角度看，公务员队伍中客观存在着选任制公务员和委任制公务员两大类。"领导成员"主要由选任制公务员构成，也包括一小部分委任制公务员；而"非领导成员公务员"由委任制公务员构成。

　　对领导成员与非领导成员的管理，既有相同之处，又有不同之处。两类公务员相同的管理环节，都适用《公务员法》管理，如职务、级别、工资、福利、保险、奖励和惩戒等。这一点与西方选任制公务员管理不适用于本国《公务员法》明显不同。对于两类公务员不同的管理环节，《公务员法》采取了两种解决办法：（1）法律对领导成员的产生、任免和监督另有规定的，如，宪法和选举法，根据有关规定办理。（2）《公务员法》在四个环节——考核环节、任免环节、交流环节和辞职环节——直接规定了对"领导成员"差别管理。

　　中国拒绝区分政务类公务员与业务类公务员，但明确领导成员与非领导成员，并实施了一些差别管理的制度设计，是根据国情对西方模式所作的合理改造。

三、公务员的更新机制

　　根据《公务员法》，中国公务员更新机制主要由录用、退休、职务任免、培训、交流、辞职辞退、职位聘任七个环节构成。从更新机制构成要素来看，中国与西方国家大体相仿，但具体规定有些差别。

（一）录用与交流

在西方国家，公务员录用的标准主要是业务标准，而在中国，政治标准同样重要，"又红又专"是中国人事制度的一贯标准。此外，立法的主要争议点在于：进入公务员队伍是否都需要经过录用考试？一种意见认为，严把公务员进口关，所有职务层次的公务员，都应该采取公开考试，择优录用（宋世明，2004a）。这种做法在国外很普遍，绝大部分西方国家空缺职位采取公开考试录用的方式予以填补。但这个意见没被采纳。《公务员法》规定，"录用担任主任科员以下及其他相当职务层次的非领导职务公务员，采取公开考试、严格考察、平等竞争、择优录取的办法"。主任科员以上的公务员调任缺乏规范。究其原因，第一，基于国有企业、事业单位、机关三支干部队伍交流，可增强公务员队伍活力的考虑。第二，中国公务员制度脱胎于传统干部人事制度，在许多方面还带有传统痕迹，如，根据有关规定，军队团级干部转业可以不经过考试直接进入公务员队伍；党和国家机关接受军队转业干部是一项政治任务。这种传统干部人事制度与公务员制度并存的局面在短时间内不会改变，还须保留并规范调任这一入口（宋世明，2004a）。

（二）荣休金制度设想

在《公务员法》立法过程中有人提出了设立荣休金的设想。荣休金，在英国，地方政府称之为"一次性退休金"。地方政府雇员在职业生涯中若没有法定腐败记录，在退休之时，由政府发给相当于退休前年工资两倍的一次性退休金。① 在新加坡，则称为"廉政公积金"，实为中央公积金。如果公务员

---

① 源自 2003 年公务员法起草小组出国考察报告。

贪污腐败，诉诸法律并作出判决后，他的全部公积金立即被没收，上缴国库（陈豫浩，2005）。一种观点认为，荣休金属于退休待遇的内容，也具有促进廉政建设的功能；另一种观点则坚决反对设立荣休金。基本理由为：（1）权力缺乏有效制约才是腐败难以遏制的根源。从法院已经宣判的腐败大案来看，往往不是因为缺钱而腐败，而是因为权力失去制约而腐败。别国在法制健全、权力已经得到有效制约的前提下设立的廉政公积金制度，对中国内地缺乏针对性。（2）没有证据表明设立荣休金是促进廉政建设的充分必要条件。难以确定到底多少荣休金才能超过腐败带来的收益。太少了，可能杯水车薪；太多了，财政负担难以承受。（3）老百姓对浙江慈溪等个别地方率先出台的类似做法普遍反对，认为这是"以最崇高的名义包装最丑陋的行为"，有人甚至还发出"是廉政措施，还是集体腐败"的疑问（宋世明，2004b）。① 因此，2004年，国务院法制办最终放弃了荣休金这一制度设计。

（三）辞职与辞退

就辞职与辞退而言，是否将引咎辞职、责令辞职这种领导成员的政治责任追究形式写进《公务员法》，是其主要争议点。在西方的多党政治制度与选举制度下，引咎辞职是选任制与政治任命官员承担政治责任的一种常见方式，多是作为非成文的政治惯例或者游戏规则而发挥作用，是官员主动道德要求与政治竞争、社会舆论压力相互作用的结果。

中西方执政党的责任机制存在本质不同，因此，中国领导成员不可能根据非成文的政治惯例或者游戏规则来承担政治责任。中国对违法乱纪的党政领导干部，依法追究其领导责任的制度相对比较健全，但是，追究工作失职、领导失误等领导责任的法律制度尚未建立（宋世明，2004a；林弋，2006）。因此，《公务员法》规定，"领导成员因工作严重失误、失职造成重大损失或者恶劣社会影响的，或者对重大事故负有领导责任的，应当引咎辞去领导职

---

① 参见《警惕假廉政之名行腐败之实》，http://bbs. gd. gov. cn/thread-49899-1-1. html。

务"，"领导成员应当引咎辞职或者因其他原因不再适合担任现任领导职务，本人不提出辞职的，应当责令其辞去领导职务"。这实质上是对领导成员政治责任的法律规定。

（四）职务聘任

20 世纪 80 年代以后，不少西方国家打破了职务常任、终身雇佣的传统做法。如，澳大利亚、新西兰、瑞典、瑞士引入私人部门做法，所有的政府雇员都实行聘任制。这里主要有三种考虑，一是增加政府部门对人力资源的弹性管理，通过市场化的价格吸引专业性较强的专门人才。二是增加公务员的危机感与责任感，激活公务员队伍。三是适应信息社会的需求，探索超越于传统公务员制度的公共人事管理新模式（林弋，2006）。

在公务员立法过程中，设计者考虑了这个问题。反对者认为，确立职位聘任制后可能把不住公务员队伍的"进口"关，可能冲击录用考试制度。"考"不进来的，可能"调"进来；"调"不进来的，可能"聘"进来。这种担心不无道理。支持者认为，第一，创设职位聘任制可以规范解决现行的公务员任用制度与政府对高级专门技术人才需求之间的矛盾。2003 年，一些地方自行探索政府雇员制的实践说明，公务员录用考试制度、工资制度满足不了政府对高级专门技术人才的需求。第二，实行职位聘任制可以增加用人机制的弹性，增强公务员队伍的生机与活力。第三，对一些辅助性职位实行聘任制可以降低用人成本（宋世明，2004a）。

《公务员法》在考察西方公务员任用制度发展趋势后对职位聘任制采取了改造的态度，最终有所取舍。一方面，现阶段中国也有增加弹性管理、增强队伍活力、吸引专门人才的客观需求，不宜完全拒绝职位聘任制。同时，中西方公务员发展处于不同的发展阶段，又不能将常任制与聘任制置于平分秋色的地位。中国《公务员法》开启了职位聘任的门缝，与常任制相比，聘任制处于辅助、从属的任用制度，为下一步的发展留下了余地。

四、公务员的激励保障机制

根据中国《公务员法》，中国公务员的激励保障机制由考核、职务升降、奖惩、工资福利保险等环节构成。从构成要素来看，中西并没有很大差别，但在具体机制上有所不同。中国公务员的激励保障机制要解决的问题主要表现为：职务晋升中的用人不正之风难以遏制；亟须科学确定工资福利保险的"水平"与"公平"。

（一）晋升制度

当代西方国家业务类公务员在职务晋升中并没有出现用人不正之风难以遏制的问题，关键是保证与合理制约用人权。在选拔公务员过程中，提名权、监督权（考察权）、决定权（任命权）相对分离，是西方国家的共同做法与普遍发展趋势（宋世明，2009）。在中国，用人不正之风的直接根源在于"一把手"或"少数人"对用人权的垄断。20 世纪 80 年代以来，中国学习西方经验，不断在干部职务考核晋升制度里引入了竞争机制，扩大民主。

《公务员法》规定了两种职务晋升方式，一是举荐委任制，将民主参与引入公务员晋升领导职务的基本程序。"公务员晋升领导职务，按照下列程序办理：民主推荐，确定考察对象；组织考察，研究提出任职建议方案，并根据需要在一定范围内进行酝酿；按照管理权限讨论决定；按照规定履行任职手续。公务员晋升非领导职务，参照前款规定程序办理。"二是公开选拔，竞争上岗。"局级正职以下领导职务出现空缺时，可以在本机关或者本系统内通过竞争上岗的方式，产生任职人选。厅局级正职以下领导职务或者副调研员以上及其他相当职务层次的非领导职务出现空缺，可以面向社会公开选拔，产生任职人选。确定初任法官、初任检察官的任职人选，可以面向社会，从通过国家统一司法考试取得资格的人员中公开选拔。"

可见，《公务员法》虽然没有明确提出提名权、考察权、决定权相对分离

的概念，但对提名权、提名环节给予了足够的关注。此后，2007 年，中共
"十七大"提出"要坚持用制度管权、管事、管人，建立健全决策权、执行
权、监督权既相互制约又相互协调的权力结构和运行机制"。并进一步强调，
"推行地方党委讨论决定重大问题和任用重要干部票决制"；"改革党内选举
制度，改进候选人提名制度和选举方式"；"规范干部任用提名制度"（胡锦
涛，2007）。

《公务员法》对两种职务晋升方式的规定，既是中国干部人事制度改革自
身探索的一种结果，也是对世界各国解决公务员职务晋升基本矛盾通行做法
的借鉴，西方的相关经验发挥了一种提供相关证据的参考作用。

（二）工资制度

西方各国工资制度的确定原则基本相同，如同工同酬、平衡比较、工资
分级、定期增薪、民主协商、物价补偿和依法支薪等一些基本原则。按照平
衡比较原则确定公务员工资水平，已经属于比较成熟的国际惯例。在美国，
法律规定联邦政府雇员的薪酬应该与私营部门和地方政府进行比较，并据此
制定出联邦政府雇员薪酬的新标准。法国、德国、日本与美国类似。

中国公务员工资总体水平是高是低，各方看法不同，管理部门认为太低，
而社会并不完全认同。[①] 在这个问题上，立法者参照国际惯例，创设了工资调
查制度，提高公务员工资确定的科学化水平。《公务员法》规定："国家实行
工资调查制度，定期进行公务员和企业相当人员工资水平的调查比较，并将
工资调查比较结果作为调整公务员工资水平的依据。"

（三）保险制度

保险制度的一个主要组成部分是养老保险制度。从公务员养老保险的

---

① 《您认为公务员工资水平低吗？》http：//bbs. ifeng. com/viewthread. php？tid = 1953916。

管理来看，西方各国做法不同。有的国家公务员养老保险制度完全独立于社会养老保险制度，如英国、德国、西班牙、法国。有的国家公务员养老保险制度与社会养老保险制度一致，如爱尔兰、丹麦。有的国家，在社会养老保险基金的基础上，再制定具有补充性质的专门公务员养老金保险制度，如意大利、瑞典（德姆克，2005）。从养老保险的资金来源来看，多数国家来源于财政拨款与公务员个人缴费，如法国、英国、意大利、美国、日本等。个别国家公务员养老保险来源于政府财政拨款，如德国。

在中国公务员立法过程中有两种观点（宋世明，2004a；林弋，2006），一种观点主张：企业雇员的养老保险已经走上了社会化之路，机关公务员依然沿用20世纪50年代干部退休养老的政策，造成了群体利益失衡，不利于人才流动，因此，应确立社会化的公务员养老保险制度。反对者认为，公务员退休后的养老金待遇高于企业职工，这是机关稳定队伍、吸引人才的"最后优势项目"，因此，中国公务员养老保险制度社会化的条件还没有成熟。《公务员法》规定："国家建立公务员保险制度，保障公务员在退休、患病、工伤、生育、失业等情况下获得帮助和补偿。"根据《公务员法》，公务员保险所需经费，列入财政预算，予以保障。可见，对部分西方国家公务员养老保险制度社会化的做法，立法者采取了"拒绝"的态度。究其原因有四个方面：（1）公务员养老保险社会化并不是西方国家的共同做法，并不像工资调查制度那样属于成熟经验。（2）发展阶段存在差异，奥地利、美国等一些西方国家最初建立的是独立的公务员养老保险制度，后来公务员养老保险制度才逐步走上了社会化之路。[①]（3）一旦将公务员养老保险社会化，公务员工资制度设计将会非常复杂。（4）对既得利益的留恋。一旦走公务员养老保险制度的社会化之路，势必要求公务员与政府共同缴费，势必要与企业员工退休金平衡比较，这当然有损于公务员群体的利益。

---

① 公务员法起草小组在比较欧盟15国公务员养老保险制度时，注意到了这一点。

五、公务员的监督机制

中国公务员监督机制主要由公务员条件、义务与权利、惩戒、回避、申诉控告、法律责任等管理环节构成。在《公务员法》立法过程中，人们普遍关注的问题包括：是否要将财产申报制度写进《公务员法》；是否将公务员权利保护与司法接轨；公务员如何对待上级的错误决定和命令。

（一）财产申报

财产申报制度在西方民主国家很普遍（刘明波，2001）。建立财产申报制度的呼声与探索由来已久。《公务员法》出台前不久，全国人大代表和知名学者曾呼吁将公务员财产申报制度写进《公务员法》。立法者最终采取了回避的态度。

立法者采取回避的原因有多个方面。其一，财产申报制度属于长期争议和探索的反腐倡廉议题，为顺利出台《公务员法》，只能暂时回避财产申报制度写入《公务员法》的难题，否则，现在《公务员法》也可能难以出台。其二，财产申报制度不一定非写入《公务员法》不可。西方多数国家的财产申报制度是通过单独立法或出台反腐败方面法律确立的。其三，官员阶层的反对是不言自明的原因（朱中原，2007）。[①] 其四，中国目前并不具备财产申报制度需要的一些技术条件（如信用卡制度、不动产登记制度等）（郁天莹，2009）。其五，财产申报制度的最终出台需要政治体制改革的强大推动，仅依靠干部人事制度改革恐怕承担不了这个历史使命。

（二）权利、责任的司法解决

关于是否将公务员权利保护与司法接轨的问题，西方国家做法并不相同。

[①] 另据上届全国人大代表王全杰做过的调查，97%受调查官员对"财产申报"持反对意见，《参考消息》，2009 年 3 月 21 日。

美国对公务员的权利保护采取了准司法和司法的双重救济方式。法律保护揭发政府工作缺点和弊病的人员免受打击报复；人事管理局和功绩制保护委员会受理公务员对不利处分的申诉及对歧视案件的申诉；当事人对申诉的裁决不服，可以向法院起诉，由法院最终判决。①日本情况类似。法国采取了协商和司法救济相结合的形式。政府的机关首长在对公务员作出较重的惩戒处分和作出涉及公务员权利的人事决定时，都会咨询行政对等委员会的意见；对部长的惩戒决定不服的公务员，可以向行政法院上诉，行政法院的决定是最终决定。英国也有类似规定。

在《公务员法》立法过程中，有观点主张，公务员管理机关"自己不能做自己的法官"，凡是涉及公务员人身权、财产权以及身份改变的，都可向法院起诉，这是世界多数国家的通行做法。反对者认为，若规定公务员的权利保护与司法接轨，与现行《行政诉讼法》关于机关人事处理决定不能作为受案范围的规定相抵触。立法者比较倾向的意见是，即使做不到申诉控告与司法接轨，也要坚持把一级申诉改为二级申诉（宋世明，2004a）。《公务员法》作出一条与《国家公务员暂行条例》不同的新规定："对于省级以下机关作出的申诉决定，公务员如果还不服，可以向作出申诉处理决定的机关的上一级机关进行再申诉。受理机关对再申诉作出的处理决定为最终处理决定。"

对西方经验的接受、改造和拒绝建立在三个基本前提之上：（1）中西方的公务员管理具有一些共同的规律。如，分类管理的原则、公开平等的原则、监督约束与激励保障并重的原则等共同的做法，中国往往采取接受的态度。中国公务员制度设计对西方经验的借鉴，往往不是借鉴某一具体国家的做法，往往分类型考察其相关制度长期演变的共同规律。（2）中国的公务员制度与西方国家公务员制度的发展处于不同的发展阶段。英国公务员制度确立于1870年。美国公务员制度确立于1883年，至今已经是一个"老年人"。日本公务员制度确立于1947年，可以说是一个"中年人"了。而中国公务员制度建立于1993年，刚刚朝气蓬勃地走向自己的"成年"。有些做法，将来中国

①　http://www. opm. gov/biography of anideal /PUC Sreform. htm.

可以大规模地借鉴，现在则需要留有余地，如职位聘任制。基于此点，中国对西方相关经验往往采取改造的做法。（3）中西建立公务员制度的初衷截然不同。西方各国建立公务员制度主要是为了完全否定"政党分赃制"。中国建立和发展公务员制度的目的与初衷主要是为了解决传统干部人事制度的弊端，不是解决什么"政治中立"问题。这个根本区别往往构成中国拒绝西方相关做法的理由，如政务类与业务类的划分。

从以上分析中我们可以看到，中国人事制度的改革在不同方面引进了国外特别是西方国家的经验，但同时对外国的经验也在很大程度上进行了改造。在中国公务员制度的设计过程中，西方相关经验在制度设计过程中发挥了反证、指导和估证的作用。

参考文献

陈豫浩，2005："廉政保证金制度的实践与观点综述"，《发展研究》，2005，7。

国家公务员法起草小组，2003："国家公务员起草小组国外考察报告"。

胡锦涛，2007："高举中国特色社会主义伟大旗帜　为夺取全面建设小康社会新胜利而奋斗——在中国共产党第十七次全国代表大会上的报告"，《人民日报》，2007 - 10 - 25。

侯建良，2007：《公务员制度发展纪实》，北京：中国人事出版社。

贺日开，2008："引咎辞职制度之忧思"，《法律科学》，2008，9：60— 65。

胡伟，1998：《政府过程》，杭州：浙江人民出版社。

郇天莹，2009："建立中国公务员财产申报制度路径研究"，北京大学政府管理学院博士论文。

［德］克里斯托福·德姆克，2005：《欧盟25国公务员制度》，宋世明等译，北京：国家行政学院出版社。

孔昌生，2003：《外国公务员法选编》，北京：中国政法大学出版社。

林弋，2006：《公务员法立法研究》，北京：中国人事出版社。

林弋、宋世明，2009："中国人事决策机制研究"，国家软科学课题结题报告。

刘明波，2001：《中外财产申报制度概述》，北京：中国方正出版社。

刘文英，2008：《日本官吏与公务员制度史：1868—2005年》，北京：北京图书馆出版社。

澎湃，2000：《政府角色论》，北京：中国社会科学出版社。

宋世明，2004a：《中国公务员法律立法之路》，北京：国家行政学院出版社。

——2004b："公务员晋升：两种思路的碰撞"，《瞭望》，2004，31：35—37。

——2005："解析《公务员法》分类制度之设计原理"，《法商研究》，2005，4：7—78。

——2009："分类管理：美、英、法三国执政党管'干部'之演变规律"，《经济社会体制比较》，2009，2：118—125。

谢庆奎等，2002：《中国地方政府体制概论》，北京：中国广播电视出版社。

袁曙宏，2006："党依法执政的重大理论和实践问题"，《国家行政学院学报》，2006，1。

张柏林，2005a："公务员法四特点四突破将推进政治体制改革"，《光明日报》，2005 – 09 – 19。

——2005b：《〈中华人民共和国公务员法〉释义》，北京：中国人事出版社。

朱中原，2007："官员财产申报制度 20 年难产"，《中国改革》，2007，12：23—27。

Wilson, Woodrow, 1887. "The Study of Administration." *Political Science Quarterly.* 2：197 – 222.

Walker, Jack, 1969. "The Diffusion of Innovation samong the American States." *American Political Science Review.* 63（3）：880 – 899.

Wang, Hongying, 2006. "The External Sources of Governance Reformsin China." Paper Presented at the Annual Convention of the American Political Science Association, Philadelphia.

Westney, Eleanor, 1987. *Imitation and Innovation.* Cambridge：Harvard University Press.

Williamson, Oliver, 1975. "Transaction Costs Economics：The Governance of Contractual Relations." *Journal of Lawand Economics.* 22（2）：233 – 61.

街头官僚及其行动的空间辩证法
——对街头官僚概念与理论命题的重构[*]

韩志明[**]

一、引论

近年来，随着公共服务理念的传播和绩效评估风潮的勃兴，一些理论研究者开始将目光投向作为公共服务具体提供者和政策执行链条末端的街头官僚。特别是，在现代大众传媒的聚焦下，此起彼伏的行政执法冲突，也使得街头官僚成为公共生活的重要话题，促使人们去反思基层公务员与公民之间的关系问题。这些因素提供了研究街头官僚的良好契机。

当前，我国有关街头官僚的研究才刚刚起步，并且主要是规范性的研究。相关的研究既没有明确的理论建构，也缺乏必要的方法和工具。由于人们笼统地使用街头官僚概念，没有对数量庞大的街头官僚进行分类化操作，将其视为铁板一块的东西，于是在很大程度上忽略了街头官僚群体的内在差异性。这不仅在一定程度上造成了对街头官僚的误读，比如将自由裁量权当作街头

* 本文原载于《经济社会体制比较》，2011 年第 3 期。本文是国家哲学社会科学基金青年项目（项目编号：09C Z Z 031）的阶段性成果。
** 韩志明，天津师范大学政治与行政学院副教授。

官僚的定义性特征，也影响了理论分析的深度，比如出现了对街头行政现象分析的粗线条和表面化现象等。

社会活动不是孤立的。人的实践活动都是在具体的场景中组织起来的，行动与场景之间存在着复杂的关系。"在任何特定的场景中，场景本身就是行动的一部分，和行动一样是社会成员通过努力构成的'成果'。"（杨善华，2004：56—57）人们既受到空间条件的约束和限制，也会对环境的刺激作出反应，还能通过控制环境要素来实现特定的目标。因此，对社会互动的分析不仅要考察行动者之间的相互影响，也要从具体的空间场景中去把握社会活动的状况。

本文将从空间和社会互动的视角解读街头官僚，分析街头官僚、街头行政与其行动空间的相互建构。文章将指出，自由裁量权和政策执行都不是街头官僚的定义性特征。街头官僚的自由裁量权分布是其工作界面空间性质的函数。街头官僚与管理官僚的根本区别不是他们身份、地位和待遇上的差异。街头行政的独特性在于，它是具体空间条件下街头官僚与公民之间面对面（face-to-face）的直接互动。这不仅决定了街头官僚与众不同的行为逻辑，而且提出了理论分析的诸多命题。

二、街头官僚概念的空间化建构

政府中的街头官僚主要是指工作在基层或一线，同时也是在政府最前沿直接与公民打交道的公务员，并且多指主要在现场从事政策执行、行政执法和公共服务等工作的政府基层公务员。他们的所作所为不仅直接决定着公共资源的分配和公共服务的品质，也影响着公共生活的质量，甚至决定着公共政策的成败。

利普斯基（M. Lipsky）认为，典型的街头官僚包括警察、公立学校的教师、社会工作者、公共福利机构的工作人员、收税员等（Lipsky，1980：5 – 9）。政府中的街头官僚也被形象地描述为在政府机关的"门口"（什托姆普卡，2005：180）或"窗口"工作的政府公务员。威尔逊（James Q. Wilson）

则称之为"从事证明组织存在的正当性"的"业务人员"（威尔逊，2006：46）。一些人将与客户直接接触的服务提供者称为"一线专业人员"、"一线服务人员"或"一线员工"（世界银行，2004：48—52）。雷纳把处理实际问题的警察称为"街面警察"、"街头智慧者"，以与管理他们的"管理警察"区别开来（雷纳，2008：111）。这些概念的指向虽有所不同，但分析问题的角度却有内在的相通之处，即都是在一种空间的思维中去把握研究对象。在"门口"、"一线"、"窗口"和"街面"等词汇之中，包含了解读街头官僚概念的秘密。

直观地说，街头官僚就是那些在街头巷尾执勤或巡逻的执法者，或是那些走街串户上门服务的基层官僚。这些也是让人直接联想到的街头官僚的形象。然而，事实上，除了小部分基层官僚承担有户外执勤、街头巡逻或上门服务等性质的任务外，大部分街头官僚是在办公楼或办公室里与公民打交道的。而且，即便这些街头官僚，他们的一部分工作也是在固定的办公场所得到处理的。利普斯基虽然给街头官僚贴上了"street-level"（街道层面）的标签，但他并没有认为他们都必须是在"street"上工作的。这可以从其街头官僚的外延中看到，即公立学校的教师、社会工作者、公共福利机构的工作人员、税收员等虽然都属于利普斯基所定义的典型的街头官僚，但他们的工作场所却并不完全是街头巷尾、田间地头等地点。

因此，街头官僚中的"街头"，"绝不是某种确定的坐标体系，而是积极活动的身体面向任务的情境定位"（吉登斯，1998：139）。"街头"不是一种对工作环境的直观描述，而是对街头官僚与公民直接打交道时的工作界面的一种高度抽象，是定义街头官僚的一种空间的隐喻。那么，利普斯基实际上是以空间化的思维方式抽象出街头官僚这一研究对象的，"街头"概念指向的是与公民直接打交道的基层工作者的任务情境。这种思维方式也影响了后来的研究者。其后的研究者大量使用"街头"、"街面"、"一线"、"前线"、"基层"和"现场"等涉及地点、方位、场所或位置的概念，这都直接或间接地表明了街头官僚概念的空间性问题。换言之，街头官僚的空间性已经进入到他们的思维活动中了。

　　我们知道，社会空间是人类活动的产物。空间是制约实践活动的渊源，也构成了社会互动的具体情境。任何社会活动都是发生在特定的空间中的，人们之间的互动在形式上就是对空间的填充。行动者是在各种社会空间中活动着的，个体之间社会互动的日常接触，总是出现在一个有边界限制的区域内的一些场所和地点。如果缺乏某些空间形式，就不可能形成特定的社会活动。如不考虑人们对于空间的利用，社会交往就不可能得到充分的理解。"当行动者在互动中彼此相互作用时，这些环境的特性和行动者自身的能力也相互影响。"（吉登斯，1998：198）社会行动者"利用空间来为互动提供各种场景，反过来，互动的场景又是限定互动的情境性的重要因素"（吉登斯，1998：205），并影响行动者及其社会互动。

　　无论从事什么活动，人们都必须要用到一定的空间。"活动是需要定位的。一个人做事，总是在某个地方做这件事。并且，他的作为一定总需要和空间有一个关系，其作为所涉及的对象或人就包容在这个空间里。"（肯顿，2001：223）人们进入空间中去把握和接触对象，其行为、目光和言语指向这个空间。面对任何外来的干扰或侵入，人们都将尽力维持这个空间。只要有需要，他就会采取特殊的行动方案。"这种由个体行为建立并保持的"空间就是人们的"工作面"（肯顿，2001：223）。工作面的基本要素包括行动者、工作对象和对空间中事物的安排（包括定位行动者的身体、设计合理的姿势、保持适当的距离等）。人们在这里进行互动，相互施加影响，利用空间来达成自己的目标。

　　我们认为，街头官僚处于政府金字塔体系的底端，其工作形式主要是与公民直接打交道，在面对面的情境中执行公共政策，提供公共服务，呈现出一种鲜明的空间上的在场关系。街头官僚的工作场所变动不定，充满了不确定性甚至危险，也是权力交织博弈的舞台。因此，街头官僚及其行动都具有独特的空间属性和空间关系。街头简洁地勾勒了一个形象生动的行动场景，将由街头官僚与公民两种主体构成的社会互动定格在这一空间的底片上，也促使人们从空间场景中去体验和考察他们互动的情形。总之，街头官僚的概念是空间化思维的产物。街头的隐喻揭示了街头官僚及其行动的空间性质，也构成了理解街头官僚的视角和方法。

如果说空间概念提供了一个考察街头官僚的视角的话，那么工作面则提供了分析街头官僚的操作化手段。就工作场所的情况而言，街头官僚与管理官僚大多时候都是在固定的办公场所中履行职责。虽然管理官僚也会亲临现场，但现场执法则主要是街头官僚的使命。只要有需要，街头官僚必须经常到街头巷尾、田间地头甚至荒郊野外等地点去执行任务，与各种各样的人（群）打交道。就工作面的参与者而言，管理官僚虽然也会跟普通公民接触，但其工作面的参与者主要是同样具有公务员身份的政府公务员，而街头行政的另一方参与者则是公民。因此，管理官僚的工作主要是同质性身份的社会互动，街头行政则主要是异质性身份的社会互动。

此外，街头的遭遇也意味着一种独特的社会境遇，对官僚体制提出了巨大的挑战。官僚体制奉行理性主义精神，依靠精心设计的抽象规则而运行，但街头却是一个经验的世界，有的只是带着个人特殊的情况、背景、经验、情感和诉求的具体的个人。管理官僚可以在办公室里制定出复杂烦琐的规章制度，但街头官僚却必须要与现实接触，去面对真正的人和事，将自己投身于各种充满风险和挑战的情境中，处理那些千差万别的社会情况。否则，他们不仅做不好任何事情，也不能做事。这不仅决定了街头官僚的宿命，也不可避免地构成了官僚制的理性规则与错综复杂的社会现实之间的紧张和冲突。

三、街头官僚自由裁量权的空间差异性

自由裁量权问题是街头官僚理论的核心议题之一。在任何复杂的组织系统中，都存在着广泛的自由裁量权。"自由裁量权是行政权的核心。"（施瓦茨，1986：566）研究者通常从工作环境的复杂性和不确定性来支持街头官僚自由裁量权的必要性或不可避免性，认为只有充足的自由裁量权才能更好地实现对任务环境的管理，甚至将其看作街头官僚的定义性特征。

不过，政府中"裁量的分配是不均匀的。从部位来看，高层比低层多……高、中层的行政官员享有很多裁量权，而下层工作人员一般没有正式

裁量权，无权或很少有权更改任何规则"（弗里德曼，1994：41）。街头官僚固然拥有解释或运用规则的裁量权，但管理官僚无疑拥有更多的自主权和决定权，两者没有本质上的区别，而只有程度上的差异。

自由裁量权是很重要的，但它并不是街头官僚独有的标识。街头官僚不但不是同质性的，而且其自由裁量权的分布也是不均衡的。这可以从其工作界面的角度得到解答。基于工作界面的特点，可以将其分为两种典型的空间类型，一种是相对固定的办公场所，可以称之为"窗口空间"；一种是流动的或不定型的空间，可以称之为"街头空间"。

（一）窗口空间与街头官僚的自由裁量权

窗口是建筑物的一部分，是一个面向外部的固定装置。人们通常用"窗口单位"来比喻那些面向公众、与公众打交道的机构或部门。政府中的窗口是街头官僚的工作区域，是他们与公民交往互动的场所。具体的窗口空间包括各级政府部门中的行政（审批）服务中心、市民服务中心、边检口岸、接待室，以及公民前来办理具体事务的办公室等。公民在这里或是接受检查，缴纳税费等，或是办理各种手续和各类证件，进行业务和信息咨询等。窗口是人为设计的空间，政府根据职能和业务需要，为其指定功能和用途，并安排了操作者——街头官僚。

作为街头行政的空间载体，窗口空间中的权利分配是不对称的。街头官僚是窗口的看护人，拥有广泛的支配权和控制权。他们知晓政策法规，掌握着与如何办事有关的各种知识和信息，也控制着街头行政的频率、节奏和进程。公民则是被动的和被支配的角色。相对于街头官僚的熟悉和专业，公民是陌生的和懵懂无知的。主要作为被管制者或被管理者，公民必须按照规定在规定的时间去规定的地点办理规定的业务。在这里，街头官僚的主要任务是执行政策法规，照章办事，公民个体之间的差异性被形式化的规则所取消，被纳入官僚机器的流水线，成为街头官僚批量处理的抽象符号。

窗口是一个具有封闭性和压制性的空间。无论是街头官僚，还是公民，都受到窗口空间的服务规范、业务流程以及秩序规则的约束和控制。街头官僚在上级的眼皮底下工作，自由裁量权或者被日趋完善的"人—机系统"所吸纳，或者是上交给了近在眼前的管理官僚。在窗口作业条件下，街头官僚既无法定义工作内容和工作方式，也没有权力去挑选顾客，系统是由计算机来运行的，决策被纳入到标准化的程序之中，个人的偏好、偏见和意志等都被排除在决策过程之外。由于标准化的操作流程只能就顾客的一般资格或条件等作出规定，一些不相关的因素就不再起作用了，因而有助于提供公平、无歧视的服务。街头官僚也日益发展为"屏幕官僚"或"系统官僚"。

通过理性的规划和设计，官僚机构运用区域化的空间技术，将街头官僚与空间及其功能进行匹配，最终形成一套复杂的"空间—人—规则"的空间秩序。官僚机构生产出了窗口空间，也为窗口的职能和业务制定了详细的游戏规则。在这里，程序化、规则化和制度化，给稳定有序的工作提供了强大的支持和充分的保障。为了充分发挥窗口的作用，管理窗口空间最重要的策略就是，缩减街头官僚的自由裁量权，将不确定性的因素排除在外，从而提高大规模公共服务的速度和效率。对于特殊事由或例外情况，则启动例外程序进行处理，管理官僚也可以就近亲临现场，提供指导，解决冲突和纠纷。

（二）街头空间与街头官僚的自由裁量权

窗口空间是街头官僚的固定的办公场所，街头空间则是指那些开放的、流动的或不定型的工作地点。具体的街头可以是城市的大街小巷、乡村的田间地头以及城市社区和建筑物等，也可以是指为完成执法任务所必须要进入的地点，比如警察为抓捕逃犯而要进入的任何可能的地方。街头或是街头巷尾，车水马龙，人流如织，各色人等汇聚于此；或是荒郊野外，人迹罕至，充满了不确定性和风险，但也向所有人敞开怀抱。总之，街头是一个陌生而流动的舞台。

街头空间没有主人，没有产权归属，没有进入的资格限制，也不具有排他性，是一个开放的舞台。每一个人都可以自由来去，利用它，占据它，分享它。因此，相对于窗口空间而言，街头空间具有天然的平等性和自由性。街头的景象或是喧嚣而又杂乱，或是活跃而又紧张，或是宁静而又不安，谁也不知道接下来将要发生什么事情，因此街头官僚也不知道将要面对的任务是什么。正所谓是"将在外，君命有所不受"，面对杂乱无章的任务环境，街头官僚需要作出自己的判断，因地因时因人采取恰当的行动，因此必须赋予他们广泛的自由裁量权。

相对于窗口空间中的常规作业而言，街头空间中的工作可以形象地称之为是野外作业。

在窗口空间中，不是街头官僚在选择顾客，而主要是顾客来选择官僚机构。在此，上门的就是顾客，就是服务对象。在街头的场景中，对于一个个具体的、活生生的社会事实，没有任何规则可以提供详尽的指导，街头官僚因此拥有选择和定义顾客的权力，也有着选择处理事态的方式和手段的自由。他们既可以积极去发现或搜索顾客，执行法律和政策，也可能故意视而不见，听而不闻，还可以轻易地找到各种各样的理由来为自己的不作为辩护。这些理由是很难验证的，甚至是无法验证的。

因此，街头空间的巨大挑战在于，问题从来不是规划和设计好的，而是随机的和偶然的，目标和任务都是弹性的，模糊不清的。面对千差万别的服务对象及其所提出来的各种议题，街头官僚必须运用权威、经验甚至直觉来做事，根据情况来选择做什么以及如何去做。因而，街头空间中的决策，是个性化程度较高而透明度较低的决策，存在着监管和评估上的难题，比如，如果警察作出不开具罚单或者不实施逮捕的决定，通常很难检查这一决策。相反，如果警察开具罚单或实施逮捕了，那么监督者、检察官或法官都将能够检查这个决策。

此外，街头从来就是权力斗争和政治冲突的舞台。"街头是城市中最重要和最经常为各阶层人所使用的公共空间，任何事情发生在街头都会造成比其他地方更为轰动的效应。"（王笛，2006：303）街头官僚与公民的街头遭遇，行政权力与公民权利的直接碰撞，总是能得到非同寻常的舆论关注。这也赋予街头行政独特的政治和社会意义。

四、"面对面"情境中的互动关系

同样作为政府公务员，街头官僚与管理官僚在地位、职权、收入和待遇等方面都呈现出层级化的差别。这些差异是表面的。真正使他们具有不同行动特质的是其与公民之间的关系和距离。虽然管理官僚也会与公民进行接触，但他们主要是在办公室里履行职责，工作面所及主要是官僚体系的内部情境。相对于管理官僚可以在公民缺席的场合下进行工作，街头官僚的工作却必须以公民的在场为前提。并且，公民不是可有可无的附属物，而是建构街头行政的必备要件。

如此，街头行政就具有了"面对面的互动"的性质，即"当若干个体彼此直接在场时，他们对相互行为的交互影响"（戈夫曼，1989：14）。也就是说，街头行政是街头官僚和公民共同的"表演"，即"特定的参与者在特定的场合，以任何方式影响其他任何参与者的所有活动"（戈夫曼，1989：14）。这种互动具有共同在场的社会特征，即"以身体的空间性为基础，同时面向他人及经验中的自我"（吉登斯，1998：138）。街头官僚与公民共同参与社会互动的过程，也建构了彼此的行动和意识，其中，"意义的构成并非纯粹来自于个人自己，同时也来自于和别人在面对面的情境当中的互动"（丹哈特，2002：179）。如此一来，街头行政的焦点将不是个别的行动者，而是面对面情境下的互动本身。

为此，哈蒙（Harmon）也提出了以"面对面的遭遇"作为基本的分析单位，认为社会科学研究的是人与人之间关系的各种形式，理论分析的焦点应该是人与人之间的关系，只有在面对面互动的情况下，参与者才能够有意识地考虑面对面的他人，并根据实际的情境来安排各自的行动。从社会互动的观点来看，当不同身份的参与者在特定的时空中相遇，承载角色表演的舞台也成为建构他们的能动性要素。人们利用舞台来实现自己的表演，舞台反过来也规定了表演者的身份、角色和行为。在利用舞台的过程中，表演者也受到舞台以及建构舞台的规则的约束和限制。舞台与表演者之间的关系不是疏离的，而是互相建构的。

将"面对面的互动"纳入到街头官僚的分析范畴中来，不仅意味着理论分析视角的转向，同时也衍生出了新的理论命题。

（一）共同在场的性质、规模和结构

管理官僚与普通公众只有偶然的、间接的和临时性的接触。这免除了公民参与的干扰和制约，也在一定程度上避开了公民的直接审查。街头官僚则必须在公民共同在场的情境中工作，与公民进行零距离的直接互动。但这种在场又具有某些微妙的差异。比如，在窗口空间中，互动主要是以街头官僚与公民"一对一"的交往模式展开的，行动结构较为简单，具有一定程度的排他性，通常没有什么观众可言，并且议题大都比较单一，主要都是一些程序性的活动。除了受到与之互动的公民的影响，街头官僚也受到临近在场的同事和近距离的管理官僚的制约和监督。

在街头空间的场景中，参与者是不确定的，互动的结构也是很不稳定的。在这里，观众的注视也是环境的一部分，而且观众还是潜在的参与者。一旦情景发生变化，提供了参与的契机，观众也可能迅速转变成当事人，介入到街头行政中来。因此，开放的参与资格从根本上带来街头官僚任务环境的不确定性，导致街头行政的复杂性、变动性和不可控性。作为街头行政的旁观者，观众的注视和潜在参与给表演者施加了角色扮演的外在压力。但是，群体的盲从性、模仿性和冲动性等非理性倾向，也往往容易使一些简单的街头执法冲突演变为激烈的群体性事件。

（二）角色表演的前台与后台

根据"戏剧理论"的观点，人们角色表演的场景可以分为前台和后台。前台是观众看得到并能从中获得意义的场所，后台是不让观众看到、限制观众进入的为前台表演作准备的地方。换言之，前台是一种共同在场的开放场所，而后台则是封闭的、排他的内部领地。在政府官僚体系的舞台上，后台与前台的界分在某种程度上也对应了管理官僚与街头官僚的划分，前者在后台制定政策法令，后者在前台执行这些规则。前台与后台的不同，还意味着角色规范和行为选择的重大差异。这对于深入解读官僚机构的运作及官僚的行为具有重要的意义。

街头官僚也有自己的前台与后台，比如，对警察的研究表明，"干预民众的警官与民众在很多人的公共场合发生联系时，各自的行为举止可能与他们私下发生联系时的行为举止有所不同"（兰沃西等，2004：380）。随着前台与后台场景的变化，街头官僚调整自己的行为以适应角色表演的需要，同时也相应发生态度、思维和观念上的调整。不同的行为选择不仅取决于互动的性质和过程，也取决于空间的性质以及定义空间的游戏规则。总之，空间不是街头行政的外在要素，而是一种建构性的元素，为人们的选择和行动确立了规范和限制。这同样也适用于对公民行为的分析。

（三）反思性监控的潜能和意义

管理官僚的产出多是抽象行政行为，指向的是不确定或非具体的公民。虽然公众也会对政策法令作出反应，但由于政策效应的时滞性，政策制定的结果很难得到即时的反馈。在街头行政的过程中，公民和街头官僚的言行举止相互作用，共同塑造着互动的过程和结果。这在对警察的研究中得到证实，"互动的警官和民众互相察言观色，决定自己如何举止。有敌意的警官可能会激起民众的反抗和敌意。悔罪的民众可能引起警官的原谅和友好。互动中每一方如何举止都会影响另一方如何举止"（兰沃西等，2004：380）。在这种相互影响的过程中，行为之间即时的互相校验和调整就成为必要和可能。

管理官僚远离互动的现场，不受现场体验和情感的影响，也摆脱了公民的直接控制。街头行政的共同在场关系则确立了互为反思性监控的场景和平台。由于许多街头行政都是一次性的交易关系，这也使得投机、冒险、欺诈和不道德行为等变得更加有利可图，从而增加了非合作行为或矛盾冲突的可能性，最终可能导致街头行政的失败。此外，街头官僚在远离管理官僚的地方独立地行使权力，其所拥有的自由裁量权增加了滥用权力的诱惑。但共同在场的情境也为公民监督提供了便利的条件。因此，通过激活公民权利来防范和抵制行政权力的侵害，鼓励公民以公民权利或消费者主权来引导公共服务，具有巨大的潜能和深远的意义。

（四）共同在场的经验、情感与责任

根据米德的观点，"人们之间的互动取决于角色扮演，进而，角色扮演又产生了自我形象以及对他人意向的认知和一般观点的察觉"（特纳，2006：457）。在面对面的互动情境下，心智与自我的功能使得人们能够利用他人的意向和更为广泛的态度群体来引导或调整自己的行为。行动者是如此的接近，身体和感知都在进行持续的交流。诚如吉登斯（Anthony Ciddens）所言，"脸面会通过某些方式影响个人在共同在场情境下彼此的空间安排"。脸面不仅仅是言语的生理器官，还是体验、情感和意图复杂交错的主要身体区域（吉登斯，1998：141—142）。由此，符号和角色扮演就变得更具直接性和交互性。

现代信息技术手段的应用使得一些中介性接触（如电话调查或网络互动等）也具有了共同在场的某些特征。但只有在零距离的在场互动中，人们才能最大限度地获取彼此行为的信息，作出恰当的反应。而且，不管多么严肃的制度性互动，脸面观以及对法律制度、个人尊严和得体言行的理解等，都会影响到街头行政的景观。另外，由于官僚制度习惯于以类化的思维来理解和处置社会，形式化的抽象规则又忽视或抹杀了公民个体的差异和需求，其直接后果可能是导致街头官僚个人责任感的丧失，以及民众尊严感的被剥夺。因此，面对面的互动必须要广泛地考虑到个人情感、伦理需求和道德义务等。

五、小结

街头官僚概念是空间化建构的结果。空间维度提供了分析街头官僚及其行动逻辑的重要工具。自由裁量权是必要的，但它不是均衡分布的，并取决于街头官僚工作界面的特性和情形。政策执行者是对街头官僚的恰当定位，但从根本上决定街头行政的行动结构、行为逻辑及其互动关系的，是他们在与公民共同在场的场景中面对面地行使权力。当然，本文只是一个规范性的探讨，对于相关的理论命题和分析工具的价值，还需要更进一步的实证研究来作出检验。

参考文献

世界银行，2004：《2004 年世界发展报告：让服务惠及穷人》，本报告翻译组译，北京：中国财政经济出版社。

杨善华，2004：《当代西方社会学理论》，北京：北京大学出版社。

［英］安东尼·吉登斯，1998：《社会的构成：结构化理论大纲》，李康等译，北京：生活·读书·新知三联书店。

［波］彼得·什托姆普卡，2005：《信任：一种社会学理论》，程胜利译，北京：中华书局。

［美］伯纳德·施瓦茨，1986：《行政法》，徐炳译，北京：群众出版社。

［美］劳伦斯·M. 弗里德曼，1994：《法律制度——从社会科学角度观察》，李琼英等译，北京：中国政法大学出版社。

［美］罗伯特·丹哈特，2002：《公共组织理论》，项龙等译，北京：华夏出版社。

［美］罗伯特·兰沃西等，2004：《什么警察：美国的经验》，尤小文译，北京：群众出版社。

［英］罗伯特·雷纳，2008：《警察与政治》，易继苍等译，北京：知识产权出版社。

［英］米切尔·黑尧，2004：《现代国家的政策过程》，赵成根译，北京：中国青年出版社。

［美］欧文·戈夫曼，1989：《日常生活中的自我呈现》，黄爱华等译，杭州：浙江人民出版社。

［美］乔纳森·特纳，2006：《社会学理论的兴起》，侯钧生等译，天津：天津人民出版社。

［美］王笛，2006：《街头文化——成都公共空间下层民众与地方政治》，李德英等译，

北京：中国人民大学出版社。

　　［美］亚当·肯顿，2001：《行为互动：小范围相遇中的行为模式》，张凯译，北京：社会科学文献出版社。

　　［美］詹姆斯·Q. 威尔逊，2006：《官僚机构：政府机构的作为及其原因》，孙艳等译，北京：生活·读书·新知三联书店。

　　Lipsky，M.，1980. *Street-level Bureaucracy*. New York：Russell Sage Foundation.

政治行政化：县域治理的结构化逻辑
———把手日常行为的视角[*]

樊红敏[**]

一、问题与进路

随着经济和社会领域的制度变迁，中国政府也经历了一系列重要变革，包括政府内部的规则和程序的不断衍生，其中地方政府的角色和作用作为解释中国经济增长的一个重要因素而不断被研究。中外学术界提出了"地方法团主义"、"地方政府即厂商"、"地方性市场社会主义"、"村镇政府即公司"（Oi，1995，1998；Walder，1995；林南，1996；彭玉生，2003）等观点。[①] 有学者提出了一系列有关地方政府行为的重要分析概念，如"压力型体制"、"晋升锦标赛"、"逆向软预算约束"、"上下级之间的共谋"（荣敬本等，1998；周黎安，2008；周雪光，2005；2008）等，这些研究把目光聚焦于纵向的行政体制或横向的政府间竞争，对于解释中国经济社会发展与变迁具有很

---

　*　本文原载于《经济社会体制比较》，2013 年第 1 期。
　**　樊红敏，郑州大学公共管理学院副教授，政治学与公共事业管理系副主任。
　①　丘海雄、徐建牛对市场转型过程中地方政府角色研究进行了细致的梳理，可参见丘海雄、徐建牛：《市场转型过程中地方政府角色研究述评》，《社会学研究》，2004 年第 4 期。

高的价值。也有学者从政府行为的角度提出"多重比大小"、"谋利型政权经营者"、"策略主义"（李永刚，2009；杨善华等，2002；欧阳静，2011）等概念，为我们理解变革时期中国地方治理提供了重要的切入点，但在官员行动的微观解释力方面，仍有继续拓展和深入的余地。在中国政治社会快速转型的背景下，以县域政府为代表的地方政府是如何成为中国经济持续增长动力的？中国经济增长的可持续性和未来走向如何？

如果要回答这些问题，就离不开对县域政府真实政治的分析，离不开对无数微观层面的真实个体的日常行为的考察。要充分认识并抓住当前基层政治的特质，行动者的视角既是必要的，也是十分有价值的。而县委书记是县域治理的核心行动者，通过一把手的行动，更能洞察表象背后的社会政治隐秘。从研究单位来看，县作为研究单位越来越受到重视。杨雪冬（2002）、贺东航（2004）、樊红敏（2008）认为在中国现代国家构建的框架中，县是最全面的微观单位，不仅能够全面反映出整个体制的运行和变迁，而且能够集中体现出国家与社会的互动，县作为一个分析单位对认识和理解中国政治具有重大意义。徐勇教授（2009）提出的"接点"概念，形象地说明了县在中国政治中的特殊性。他认为，县政是国家上层与地方基层、中央领导与地方治理、权力运作与权力监控的"接点"部位。"接点政治"的分析框架不仅指出了县政改革的重要性，而且提出了县政改革的思路。笔者在《县域政治：权力实践与日常秩序》这本书中，以"干部"、"领导"、"开会"、"关系"为关键词，力图通过对县域政治微小实践的深描解构政治学结构主义研究中的"宏大性"、"对象化"以及"抽象性"。本文在此基础上，以吉登斯的结构化理论为分析框架，分析县委书记的日常行为，揭示县域治理在转型社会中的实践形态，进而呈现并透视县域治理再结构化的过程和逻辑。

本文属个案研究，所用资料来源于笔者在 A 市 2010、2011 两年间的不定期调查。A 市是中国中部省份一个相对发达的县级市，支柱产业是煤炭和耐火材料，百姓相对比较富足，是一个实现了初级工业化的县级市。总面积1001 平方公里，人口 80 万人，辖 13 个乡镇、4 个街道办事处、1 个风景区管委会，303 个行政村、47 个社区居委会。全市现有工业企业 1620 家，其中规模以上工业企业 473 家。2010 年，A 市完成生产总值 391.5 亿元；地方财政总收入 29.8 亿元，其中一般预算收入 15.1 亿元；城镇居民人均可支配收入 15890 元；农民人均纯收入 9003 元。

二、政治行政化动员模式：县域治理的结构化及其逻辑

结构是以社会行动的生产和再生产为根基的规则和资源，也是系统再生产的媒介。结构不是外在于个体，而是内在于行动者，作为一种知识，通过行动者的具体实践体现出来（吉登斯，1998：91）。而结构化是社会行动者通过有目的的行动生成社会秩序的过程。对于中国这样的后发现代化国家，在现代国家政权建设和社会转型过程中，行动者的行动对于结构更具有决定性的意义。在制度变迁过程中，组织演变也是通过"结构化"来实现的。

从地方政治制度发生学的角度来看，就县这个政治体系来说，它是嵌入性的，来自于人为的规划和建构。现代性有两种形式，一种是自由民主，一种是人民民主（刘小枫，1998：93）。中国共产党的政治理念是人民民主，人民代表大会制度及民主集中制的组织原则就是这种理念的集中体现，这套制度体现的是专业化、技术化，权力的监督制约，内含着现代制度理念和制度设计，县级政治体系基本上是对上一层级的复制，它是职能和机构最完备并拥有一定管辖层级的底层政治系统。地方党委、地方人民政府、人大、政协、人武部所谓五大班子构成了一个完整的政治系统。根据《地方组织法》的规定，县人民代表大会由当地居民直接选举产生，是最高权力机构，在人大闭会期间设置了常设机构——县人大常务委员会；县政府作为地方国家执行机关，是同级人民代表大会的执行机关，由它产生，对它负责，受它监督，是人民代表大会的执行机构。政协体现着多党政治协商机制，它的职能主要是政治协商、民主监督、参政议政；地方党委的权力体现为一种领导权，主要是政治、思想和组织领导。它力图体现的特征为结构的区分化、科层的分工化、专业化和运作的制度化和非人格性。从规则上来看，县域政治的运作有着十分完备的规则体系，A 市出台的县委工作规范包括县委常委会工作机制、县

委议事规则、关于加强县委常委作风建设的规定、党员领导干部重大事项请示报告暂行规定、县委常务公开制度、县委公文处理制度等。20世纪90年代中期，县（县市）逐步推行了公务员制度：A市市政府于1997年4月，根据国务院颁布的《国家公务员暂行条例》，在全市建立了公务员制度，在以后的两年多时间内，逐步完善了公务员考核、奖励、录用、辞职、辞退、职位轮换、管理、交流、培训制度。① 总的来看，县作为最低一级的完备政府，县级政权有一个完整而程序化的组织体系，所有的政治活动都有正式的规范和程序，它的特征是理性化、一元性、抽象性，它代表现代国家在地方的理性建构。

从行动者——县域政治一把手县委书记的行动以及策略来看，县域政治秩序超越了嵌入县域政治的科层文本，是一个再结构化过程。这一再结构化的过程，也是政治行政化的过程，其遵循的是政治行政化的逻辑。

本文把这种再结构化的县域秩序称为政治行政化动员模式。所谓政治行政化动员模式是指在县域治理当中，县域核心行动者以成立各种领导小组为组织策略，以任务分解、目标管理为工具，以开展活动为实施办法，以包村包案为渗透方式，将全部的政治精英和政治机构都动员到行政过程中，对县域进行非制度化的行政整合。金耀基提出了行政吸纳模式来解释香港的治理，它"是指一个过程，在这个过程中，政府把社会中精英或精英集团所代表的政治力量，吸收进行政决策结构，因而获致某一层次的'精英整合'，此一过程，赋予了统治权力以合法性，从而一个松弛的、但整合的政治社会得以建立起来"（金耀基，1997：27）。康晓光（2002）运用行政吸纳模式来解释中国大陆1989年之后的政治稳定取得成功的原因。他的行政吸纳模式强调了中国自20世纪90年代以来政治、经济、文化精英联盟这一特点。在县域治理当中，所谓政治行政化动员模式的突出表现并不在于对社会精英的吸纳，而是政治精英内部政治机构和政治行政化的治理策略和模式。以下通过个案对政治行政化动员模式进行实证研究。

① 引自A市地方史志编纂委员会编写内部资料：《A市通鉴（2001—2004）》。

三、政治行政化动员模式的运作策略

（一）个案扫描

在县域治理中县委书记意味着什么？从对县域领导干部的访谈来看，总结一下他们的话语可以归纳如下：① 县委书记职责是统揽全局，协调各方，拥有人事任免权和经济社会文化发展的最终拍板权；从决策体制上看，县委书记是常委会的召集人和主持人，常委会集体决策能使决策更加完善，但常委们要围着一把手的思路转；法院检察院也受县委书记的领导，是一县的国王；从县委书记和政府市长的关系来看，县委书记是党的一把手，市长是政府一把手，但在现实中市长更像个副手，书记最终可以不顾市长反对拍板定调；一把手左右一个县的发展方向。总体来看，从一把手县委书记的权力和行动，可以更清晰地认识县域治理的模式。基于此，本文以 A 市为个案，通过 A 市市委书记 L 书记权力行动的观察，探讨县域治理的结构化问题。

L 书记，男，1960 年生，大学本科毕业，学士。最早在 Z 市 S 区街道办事处工作，后调区政府办公室干部，一年后调到地级市 Z 市市委组织部，八年后任市委组织部企业干部处处长，任处长两年后任副县级组织员，三年后下派到 X 市（县级市）任市委常委、组织部部长，两年之后调任 Z 市 J 区区委副书记，三年半之后，即 2009 年 1 月调任 A 市市委书记。L 书记的工作风格属于作风硬朗型，到 A 市以后，以"铁腕治市，敢作敢为"而著称，针对 A 市属于资源型城市，他果断提出要清洁环境，加快推进产业转型升级，真正使 A 市的结构调整取得重大进展，实现重大变化。他的三个举措引起了很大震动：一个是果断关停了污染严重的全部采石场，此举由于其强硬的做法引发了社会反弹；一个是进行环境整治，并因被居民多次看到在街上捡垃圾而

---

① 引自 A 市地方史志编纂委员会编写内部资料：《A 市通鉴（2001—2004）》。

以"市委书记上街捡垃圾"而闻名；一个是把群众利益放在心里，对改善民生的工作支持力度相对比较大，比如加大教育投资，在所有中小学教室里装上空调；在得知有两名贫寒的农家子弟考入清华大学之后，他亲自带 10 万元去家里探望等等。A 市前几任市委书记的执政特点是稳健，L 书记的鲜明个性和执政力度引起了广泛的关注。当然他也引发了一些不同的看法，有的人认为"政策上可能也太硬了，比如石子厂全部停产后，引起了企业主强烈不满，所以后续工作比较难做"，或者是投资过大、发展过快的质疑。也有干部指出，如果像关闭石子厂不采取一刀切的办法，很快会不了了之。从他个人来看，他是个敬业、不沉溺于应酬的人。A 市市委办主任说道："他每周都是周六上午回家，周日晚上回来，回来后我跟他一块散步的过程中，他会将一将上周哪些事没做完，下周需要做哪些事，在本子上勾一勾。他在 J 区（省政府所在地）当过领导，什么领导干部没见过，他对于一些应酬能避开的就避开，一般而言，他每周可以有两个晚上没有应酬，这已经很不容易了。"

（二）"一把手"视角下的运作策略

1. 实施策略：开展"活动"

开展"活动"是县域一把手县委书记权力实践中的一个重要的行动策略。"创制活动"作为塞尔杜所说的"微小实践"（De Certeau，1984），呈现出的是县域模式化的运作图景。开展活动，是落实县域重要的有关县域发展、社会稳定包括改善民生、干部任用等方面重要决策的一种方式，这些活动的内容涉及县域社会的方方面面。

（1）通过开展"活动"，推动全县整体工作思路的贯彻落实。

A 市于 2009 年全年共开展十项重大活动，有的是为落实上级重大决定和政策而展开的，如治理超限超载"百日攻坚"活动、工程建设领域突出问题专项治理活动等。有的是围绕 A 市总体发展思路而开展的，如"清洁家园、美化乡村"百日行动、采石场综合整治活动、"听民声、解民忧、促和谐、迎国庆"信访稳定专项治理活动等。2010 年开展的"集中清理百件执行积案"活动、"优化发展环境年"活动、深化"清洁家园"活动、城乡环境卫生整洁行动和村容村貌路容路貌综合整治活动、"畅通渠道、解决问题、治理重访"集中活动等等，通过这些活动，使总体工作思路得到实施。

（2）全体动员，集中全部资源，以军事化方式推开，迅速取得成效。

第一，开展活动的过程也是一个全体动员的过程，这一过程伴随着新的领导机构的成立和各种动员督促检查会议的召开。以 A 市"清洁家园，美化乡村"百日行动为例，为了开展这个活动，成立了 A 市"清洁家园，美化乡村"百日行动领导小组，组长为市委书记、市长；常务副组长为：市人大常委会主任、市政协主席、市委常委、纪委书记、组织部部长；副组长为政法委书记、所有市委常委、人大副主任、政协副主席、政府副市长；成员为各乡镇、委局一把手。并且出台了具体详细的整治标准。通过一系列会议，动员、检查、汇报、督促、评比等，使多年以来 A 市脏乱差的局面得到了改观。

第二，开展活动的过程也是一个集中全部资源的过程，能够在短期内取得很大的成效。L 书记以军事化的动员、资源的集中等有效的手段和策略开展活动。以这种军事化的方式开展活动的确能在短期内迅速取得巨大的成效，由于 L 书记高度重视，美化家园也就不计代价，各个乡镇上下动员，使 A 市的面貌在短期内发生了"翻天覆地"的变化。当然投入也是巨大的，这次环境整治共投入 2.67 亿元。以 A 市在 2010 年 12 月开展的"集中清理百件执行积案"活动为例，一些十多年难以执行的积案，通过全体动员，各个领导各个乡镇分包案件、集中处理的方式，仅用 16 天时间就执结案件 105 起，执结标的金额 930 多万元。[①]

2. 组织策略：成立"指挥部"、"四包四联"

县委书记推动工作的第二个策略是组织策略。其中组织策略主要包括两

[①] 引自 A 市经验材料：《"集中清理百件执行积案"活动工作总结》。

种：第一，成立各种各样的领导小组、指挥部。领导小组可以分为两种，一类是常规性的、基本上每个县都有的，如目标管理领导小组、反腐败领导小组、信访稳定领导小组、社会矛盾化解工作领导小组，等等。另一类是非常规的领导小组、指挥部，这一类的领导小组、指挥部都是因为开展某一类重大活动而临时成立的，随着活动的结束，领导小组和指挥部也随之撤销。

第二，"四包四联"。县处级领导包乡镇、包村、包案、包企业，是每个县整合社会的常规性组织策略。A市除了县领导包乡镇、包村以外，对于难以解决的信访案件实行领导干部分包制，规定县级干部实行"四包四联"责任制。所谓"四包四联"责任制，即"每个县级干部包乡镇、包专业、包产业（重点工作）、包企业，联系一名老干部，联系一名党外人士，联系一名专业技术人才，联系一名贫困群众，进一步细化目标，落实责任，强化领导"（A市内部资料）。

文件中明确规定了县领导包乡镇、包村的具体职责，主要是政策落实、重大突发事件的处理、解决发展中存在的问题等等。（1）各位领导同志要抓好县委、县政府重大决定部署和有关方针政策在所联系分包乡镇的贯彻落实。对所联系分包乡镇发生的重大突发事件，联系分包领导要主动介入，靠前指挥。（2）各位领导同志要经常深入所联系分包乡镇进行调查研究，听取工作汇报，检查指导有关工作开展情况，协调解决发展中的困难和问题，努力为所联系分包乡镇营造良好的发展环境。（3）县委、县政府不定期召开专题会议，集中听取各位领导同志所联系分包乡镇工作进展情况汇报。（4）各位领导同志在工作中如发现所联系分包乡镇在落实县委、县政府重大决定部署和有关方针政策时有推诿扯皮、敷衍塞责等现象，部署、协调事项得不到及时落实的，可向县委提出对有关乡镇和责任人的处理建议。（5）各位领导同志年终述职时要联系分包乡镇工作的完成情况。①

这一组织策略的特征是：（1）通过成立领导小组、指挥部，"四包四联"，将党委、政府、人大、政协整合在行政工作当中，对县域权力运作的空

---

① A市内部资料：《中共A市市委A市人民政府关于调整市领导联系分包乡镇的通知》。

间进行组织重构。（2）非常规性渗透与整合。"四包四联"是一种非常规性渗透与整合社会的策略，它使地方政治权力有效地渗透到乡村，市委书记、副书记等县级、副县级干部直接到村，到基层单位，"访贫问暖，了解情况，总结经验"，从而构筑起一个新权力网络，尽管这个局部性支配关系具有极大的不稳定性和临时性。（3）结构分化与功能不分化。

3. 机制策略：目标管理

荣敬本等（1998）指出，中国各级政府所普遍实施的目标责任制，实际上是中国特有的"压力型政治"的一种表现和实施手段，是一种上级对下级的控制和施压模式。王汉生等（2009）则认为，目标管理责任制是在当代国家正式权威体制的基础上创生出的一种实践性的制度形式，他更强调目标管理责任制的制度意义。而事实上，任务分解、目标管理是县域行动者权力运作的有力手段和达成自身目标的重要工具，目标管理对县域政权而言不仅仅意味着一种压力，也不只意味着一种制度，制度仅仅是目标管理的一部分。它更多体现的是县域行动者权力行动的一种策略，目标管理责任制不是作为压力被动地运用于县域政治当中，它更是县域行动者权力行动中主动性、创造性的体现，笔者称之为机制策略。A市的有关目标管理的文件也突出强调目标管理工作是"抓手"，要通过目标管理形成一级抓一级、层层抓落实的工作机制。

（1）强政治动员：目标管理责任制与一票否决

许多关注目标责任制的研究者都注意到目标管理责任制是由多个不同行政层级的责任主体相互勾连而成的管理体系，如市政府跟县政府签订目标责任书，县政府跟乡政府签订目标责任书，乡政府跟村委签订目标责任书，它的确是上下级之间权威关系的基本骨架。同时，目标管理不仅仅如此，它也是政府内部最为常用的管理工具，不管是当年的重要工作，还是临时开展的重大活动，都要通过任务分解，纳入到目标管理当中，并将其作为强政治动员的手段。以A市为例，2011年初，A市三级干部会议召开以后，对市委书记、市长的讲话进行了任务分解，确定了每项工作的责任人和责任单位。这一任务分解内容包括十一大项，如第一大项是几项主要经济指标；第二大项是办好十五件为民实事；第三大项是坚持实施工业强县战略，推进工业经济大跨越；第四大项是狠抓招商引资不放松，实现对外开放大推进，巩固安全稳定形势等等。这些内容包括县域发展的方方面面，如经济发展、民生工程、信访稳定、组织党建等等，每一大项分若干小项，共 74 项主要任务，这些任务都一一明确了责任领导、责任单位、工作要求，责任领导分别由县委书记、县长除外的县委、政府、人大、政协县处级干部构成，工作要求为责任单位每季度或每月报一次工作开展情况。[①] 通过任务分解，行政工作和党务工作混合，县委、政府、人大、政协全部参与到县域行政工作中。通过以上 A 市任务分解的图解，我们可以了解到，它也是进行有效政治动员的一种工具。县域政府的目标管理，以签订责任书为象征，核心构件包括目标管理指标体系、考评办法、奖惩方式和实施办法。

在考评办法中，最具刚性约束性质的就是"一票否决"。所谓"一票否决"，是指一旦某项任务没达标，不仅此项任务不得分，该单位全年的各项工作成绩也被算为不合格，甚至记零分，并可能取消该单位当年甚至几年内参与各类先进称号和评奖的资格，而且会对该单位主要领导的评奖和升迁造成重大影响。"一票否决"的内容各个县市有所差异，A 市"一票否决"的内容为：对计划生育、社会治安综合治理（包括消防工作）、节能减排、安全生产、环境保护和减轻农民负担工作实行"一票否决"，凡达不到规定要求的，取消当年综合评先资格，并对单位党政正职、主管副职及主要责任人实行责任追究。[②]

"一票否决"考评制度有利于突出政府在特定时期的中心工作，是一种强政治动员的手段。在与地方领导干部的访谈中，许多领导谈到了对上级实行"一票否决"的不同看法，但对下级仍然施用了"一票否决"的考评办法，"一票否决"是压力型政治动员的表征，也是基层权宜性治理中一种重要

---

① A 市文件：《A 市委书记＊＊＊市长＊＊＊在全市三级干部会议上讲话的任务分解意见》。

② 《中共 A 市委 A 市人民政府 2009 年目标管理工作实施意见》。

策略。

（2）多类别目标管理责任制与"大督查机制"

多类别目标管理责任制是指在各级政府之间实施的、涉及地方政府各项工作的一种综合性目标管理责任制。与之配套，在上下级地方政府之间签订的相关责任书也是综合性的，其内容涵盖了地方的各项经济工作、党建综治工作以及各类社会事业的发展。在 A 市主要包含四项内容：经济发展目标、社会发展目标、综合目标、市委市政府日常确定的重点工作。经济发展目标、社会发展目标主要是行政工作，综合目标主要是党务和党建工作。

在整个目标管理责任制体系中，除了综合性目标管理责任制外，所有临时性的重大活动、当年新提出的工作部署、重点工作都可以以专项工作责任制的方式纳入到目标管理当中。在下面的讲话中，L 书记强调将清理化解执行积案完成情况纳入综合治理目标管理，实行"一票否决"。"这项工作，由＊＊＊书记、＊＊＊书记牵头负责，组织工作组进驻公检法单位现场办公，实行领导包案，一案一组，责任到人。成立案件评查组织，一件一件重新评查，划清主体责任，一件一件抓落实，寻找突破口，有什么问题解决什么问题，有什么困难突破什么困难，强力推进，确保完成化解任务。将执行积案化解完成情况纳入综合治理目标管理，实行一票否决。"①

在各种责任制的基础上，是考评督查机制的不断创新。如 A 市在原有的目标责任制考评办法、奖惩办法的基础上，于 2009 年 5 月推行了"大督查"工作机制，将市委督查室、市政府督查室职能整合，成立了 8 个科室 30 多人的市委市政府督查考评办公室，并与市绩效考核办合署办公，对全市方方面面的工作部署进行跟踪督查，使各级干部不能懈怠，不敢懈怠，确保了各项工作落到实处。②

当然，不断强化和泛化的目标管理，由于能够通过将该突发事件或重大活动等所涉及的所有对象临时性地纳入其责任管理的范畴之中，而在较短时

---

① 引自 L 书记《在开展清理化解执行积案活动上的讲话》。

② 引自 A 市《市委市政府 2009 年述职述廉报告》。

间内实现在相对较大的范围内构建责任体以及建立责任—利益连带关系，因此它也往往表现出很强的社会动员性质。

4. 政绩策略："典型引路，亮点更亮"

改革开放以后凭政绩用干部的组织路线和用人导向，以及自上而下建立起的可以考核和量化的指标体系，使干部的晋升和政绩紧密相连。有学者将这种体制称为围绕晋升竞争而形成的锦标赛体制，由于经济绩效是干部晋升的硬指标，使得地方政府官员围绕经济绩效展开了激烈竞争，往往非常热衷于 GDP 和相关经济指标的排名（周黎安，2007）。

县域权力行动者把树典型作为推动工作重要手段，对上而言，使探索的某种新的模式或机制成为典型，也是一种重要的政绩策略。在激烈的晋升竞争中，成为典型就意味着成为某方面的先进，它的好处是显而易见的。一个是可以提高行动者的知名度和社会声望；一个是可以增加社会资本，可以大大增加同上级接触、交往的机会，一旦成为上级认可的典型，上级领导带队调研、召开现场会等，可以大大扩大交往圈和社会关系网络；当然最重要的是可以获取政治资本，巩固作为一把手的政绩甚至提高自己的政治地位，大大增加了在晋升竞争中胜出的机会。那么典型是如何被建构成的？一方面，要利用资源优势，从经济上和政治上给予典型以专门的扶持和大力的投入；另一方面，也要利用话语优势，对典型进行包装，需要对涉及典型的事件进行重组或解释，并在事件之间建立新的逻辑结构或根据需要赋予新的意义。同时塑造典型的过程也是与上级互动、共谋的过程。上级也需要政绩，需要来自基层的经验和探索。因此上级领导一方面会努力发现、树立、宣传典型，另一方面还会努力去保护、维持已经树立的典型。

从类型上看，典型又可以分为形式典型和实质典型。所谓形式典型，是指那些被创造出来的典型仅仅具有形式性的作用，这些"典型"本身就被过度包装，或者是这些"典型"往往由于成本巨大而不具有可推广性。一个县委书记在短短三年多的任期内，要做出政绩得到提拔，树典型是最好的政绩策略，常常能起到立竿见影的效果。因此，典型技术作为县域科层运作的一种必不可少的技术被不断地贯彻到了日常治理实践当中。从树典型的过程可以隐约感受到地方科层权力运作的一个重要的环节：可见性（李猛，1996）。典型本身具有可见性，成为典型才是问题的关键，是地方科层运作的核心，而成为典型的运行成本、形式主义特质因其具有不可见性而不在地方领导甚至包括上级领导的考虑范围之内。也有另外一种典型，笔者称之为实质典型，这些典型作为一种经验和探索，的确在某方面如制度、机制等方面有所突破，对于经济社会发展具有示范的作用，并最终可以转化为制度的长期绩效。不过总体来看，形式典型往往多于实质典型，即便是实质典型，也往往由于领导人的更换而不了了之，典型具有临时性、随机性、非延续性以及非常规化的特征。

四、政治行政化动员模式的特征

从 A 市 L 书记作为一把手确定工作思路，即"一心一意谋发展"，到县委书记采取四大策略：开展活动、成立"指挥部"、目标管理泛化、狠抓典型等，都典型地体现为县域政治秩序再结构化的过程，在县域治理的政治行政化动员模式中，其突出的特征并不在于对社会精英的吸纳，而是"行政"对"政治"的非制度化整合，具体来说：

一是政治机构的行政化，在县域政治结构中，法定地履行自下而上表达功能的政治结构已经存在，核心是县人民代表大会，其次是政治协商会议，再次是政党和社团组织。而这些机构都被纳入到了行政化的过程当中。主要表现在：（1）人大行政化，人大的决策监督等政治活动都以"服务大局"为指针参与到行政过程中，如维稳、大的项目建设等。（2）两院的司法行政化，一个是司法要更多地考虑社会效果而不是法律效果，一个是通过开展如 A 市的"清理执行积案"活动，动员所有相关的乡镇以及领导进入司法运作当中，以行政的手段解决司法问题。同时两院要在优化发展环境、平安建设、维稳等方面开展工作。

二是治理行动的动员化，县域治理中的政治行政化表现出很强的动员模式的特征，与韦伯科层制的"理性"主义特征相悖。根据韦伯的理论，科层制权威作为法理型支配的最纯粹形式，必须遵循法律秩序这种一般化原则及由其设置的行政程序和规则，这也使得支配具有严格的可操作性、稳定性和可预期性。戴维·毕瑟姆（David Beetham）将理性官僚制的特征概括为层级制、连续性、非人格性、专业化（毕瑟姆，2005：4）。县域政治运作的过程也是一个开展活动的过程，狠抓典型的过程。在这一动员模式中，以成立各种领导小组为组织策略，以任务分解、目标管理为工具，那些从事表达功能的行动者也被纳入到行政过程当中。而从县域核心行动者的日常权力行动表现来看，可以把这一动员过程概括为确定阶段性核心目标——成立领导小组或指挥部——制定实施方案——召开动员大会——活动开展——检查反馈——观摩评比——总结表彰——活动告一段落。核心目标往往是基于某些突发性事件或县域重大的久拖不决的社会疑难问题，围绕这一核心目标，暂时搁置其他问题，自上而下动员各阶层，在短时期内以一种暴风骤雨式的有组织、有目的、全体动员的方式发动一场运动迅速达到此目标，即通常所说的"集中力量办大事"，如"化解信访积案百日竞赛"、"美化家园百日行动"、"税收专项治理"、"招商引资百日竞赛"、大规模的专项检查如煤矿安全大检查等等。

三是权力运作的剧场化。所谓权力运作的剧场化是指县域治理遵循两种规则：一种是后台区域的隐藏文本，一种是前台区域的公开文本；一个是形式的剧场，表现为各种科层的各种规则、制度，一个是实质的剧场，表现为人格化、策略性、运动性，以及其后的未被言明的起决定性作用的规则或者是惯例。在剧场政治之下，县域政治的运作以"可见性"为指针，遵循的是看得见、仪式化的逻辑，具有很强的表演性，这一剧场化运作最典型的体现如县政场域的"抓典型"、"开大会"等。

五、结论与讨论

首先，政治行政化动员模式通过整合分化的政治结构，使县域政府实现了经济的增长奇迹并走向赶超型现代化，但由于在这一模式下，自下而上表达功能的弱化和缺失，民众难以有效地在拆迁、补偿等涉及自身利益时，进行制度化的表达和讨价还价，由此造成官民的不信任和对立，这已经成为常态。政治行政化动员模式以牺牲政府与社会的良性关系为代价。其次，由于政治行政化动员模式将分化的政治结构整合进行政过程中，使县域政府直接面对民众抗争，并被置于底层社会抗争的第一线，县域政府因缺乏缓冲机制而脆化，并造成合法性的不断流失。最后，政治行政化动员模式以典型运作、运动式治理为运作模式，县域治理陷入制度化的困境，呈现出人格化、非连续性、非预期性特征。

参考文献

［英］安东尼·吉登斯，1998：《社会的构成——结构化理论大纲》，李康等译，北京：生活·读书·新知三联书店。

［英］戴维·毕瑟姆，2005：《官僚制》（第2版），吉林：吉林人民出版社。

樊红敏，2008：《县域政治：权力实践与日常秩序》，北京：中国社会科学出版社。

贺东航，2004："当前中国政治学研究的困境与新视野"，《探索》，2004，6。

金耀基，1997："行政吸纳政治——香港的政治模式"，见《中国政治与文化》，牛津：牛津大学出版社。

康晓光，2002："再论'行政吸纳政治'——90年代中国大陆政治发展与政治稳定研究"，《二十一世纪》网络版，5。

李猛，1996："日常生活中的权力技术：迈向一种关系、事件的社会学分析"，北京大学社会学系硕士论文。

李永刚，2009："多重比大小：地方官员的隐蔽治理逻辑"，《经济社会体制比较》，2009，2。

林南，1996："地方性市场社会主义：中国农村地方法团主义之实际运行"，《国外社会学》，1996，5—6。

刘小枫，1998：《现代性社会理论绪论》，上海：三联书店。

欧阳静，2011："压力型体制与乡镇的策略主义逻辑"，《经济社会体制比较》，

2002，3。

彭玉生，2003："中国村镇工业公司：所有权公司治理与市场监督"，《清华社会学评论》（2002 年卷），北京：社会科学文献出版社。

荣敬本等，1998：《从压力型体制向民主合作体制的转变——县乡两级政治体制改革》，北京：中央编译出版社。

徐勇，2009："'接点政治'：农村群体性事件的县域分析——一个分析框架及以若干个案为例"，《华中师范大学学报》，2009，6。

杨善华、苏红，2002："从代理型政权经营者到谋利型政权经营者"，《社会学研究》，2002，1。

杨雪冬，2002：《市场发育、社会生长和国家构建——以县为微观分析单位》，郑州：河南人民出版社。

周黎安，2007，"中国地方官员的晋升竞赛模式研究"，《经济研究》，2007，7。

——2008：《转型中的地方政府》，上海：格致出版社。

周雪光，2005："'逆向软预算约束'：一个政府行为的组织分析"，《中国社会科学》，2005，2。

——2008，"基层政府间的'共谋现象'——一个政府行为的制度逻辑"，《社会学研究》，2008，6。

De Certeau, M. 1984. *The Practice of Everday life.* Berkeley：University of California Press. 转引自孙立平，2000：《"过程—事件分析"与当代中国国家—农民关系的实践形态》，2000：《清华社会学评论》，2000，1。

Oi, Jean, 1995. "The Role of the Local State in China's Transitional Economy." *China Quarterly.* 144.

——1998. "The Evolution of Local State Corporatism." In Andrew Walder, eds. , *Zouping in Transition：The Process of Reform in Rural North China.* Cambridge Mass：Harvard University Press.

Walder, Andrew, 1995. "Local Governments as Industrial Firms." *American Journal of Sociology.* 101（2）。

西方国家官僚制的比较研究[*]

谭 融^{**}

对英、美、法、德等国官僚制的比较研究，是一个颇具难度的论题。笔者在对西方各国官僚制的研究中，对英、美、法、德官僚制的类型、当代西方各国官僚制的改革、西方各国高级文官的角色定位以及西方国家职业官僚的政治化趋势作了一些思考，并在此基础上对当代西方国家官僚制的发展趋势以及当今人类在国家官僚制问题上面临的两难困境提出了看法。

一、关于英、美、法、德官僚制的类型

对英、美、法、德官僚制的研究视角和研究方法，各国学者有诸多思考和探讨，其中所采用的方法之一为跨国比较。美国比较公共行政学家费勒尔·海迪（Heady, 2006）采用此种方法，将法国、德国的官僚制归为"古典"官僚制，将英国、美国的官僚制归为"公民文化"背景下的官僚制，在两个不同的框架下分析法国和德国、英国和美国官僚制的文化基础和特征。

* 本文原载于《经济社会体制比较》，2014 年第 5 期。基金项目：复旦大学陈树渠比较政治发展研究中心年度课题（项目编号：CCPDS-FudanNDKT14016）。

** 谭融，南开大学周恩来政府管理学院教授，博士生导师。

他认为，欧洲大陆国家的官僚制大体上属于马克斯·韦伯所描绘的"古典"官僚制，以法国和德国最为典型。在一些重要方面，这两个国家的政治文化具有共性。具体表现为：首先，在过去两个世纪里，这两个国家在政治上都经历了持续的不稳定，呈现出政治变革的突发性、激烈性和频繁性。与之相对应的是，在此种极度动荡和不稳定的状况下，"法国和德国的行政制度和官僚制度都具有良好的连续性"（Heady，2006：214－215）。19世纪形成的普鲁士官僚制成为统一后德国政府的核心制度，被保留下来。同样，法国在大革命前就创立起一套庞大的政府行政系统，大革命后这一系统得以延续，保持着效忠于国家的特性。法国和德国政府官僚体系的稳定性和有效性，如同这两个国家历史上政治的不稳定性，"成为法国和德国共有的一种标志性现象"（Heady，2006：214－215）。此外，海迪还提出法、德两国官僚系统"强调理性、非人格性和绝对性的基本品质特性"（Heady，2006：221），认为此类特性恰与马克斯·韦伯所描绘的现代官僚制的特性相吻合。

与法国、德国相对应，海迪将英国、美国称为"公民文化"背景中的官僚制，视之为"行政制度的变异形式"，即与马克斯·韦伯的官僚制不同的官僚制类型。此类官僚制强调多元主体参与，主张一致性与差异性并存，允许变革但主张温和的变革（Heady，2006：246－247）。与法、德相比，英、美两国在历史上政治相对稳定，此种环境允许它们在政治上循序渐进地变革其制度结构，极少发生剧烈的政治动荡导致政治进程中断和改革方向突变的情况。在此种平稳的政治环境中，英、美两国的政府官僚系统得以发展，并在总体上保持着与政治发展的协调一致。正是基于这样的发展历程，英、美政府行政专业体系的形成明显晚于本国政治体制的建立，也大大晚于法、德政府官僚系统的形成。在高度发达的多元政治文化和民主政治体制下，英、美长期以来更多强调文官的中立性和政府官僚系统的代表性。

二、关于当代西方各国官僚制的改革

现时期处于西方各国官僚制的变革期，政府官僚制的内涵、角色、关系结构和人们的期望都发生了相应变化。英国、美国等英语国家将私人部门的经验引入政府部门，试图在私人部门管理的框架下改革政府官僚体制。而法国、德国等欧洲大陆国家，尽管也进行了适度的改革，但在总体上延续了以往的国家主义传统，而非如英国、美国那样在政府体制的改革中走"市场化"道路。从 20 世纪后期以来西方各国官僚制的改革中可以看到，西方各发达国家官僚体制的变革，一方面是追求更好的政府治理方式的结果，另一方面则是民众追求更加美好的生活而对政府提出更多要求的结果。在诸种改革中，政府高层职业官僚的非职业化趋势日益显著，正如埃兹拉·苏莱曼（Suleiman，2003：18）所言，"专业化的公务员已成为 20 世纪政治变革的受害者"，使以往民主社会所依赖的路径受到一定程度的损害。以往的民主通过发展一种政府治理的职业性工具，去维持国家政治与社会经济的同步发展。如今，这些民主国家似乎忽视了他们的历史经验，鼓励和创造着不同的发展路径。一方面将民主的概念仅限定于竞争性选举和一定程度的自由，忽视了国家合法性的重要性；另一方面强调经济发展的重要性，在资源分配上极力赞扬市场化，以之作为唯一的向导。

20 世纪后期以来，西方国家的政府行政体制改革和公共官僚制的转型引发我们以下思考：第一，公共官僚的传统目标是什么？公共官僚的传统目标如今是否已经过时？第二，政府再造是要转变公共官僚的传统目标，还是要对实现其目标的工具——公共官僚制度予以变革？第三，以英、美为主导的政府再造和市场化改革对社会的影响是什么？基于官僚制本身是国家政治制度的组成部分，乔尔·阿伯巴奇和伯特·罗克曼（Aberbach and Rockman，2000：4）等在研究美国联邦官僚制时提出，政府官僚制问题"不仅包括美国联邦行政制度是怎样变革的，还包括美国政治是怎样变革的。有必要……了解联邦行政部门以怎样的方式去适应政治制度的变革，以及政治环境中什么力量在改变政府的性质——它的运行、范围和活动"。

事实上，在欧洲大陆国家，试图对公共官僚加以改革是一件非常艰难的事情。正如人们所看到的，历史上，欧洲大陆建立起"强"国家，目的在于确保国家的统一。此类欧洲大陆国家的共和体制将集体主义置于首位，反对单个群体的自由整合，与美国分散化的联邦制民主模式形成对比。在此类国家中，社会集体的概念对阻止强官僚传统的衰退具有重要作用，也解释了法国官僚制改革之所以十分艰难的缘故。

一些学者对公众舆论的研究得出结论：在西欧国家中，对政治家和政治制度的不信任没有美国那么强烈，尽管一些研究表明对国家的不信任在增加。拉塞尔·道尔顿（Russel J. Dalton）说，"支持政府行动以解决社会需要是欧洲政治文化的核心成分"（Dalton，1996：115）。苏莱曼认为，尽管在法国，公众舆论看上去很支持改革，但却看不见像英国、美国那样全面行政改革的尝试（Suleiman，2003：88）。一些学者将进行了意义深远的改革和较少对本国官僚制进行改革之间的状况称为"修补型"，认为法国属于此种类型。他们提出，此类国家认为新公共管理运动所呼吁的改革既不必要也不可行，违反了国家和公民社会已经建立的平衡关系。法国政府官僚对国家机关的改革十分敏感，无论是在提高效率还是在增进民主方面都不积极，行动缓慢，被称为"不情愿的改革者"（Suleiman，2003：169）。改革的障碍既包括来自政治和官僚系统的障碍，也包括文化和价值偏好方面的障碍。

法国是一个秉承团结一致和社会内聚共和原则的国家，在法国人心目中，法国是一个"不可分割的整体"。在法国人看来，平等主义（egalitarianism）是所有民主政府的核心哲学，共和主义（republicanism）则具有国家对待公民一律平等的含义，承认公民之间没有差别，所有公民拥有平等享受国家提供的服务和接受国家保护的权利。国家不仅是仲裁者，还保持着政治的"中立性"，代表"公共意志"或"一般利益"。国家的超脱性使之超越于社会冲突之上，从而确保平等性的实现。"国家作为为法国公民提供公共服务的工具、经济发展的代理人和平等的保证人，具有广泛积极的内涵"（Cole，1999：168）。此种共和模式与盎格鲁-撒克逊的民主模式有所不同，强调"公共性"和"统一性"，而非"民主性"和"多元性"。为了实现"统一性"和"平等性"，需要依赖国家官僚机器去制定规章，并在国家提供公共服务的过程中加以控制，官僚系统因而成为实现共和主义的工具。如今在法国一类国家中"已经建立起牢固的大厦，并为此类原则所支持，由此而具有合法化地位。此类原则成为反对改革官僚工作方法的防线，并成为阻止限制官僚发展以及维持官僚浪费和特权的堡垒"（Suleiman，2003：175）。此种共和意识与国家理性经济服务观不相一致，尽管法国也进行了一些市场化改革，但它依然是反对新公共管理基本理念的国家之一，其重要原因便是官僚系统基本价值的保持。

　　法国一些学者将国家视为能够独立反映社会利益的自治实体，他们既不赞成马克思主义，也不接受多元主义，重视民主政体演变过程中制度的重要性。此类学者依据国家抵抗社会压力的能力将国家区分为"强"国家和"弱"国家。"强"国家能够有力地决定资源的分配，政府在政策制定过程中不易受到社会强势群体的过多影响。基于法国国家政府的一体化和集权化状况以及法国拥有一个训练有素的官僚机器有力地实施国家的决策，它被认为是"强"国家。相反，美国属于分权化国家，权力分散，国家政策的制定和实施受到过多权力主体和社会利益集团的干预，因而不属于"强"国家。苏莱曼对此提出不同看法，认为"一个国家所拥有的官僚机器的种类对一个民主政体管理自身的方式相当重要"。他避开"强"国家和"弱"国家的提法对官僚制加以分析，提出："一个国家依赖于官僚机器去发展和实施政治，然而即使最为集中的官僚制也会因内部冲突、辖区重叠、人事和预算竞争而四分五裂。一个国家不能因其组织图而指称其强还是弱。事实上，行政集权看上去最强的国家可能最容易受到外部压力的影响，而因国家结构分化看上去较弱的国家则可能更能抵抗强大的利益集团。"（Suleiman，1977：191 – 215）

三、关于西方国家高级文官的角色定位

　　在世界日益官僚化的趋势中，政府精英即高级文官的地位日益显著，获得越来越多的权力，成为西方各国官僚制中的共同特征。目前，西方学者对西方各国高级文官的权力地位看法不一。一些学者认为，很难准确估量高级文官的权力地位。也有学者认为，随着政府的发展和日益复杂化，发达国家高级文官的作用在日益衰退。格和莱特等认为，如今中央政府的权力已被转

移到私营公司或跨国机构等非国家机构，因此中央政府包括高级官僚的权力已被架空（Page and Wright，1999：4）。

对当代西方国家高级文官的研究可以从其政治地位和政治角色两方面入手。政治地位是从政府官僚精英的特征以及在政府中所处的位置的角度去加以研究；政治角色则是从政府高级行政人员所承担的职责如充当政府政策的协调者或利益集团间的仲裁者的角度去加以研究。近几十年来，在西方发达国家中，人们较多关注利益集团和游说组织的发展以及政党政治的发展对政府职业官僚地位和作用的影响，认为利益集团和政党政治的发展在一定程度上侵入和削弱了政府高级官员的专门知识和技术领域。同时，各国出现了政府权力下放和权力分散等多种改革，使原本一些掌握在高级文官手中的权力发生分离，由此而削弱了政府高级官僚在政策制定过程中的作用。欧洲一体化过程也影响着一些国家高级官员的角色和地位，使国家的一些重要权力从国家官僚精英手中转移到跨国家官僚精英手中。

对西方国家政府高级文官的研究需要回答这样的问题，即各国政府高级文官在政治系统中居于何种地位，高级文官是否处于政治系统中的问题。探讨高级文官的政治地位，实际上是探讨作为一种社会或政治集团，政府高级文官体系的内在特征和影响因素，探讨政府职业官僚系统与政治系统间的关系结构以及政府中的政治系统对职业官僚系统的控制程度等问题。一般而言，西方国家的高级文官在国家的政府行政系统中仅占一个很小的比例。这些高级文官具有很强的政治敏锐性，并掌握有专门技术，区别于那些仅履行专业行政职能的职业文官。在不同政治体制和政治文化背景下，各国政府高级文官的职能和与政治系统的关系结构有所不同。

高级文官是具有两面性的行政官员，履行着一种混合性职能："一半是政治职能，一半是行政职能。"（Dogan，1975：4）他们须权衡政治与行政之间的关系，权衡其"技术行政"决策的政治意义。马太·多甘（Mattei Dogan）在对西欧各国高级文官的研究中提出，"在中央公共行政领域，政治和行政的分离只是虚假的表象"，"政治与行政两种职能几乎在每个欧洲国家的高层统治集团中融合为一体"（Dogan，1975：3）。现代国家高层官僚的这种混合性特征为许多研究政府行政体制的学者所认可。苏莱曼认为："我们不可能将技术与政治相分离，因为技术专家的任务是为部长的决策作准备。"（Suleiman，1970：149）约瑟夫·拉帕罗姆巴拉（Joseph Lapalombara）提出："高层官僚总是深深地卷入到政治过程中，他们不可能在结构上处于分化的政治体系中孤立地履行其行政职能。"（Lapalombara，1963：14）罗伯特·普特南（Robert D. Putnam）说："在现代政府的现实面前，二者的分离是不现实的。"莱斯利·查普曼（Leslie Chapman）也提出："部长的职位跨越政治和行政领域，因此职位的持有者理应属于这两个领域。"詹姆斯·克里斯托弗（James B. Christoph）在研究中概括了英国高级文官的五种政治角色，分别为：政策制定者、政策执行者、彼此的政治庇护者、提出诉讼主张者和政治冲突的协调与管理者。可见，在现实政府过程中，政府的高级行政职位尤其是高级文官处于一种极为特殊的地位，并在事实上同时承担着政治与行政两种职能。

在西方各国官僚制中，"法治国"是一个重要理念和原则，影响着各国官僚制的形成和发展。尤其是在欧洲大陆国家，此种思想受到黑格尔和韦伯等理论家国家观的影响和支配。作为国家合法秩序的重要组成部分，政府官僚代表着公共利益。在此种思想影响下，国家赋予高级文官重要的权力地位，使高级文官处于政府行政组织上层，得以与政府中的政治系统相联系，与政治官僚分享政府的决策权和政府行政组织的命令权。训练有素、拥有专业知识和长期任职等因素，使之在与政治系统和政治官僚的关系结构中不可或缺，处于重要地位。

在法国的政治与行政过程中，仔细观察高级文官与政治的关系，可以看到，高级文官与政治系统之间的关系常常是个人联系的结果，而非制度化政治参与的结果。高级文官把自己托付给政治领导人，进入某些圈子，与政治同僚保持友好关系，展现出忠诚和能力（Suleiman，2003：238）。20 世纪 70 年代以来，法国政府官僚系统中通往政治或高级行政岗位的路线有所变化，但与政治系统保持密切联系的高级文官的数量持续稳定。20 世纪 80 年代末以来，一些高级文官变得不大愿意表明他们的政治偏好，反之希望表明他们的政治参与属于工具性，而非政治性。此种趋势从高级文官的参与取向和培养个人关系的方向上可以看出，一定程度上有助于其行政事业的发展或在私人部门中得到帮助。此种倾向与 20 世纪后期西方国家的公共管理运动和政府管理的"市场化"趋势相关联。尽管如此，在法国，个人与政治仍很容易结合在一起，这是法国长期的历史文化传统使然。

四、关于西方国家职业官僚的政治化

（一）西方各国职业官僚政治化的趋势

在西方世界中，以政治去控制政府官僚系统的运动是由美国引领的。在美国，此种变革在实践中获得了很强的动力，并寻找到了理论依据。苏莱曼说，在美国之外，"没有其他国家实施如此雄心勃勃的……公共部门改革，政府试图为其政治化的优势进行辩护。信赖性、责任性和回应性均被用为改革依据。需要创新、活力和回应顾客（即公民）的要求也引起一致响应。然而，所有这一切都能通过有能力的职业官僚去完成，而不需要为政治化的官僚机器所取代"。他认为此种现象是对"政党分赃制"的一种回归（Suleiman，2003：241）。

在西方国家，政府职业官僚体系的政治化导致政府文官集团士气低落，在英美国家更是如此。查尔斯·利文（Charles Levine）认为：美国政府文官士气低落和离职是由于"高级文官的政治化以及行政管理和预算局（OMB）的控制"。政府官僚制的政治化体现为"增加政务官的数量和白宫的管理，使文官在部门中的重要性降低"（Ingraham and Kettle，1970：174）。企业管理理念的引进，使保持政治中立不再是一种为人们赞许的价值。当官僚的使命不再是服务于共同利益，而仅仅是提供服务的组织时，保持政治中立的问题就变得不那么重要了。在美国政府崇尚理性主义和企业主义管理的背后，是"政府重新建立对文官的控制的渴望，行政部门的日益制度化大大剥夺了文官的权力"（Suleiman，2003：227）。

美国学者在官僚制研究中看到政府官僚机构对行政政治化的恐惧。如罗纳德·莫伊（Ronald C. Moe）所说：20 世纪后期以来，总统花费了很大精力通过控制官僚系统去寻求短期利益。"从尼克松总统开始，便故意选择忽视政体和政府管理的公共法基础，取而代之的是试图通过行政命令来控制行政部门，此种做法削弱了总统的制度能力和合法性。"（Moe，1994：118）20 世纪后期以来，美国政府打破了以往文官垄断政府行政专业体系的局面，努力寻求有利于政治系统的非文官人员，以之为政府经纪人，并创造了一种新的任命形式，以更有效地利用政府职业官僚系统，并试图使政府职业官僚系统能够保持与政治系统的一致性。此种设想对历来感到难以把控政府官僚系统的美国总统有极大的吸引力。在此种新的政府体制下，高级文官失去了以往政策创议者的地位，更多时候被要求对政策中的漏洞加以修补，导致高级职业官僚的抱怨，表明高级职业官僚的职责和职务地位发生了变化。新公共管理运动中的私有化、管制的后退和大量代理机构的出现导致公共服务质量下降，此种状况与公共服务的非职业化实践相关联，进而引发人们对公共功能的质疑和不满。

一些分析家评价英国撒切尔政府改革的后果，认为英国 1980 年以来的文官改革创造了英国"文官的碎片化和政治化"（Rhodes and Weller，2001：149）的双重困境，导致政府部门内和跨部门间责任分散，政府行政难以协调。文官政治化造成"调解常任、自治、中立的官僚与政治任命官员之间关系的压力"，人们进而提出"政治任命的人是否能够实现政府期望"（Rhodes，2001：149）的问题。尽管英国也是欧洲国家，但长期以来一直是具有自由主义传统的国家，而非如法国、德国等欧洲大陆国家那样具有"国家主义"传统，所以其官僚政治化路径和表现形态与欧洲大陆国家有所不同。英国政治体制中"政党政府"、尤其是"一党政府"的特征，使撒切尔政府进行政府官僚政治化改革时得心应手。

同一时期，欧洲大陆国家追随英美国家行政改革的步伐，导致原本便较高的国家官僚政治化程度进一步提高。这些国家政府的高级职业官僚原本就与政治系统保持着密切的联系，政治官僚依赖与他们合作的专家，甚至为了保护政府中的职业化专家而更换政治官僚。尽管如此，依然显现出官僚政治化程度进一步加深和文官中立原则进而受到侵蚀的趋势。

在德国，传统上政府职业官僚不像英国文官那么中立，允许文官成为政党成员。文官成为政治官员，再返回文官系统，都被接受甚至受到鼓励。法律也允许部长以政治标准在本部门雇用或解雇限定数量的高级官员。20 世纪80 年代以来，德国没有经历像美国那样大刀阔斧的政府行政改革。基于传统的职业性体制，德国政府官僚有稳固的晋升机制，20 世纪后期以来没有大量外部人员涌入政府职业官僚系统的情况。尽管如此，一些人仍称德国的政府文官体制为"有漏洞的职业体制"（Derlien，1998：55），具体表现为：第一，政治家不断利用文官职业体制中的漏洞，让职业精英官僚临时退职，以推动政治联盟，并希图依据"庇护圈子"（patronage cycles）（Mayntz and Derlien，1989：400）去延续和强化这一趋势。这种情况在各州和联邦同时存在。第二，从德国官僚升迁的分析中可以看到高级职业精英政治化所引发的"烟囱效应"（chimney effect）（Derlien，1998：55），意指烟往上冒，形容级别相对较低的文官有强调他们所归属的政党的优先性的强烈动机，并努力发展他们的政治技能，以谋求升迁机会。第三，德国官僚政治化趋势的加大源于20 世纪90 年代，联邦和各州的政治家不断依赖网络信息去发展政策，而不是听取传统官僚的意见，导致德国联邦官僚的两个精英阶层——政治精英阶层和职业精英阶层——都变得更加政治化了。汉斯-乌里齐·德林（Hans Ulrich Derlien）提出，以职业为基础的体制，支持那些遵循传统路径的职业官僚，官僚系统中较少录用外部人员，其中的高级文官有相对稳定的教育和社会背景。然而，政治家不断利用体制中的漏洞来安排临时雇员，由此而获取优势地位。高级文官在政党中的身份、高级文官通过自身工作去表明对议会的忠诚以及努力在联邦政府中发展其政治技能等倾向，都促进了职业官僚的政治化。德林认为，尽管官僚政治化在德国不是一个新现象，但在过去20 年中有新的发展，而且官僚政治化有发生在政府中相对较低层次的迹象（Pierre，1995：89）。在此种官僚政治化过程中，政治"庇护圈"发生着效用，使高级文官职位的内涵发生变化，使德国文官体制的漏洞进一步加大。

西方国家传统的看法认为，政府中专业化官僚的价值在于他们与政治的相对分离，在此种理念下的政府专业官僚较之服务于"国家理性主义"的官僚作用更为突出。而第五共和国时期戴高乐（General De Gaulle）和米歇尔·德勃雷（Michel Debré）的战略则是要创造一种"新贵族"，旨在使文官忠实于执掌政治权力的政治家，为法国国家的行政再政治化创造条件（Suleiman，2003：231）。正如拉·芬·罗本（La Fin Rouban）所言："政治已成为晋级的工具，正在取代职业规则。大部分文官被培养成政治化的行政人员，致使公共服务世界和政治世界的界限模糊不清。"为此一些人甚至提出法国国家危机论的观点。

（二）关于西方国家职业官僚政治化的争论和思考

关于职业官僚政治化有各种界定和解释，一般而言，是指在文官的选拔、任用、晋升和奖惩过程中，以政治标准取代绩效标准。在当代西方发达国家中，职业官僚的政治化不仅涉及人事问题，还意味着国家政治系统对政策制定和实施过程的控制。对西方发达国家政治与公共行政过程中的职业官僚政治化问题，可以从以下几方面加以考虑：

第一，在实践中，在几乎所有政府官僚体系中，文官都具有不同程度的政治参与。在美国的政府官僚体系中，政治任命官员有明显的党派性，文官系统原则上归属于常任、中立的职业官僚体系，但这并不意味着政府中的文官与政治系统完全处于隔离状态。德国则允许文官有明确的党派性，政府体制原本就给文官政治参与提供了方便。

第二，随着当代西方国家公共服务的政治化，政治标准的性质发生了相应变化。通常文官政治化反映于党派性和政治忠诚，然而伴随公共政策和公共服务的发展，政府官僚政治化同时反映于公共政策和公共事务领域。

第三，官僚政治化还反映为采用政治性标准去衡量政府行政效能。政府职业官僚体系通常采用绩效标准衡量文官工作，以之决定选拔和晋升。文官政治化趋势使政府以政治标准决定高级文官的任用，很大程度上迎合了政治系统的需要，不利于政府行政效能的提升。

第四，官僚政治化还表现为一些文官对政治性职务的承担。在一些部门中，一些文官同时承担着政治辅助性工作，使部长们难以区分他们所扮演的是政治性角色还是职业性角色。

第五，在西方国家中，一些文官在党派层面日趋政治化，但在其他层面仍显现为非政治化。一些国家行政官僚政治化倾向的出现，是因为政治领袖希望在社会经济利益集团、部长和文官之间建立起一种合作关系，此种合作关系一定程度上取代了党派关系和政治忠诚。此种职业文官政治化倾向表现为政府职业官僚与社会的连接，具有某种积极内涵，体现为政府对社会需求敏感性和回应性的提升。

如今在西方国家的政治与行政体制改革中，人们再次提出应如何看待文官"政治中立"问题。在当今时代，"政治中立"是否还是衡量政府职业官僚的重要尺度？文官"政治中立"对政府职业官僚的社会"回应能力"有怎样的影响？美国学者盖伊·彼得斯（B. Guy Peters）和乔恩·皮埃尔（Jon Pierre）认为，西方民主国家的文官中立原则并不适合中欧和东欧国家，因为这些国家正在奋力克服近几十年来经济与公共服务方面的问题。在此种情况下，要求政府保持对社会问题和民众需求的高度敏感，政府官员不能固守自身看法、对政治领袖的要求和社会需求麻木不仁。实践表明，当代西方各发达国家的政府体系中，行政结构与政治结构之间并非似人们想象的那么相互隔离。英国是典型的政治与行政两分的范例，美国并不存在欧洲国家概念上的高级文官精英，但两国依然存在政治官僚与职业官僚间功能交织的状况。法国政府精英集团的成员可以在行政职位和政治职位间自由流动，同时承担着法国社会（包括公共部门和私人部门）的多种职能。德国的政治官僚与职业文官间也存在相互转换和流通的情况。从各国政治和公共行政的实践中可以看出，政治职业结构与行政职业结构间的区别是很明显的，但一些政府官僚在不同舞台上同时履行着两种功能。

如今，西方各国民众一方面要求政府更加高效，包括高效率和高效益，另一方面要求政府更加负责任。这二者间存在一定的矛盾。对政府实现高效的要求使西方各国政府行政首脑和政治系统希望强化对政府行政系统的控制，由此推进了政府行政职业系统政治化的进程，打破了一些国家行政职业体系保持政治中立的传统。然而现实是，在政治与行政的实践中，实现政治高效益要比实现经济高效益困难得多。社会的发展一方面要求经济的快速发展，另一方面要求保持社会的公平性和公正性。只有保持政治和经济平衡、平稳地发展，才能真正实现长治久安，急功近利的改革只能使社会失衡，最终导致政治上更大的困境。

在一些西方国家中，长期存在政治系统通过政党或其他政治力量对政府官僚体系加以控制的现象，力图通过政治手段去塑造政府官僚系统。当代西方国家管理主义的改革给此种政治控制提供了可能性，使政治系统获得了更大的对政府行政职业体系的控制权。使传统的政府职业文官体系被削弱，使政府行政体系丧失了已有的制度化结构，削弱了专业性官僚体系的价值，为政治的腐化和政党分赃埋下了新的隐患。卡尔·弗里德里奇（Carl Friedrich）认为：政治发展的有效性，既要满足技术标准，又要满足政治标准，而二者常常难以得到很好的协调（Dogan，1975：122）。普特南认为，官僚趋于政治化的潜在危险在于：在政府官僚系统中实施政党恩惠或文官的党派性任免，降低了政府行政精英的竞争性和技术能力，使职业官员越来越服从于政治官员，在面对重要问题时无法作出准确、合理的回应。党派偏见影响国家的政策和行政行为，妨碍政府行政行为的客观标准，导致政府行政的非道德化（Dogan，1975：122）。西方各国官僚制的实践表明，政府官僚体系的政治化程度愈高，政府官僚的创新能力愈加下降，无法应对变化着的政治需求，政治系统控制政府官僚的能力也终将被削弱。

关于政府官僚职业化和政治化的讨论涉及政治与行政二者间关系问题，也是长期以来政治学和公共行政学界争论不休的问题。在马克斯·韦伯看来，政府职业性官僚因掌握专业知识，因而有可能帮助政府将公共政策和公共行政建立在理性而非利益驱动的基础上。此种职业主义尽管未必能够保证始终达到较高标准的中立性和公正性，但是能够保持民主政府持久性的力量。20世纪七八十年代以来，基于一些政治家和学者对政府职业官僚中立性的批判，使保持中立性政府官僚体制的理念遭遇危机和挑战，一些人如莫伊和罗伯特·默兰多（Robert Maranto）等甚至认为中立本身没有价值（Maranto，1988：623）。然而约瑟夫·熊彼特（Joseph A. Schumpeter）认为，专业性和非政治化官僚制的存在是民主政体的基础之一。政治化的官僚制，无论给政府提供了怎样的有利条件，都给民主政体带来严重的威胁。正如阿伯巴奇和罗克曼所言："如果文官不能以独立和负责任的意识去支持合法的机构和程序，政治对官僚的控制便很容易走得很远。执行性的单一交付很可能会导致权力的滥用。"（Aberbach and Rockman，2000）

如今，我们大概陷入了一个无法自圆其说的理论困境：一方面，在党派角逐和轮流执政的政党体制下，政府职业官僚的相对独立性和中立性有助于政府政策的理性发展，有助于政府政策的连续性和合理性，防止由于党派纷争和利益间角逐而使政府行为有所偏颇。各国政治与行政的实践表明，一个国家的政府行政系统，一旦失去这一理性、中立、趋于公正性的功能系统，便有可能导致政党分赃、政府人事腐化、功绩制受到冲击和政治腐败现象泛滥，不合乎民意的利益取向便有可能弥漫于政府行政系统。另一方面，政府的功能系统说到底依然是一个职业体系，需要由政治系统把控方向，以防止政府行政官僚系统为了部门和局部利益而扭曲政府政策的公共利益取向。

五、官僚制的发展趋势和人类所共同面临的两难困境

总之，如今无论是发达国家还是发展中国家，政府官僚系统均不可或缺。马克斯·韦伯称这一趋势为人类事务中的形式理性（formal rationality）部分，是世界非神秘化趋势（demystification of the world）的反映，是西方国家现代化进程不可避免的结果（Page and Wright，1999：3）。但在任何社会中，人们都不断地对这一系统提出改革要求。政府官僚系统属于国家财政供养体系，由纳税人所提供的资金供养，因此民众有权利要求它负责任、运行有效和节约开支。问题在于：国家的官僚体系应该以怎样的方式去服务于民众？国家官僚体系的改革应该向何处去？怎样的改革方能使政府官僚系统既具有有效性，又不破坏民主的核心价值？

20 世纪后期西方国家官僚制的问题在于政府官僚机器的功能存在问题，需通过改革去完善政府功能，改变政府组织结构与功能方面的缺陷，为社会提供更加有效和令人满意的公共服务，而非摧毁政府官僚机器本身。在对政府官僚系统加以改革的过程中，切中弊害，保证政府官僚系统的公共性、防止官僚组织的自利性是个重要问题，也是各国政治家、政治学家和公共行政学家需要认真思考和解决的问题。

任何一个国家，无论是发达国家还是发展中国家，要保持政治经济的稳定发展，都需要一个稳定健康的政府系统，西方发达国家的发展历程证明了这一点。如今在西方国家中，有两种截然相反的理论观点：一种观点认为，在构建国家和民主的过程中，政府官僚不可或缺；而市场理论则认为，只有在权力受到削减的市场经济下，国家方能得到更好的发展。一些西方国家，尤其是美国，倡导新兴的民主国家抛弃其权力机构，依赖市场和公民社会。然而其市场理论可能更适合于强有力的、巩固的民主国家，而非新兴的民主国家。苏莱曼说："美国、英国、法国、日本、普鲁士及近代韩国、中国台湾和印度等国家和地区的历史发展表明，官僚权力的发展补充和便利了国家的发展和此后民主的发展。""如果政治发展需要职业民主，那么设想一个没有韦伯官僚制的民主会是合理的吗？"由此得出结论："我们不能放弃对职业官僚机器的需要和对一个可信、有限、负责和强有力的国家权力的需要。""伴随民主不可阻挡的趋势，国家仍然是秩序、安全、社会和谐与信任的保护者。""这些功能的实现需要更精干、更高效和花费更少的官僚机器。相信政治权力的职业主义……仍然是民主秩序的构成要素。"（Suleiman，2003：316）

亨利·雅各比（Henry Jacoby）说："我们时代面临的真正问题好比一个封闭的圈，圈内聚集着国家机构的功能和权力，圈外则是个人的孤立和无助。这两个对立面互相影响，相互促进。""在西方，个人之间的关系越松散，他们对官僚机构的依赖就越强。随着具有稳固性和保障性的封建秩序的消失，人们日益需要供职于政府部门的专业人员的指引和保障。社会越趋向于个人主义，个人越需要承担社会责任，此时个人就越需要安全感，也就越需要一个强有力的政府。随着人们越来越崇尚个人主义，即人人各扫门前雪时，人们便发现需要一种具有全面指导意义的对公共街道进行专业清扫的制度。换句话说，社会变得越现代化——工业化、复杂化和科技化——就越需要官僚制。"（Jacoby，1976：1-2）"我们这个时代的特征就是强有力的、合理的管理转化为不合理的权力的运用，对权力缺乏明确的限制，个别国家日益趋于对独立性的侵蚀。"然而，"我们越来越意识到，与文明的理性选择相比，这种包揽独立性的国家权力更喜欢建立在神话的基础上，此种神话给在大众社会中饱受惊恐的个人提供了一种可靠的、令人欣慰的信念。一群无社会组织的、孤立的民众对权威极其渴望。以往的社会关系被打破后，人们趋于寻找安全感和保障"（Jacoby，1976：2）。官僚制的出现意味着对社会的控制，因此不可避免地会引发社会的不满。人们抱怨国家机器的权力运用到了极致，一些社会上层阶级认为由于国家的干预，国家中所出现的新兴力量侵害了他们的利益，削弱了他们的社会权力和地位，等等。种种不满和非议使当今各国的政府官僚制遭遇到了前所未有的挑战。这一两难困境也恰恰是马克斯·韦伯曾经的困惑：面对越来越不可或缺、权力地位日增的政府官僚体系，究竟什么力量能够抑制它？怎样能够在限制官僚制的基础上使民主继续生存发展？当今世界，各国的政府官僚系统已日益成为整个社会的总代表，人们越来越为政府的官僚体系所束缚。一方面，现代理性使人们日益个性化；另一方面，国家的官僚化又使人们变得越来越非个性化。人们至今尚未找出解决这一矛盾和两难问题的良方。

参考文献

［美］费勒尔·海迪，2006：《比较公共行政》，刘俊生译，北京：中国人民大学出版社。

Aberbach, Joel D. and Bert A. Rockman, 2000. *In the Web of Politics: Three Decades of the U. S. Federal Executive*. Washington: Brookings Institution.

Cole, Alistair, 1999. "The Service Public under Stress." *West European Politics*. 22（4）166-84.

Dalton, Russel J. , 1996. *Citizen Politics: Public Opinion and Political Parties in Advanced*

Industrial Democracies. Chatham: Chatham House.

Derlien, Hans Ulrich, 1998. "Repercussions of Government Change on the Career Civil Service in West Germany: The Cases of 1969 and 1982. " *Governance.* 1 (1): 50 – 78.

Dogan, Mattei, 1975. *The Mandarins of Western Europe: The Political Role of Top Civil Servants.* New York: Sage Publications Inc.

Ingraham, Patricia W. and Donald F Kettle, ed. , 1970. *Agenda for Excellence.* Chatham: Chatham House.

Jacoby, Henry, 1976. *The Bureaucratization of the World.* California: University of California Press.

Joseph Lapalombara Ed. , 1963. *Bureaucracy and Political Development.* Princeton: Princeton University Press.

Maranto, Robert, 1998. "Thinking the Unthinkable in Public Administration: A Case for Spoils in the Federal Bureacracy. " *Administration and Society.* 29 (6): 623 – 42.

Mayntz, Renate and Hans-Ulrich Derlien, 1989. "Party Patronage and Politicization of the West German Administrative Elite: Toward Hybridization?" *Governance.* 2 (4): 384 – 404.

Meier, Kenneth J. , 1997. "Bureaucracy and Democracy: The Case for More Bureaucracy and Less Democracy. " *Public Administration Review.* 57 (3): 193 – 99.

Moe, Ronald C. , 1994. "The Reinventing Government' Exercise: Misinterpreting the Problem, Misjudging the Consequences. " *Public Administration Review.* 54 (2): 111 – 22.

Page, Edward C. and Vincent Wright, 1999. *Bureaucratic Elites in Western European States.* Oxford: Oxford University Press.

Pierre, Jon, ed. , 1995. *Bureaucracy and the Modern State: An Introduction to Comparative Administration.* Brookfield: Edward Elgar.

Rhodes, R. A. W. and Patrick Weller Ed. , 2001. *The Changing World of Top Officials.* Buckingham: Open University Press.

Suleiman, Ezra, 1970. "The French Bureaucracy and Its Students: Toward the Desantification of the State. " *World Politics.* 23: 121 – 70.

——1977. "Self-Image, Legistimacy and the Stability of Elits: The Case of France. " *British Journal of Political Science.* 7 (2): 191 – 215.

——2003. *Dismantling Democratic States.* Princeton: Princeton University Press.

市场倾向的发展中国家的官僚责任制悖论[*]

M．沙姆斯·哈克　著　　　周红云　译[**]

这篇文章的焦点集中在发展中国家的国家性质最近发生的以市场为取向的变化以及官僚责任制发生的相应转变。该文章主要观点如下：最近，在发展中国家的国家角色出现了市场取向变化的情况下，大多数政体的官僚机构借着更高效率、更大透明性和责任性的名义，进行了商业取向的改革，然而，恰恰相反，这种改革向官僚机构的责任制的实现提出了一系列挑战。关于这一点，本文试图对发展中国家的国家角色和官僚机构的性质所发生的市场取向的变化进行仔细考察，探讨一下这些变化对官僚机构责任制提出的挑战，然后简略提出一些补救措施来克服那些刚出现的挑战。在对这些问题进行讨论之前，本文还要对下列问题作一个简要的回顾：国家性质在决定官僚机构责任制及其效率模式中是如何发挥它的关键作用的。

一、国家和责任制之间的传统联系

要决定一个官僚机构是不是代表资本主义国家、社会主义国家、后殖民

---

　　* 本文原载于《经济社会体制比较》，2000 年第 1 期。受篇幅限制，本译文有删减，有需要的读者可与编辑部联系。——编者注

　　** 周红云，中央编译局世界发展战略研究部副主任，研究员。

国家、民粹主义国家抑或独裁主义国家，该官僚机构在整个权力结构体系内的位置可能是一个重要条件，而且它对人口的不同部分所负责任的不同范围被认为是具有决定性的。例如，在资本主义国家形成的历史过程中，国家官僚机构扮演了相当重要的作用：推动私人资本的积累和扩张，为官僚机构建造基础设施，创造人力资源，训练劳动力，维持法律和秩序并且确保国内外的安全，然而他们却忽视或不注意工人阶级的利益。在资本主义发展的古典阶段，国家对私人资本只有很小的自主权，对相对无组织的工人阶级却可以采取各种各样的控制措施。因此，官僚机构只对它所代表的政治制度负责，在这种责任制外表的掩饰下，各种官僚政治机构只是为富有的商人阶级所拥有的私人企业提供基础设施、金融、法律和培训的服务而负责。

然而，在资本主义发展的晚期，20世纪30年代的大萧条引起了对私人资本的各种挑战——以政治为目的的有组织的劳动大军的形成以及殖民地廉价劳动力和原材料资源的结束——导致了国家角色和国家与私人资本之间权力关系的重要转变。在很大程度上，私人资本依赖国家采取金融措施来调整市场危机，依赖国家提供各种福利来安抚不满意的工人阶级，而且还依赖国家采取强制性的外交政策和侵略性的防御措施来维持他们的国外市场。30年代以来的私人资本的相对脆弱性和它逐渐形成的对政府机构的依赖性扩大了国家执行计划的自主性，国家可以满足社会大多数人的需求，而不仅仅是占统治地位的资产阶级。简而言之，严重的市场危机和不满意而又逐渐有组织的劳动大军的形成扩张了资本主义国家的作用，增加了国家官僚机构的规模，扩大了官僚政治的责任范围：官僚机构变得不仅仅对既定的商业利益负责，必须保证一种良好的商业氛围，而且要对大多数的公众负责，为他们提供各种福利服务。尽管我们最终可以得到结论说，资本主义国家和它的官僚机构仍然是为私人资本服务的，但市场倾向的发展中国家的官僚责任制悖论是，当不同的社会群体和阶级开始要求他们的利益并迫使国家对他们的需求作出反应时，那种只对私人资本作出的反应已逐渐扩散到他们中间。

另一方面，在后殖民的发展中社会里，尽管公开承诺会有传统的责任措施，如法律委员会、司法控制、专门调查官员舞弊情况的政府官员以及新闻媒介等，但是，这些国家的后殖民地位却对官僚机构的责任制形成了独特的挑战：要使通过殖民继承而来的"过度发达的"、极其强大的官僚机构对脆弱的政治制度、私人企业以及无权的普通大众作出反应和负有责任，这变得很困难。得到国际机构的积极鼓励和支持的官僚机构一旦变成了社会经济转型的主要中介，那它就会拥有更多的权力并控制各种发展政策和制度，而这将进一步降低那些国内政治组织和基层组织的权力，以至于没有力量使官僚机构对人民负责。实际上，在许多的亚洲、非洲和拉丁美洲国家，官僚寡头统治，代表了军队和文官政治精英之间的联盟，垄断政治权利，排斥民主政治制度和文化，并因此对责任制问题形成严重的障碍。然而，在后独立（post-independence）时期，其中有些国家已经有了相当的进步，他们成立了可行的政治党派和基层组织，加强了各种范围内的市民社会的力量，减少了军事干预的频率，使政治氛围或文化民主化，并因此创造了一种有益于更大的官僚政治责任制的环境。

简而言之，整个国家机器的性质和作用实质上包含了官僚机构的责任性，而且随着国家性质的不断变化，官僚机构最终要负责的那些社会阶级和群体的构成也经常发生变化，同时，国家的自主性、依赖性和对不同阶级和权力集团的控制程度也不断地发生变化。情况经常是这样的：一个国家在和某个特殊的社会阶级或压力群体之间的关系中越是表现出更大的依赖性和更小的自主性，那么这个国家的官僚机构就越将对那个阶级或群体作出反应并对它负责；如果国家在彼此的关系中表现出更大的自主性和控制力，那么这个国家的官僚机构对那个阶级或群体作出反应时就将遇到更小的压力。从上述例子中我们可以非常清楚地看到：在先进的资本主义国家和后殖民的发展中社会里，国家性质是如何体现官僚机构对各种社会群体和阶级的责任含义的。

然而，在过去的 20 年里，与国家性质和官僚机构责任制的相应模式相关的描述在资本主义国家和发展中国家都已经发生了根本的变化。在目前以资本主义力量取胜、主要社会主义国家坍塌、市场意识全球化和世界范围内进行市场取向的改革为特征的环境下，国家性质已经发生了根本的转变，国家已经与它以前的意识形态所认同的身份无关。当全世界范围内的政府都已经采纳了以市场为中心的改革，而且进行了类似商业管理的官僚机构改革（以下将会加以讨论）时，研究国家性质最近发生的市场取向的变化、分析国家官僚机构发生的相应变化以及对所包含的官僚政治责任制的变迁进行仔细的考察就极其必要。由于本文的中心集中在发展中国家，所以，接下来的部分试图对亚洲、非洲和拉丁美洲国家的国家性质和官僚机构性质在当前发生的变化进行解释。

二、发展中国家及其官僚机构最近发生的变化

（一）国家性质和作用的变化

有相当多的文献对发展中国家的国家起源、性质和作用进行了解释。亨泽·阿拉维（Hamza Alavi）认为，巴基斯坦和孟加拉国等亚洲国家继承了由殖民地宗主国的资产阶级建立的"过度发达的"国家机器，并对本土的阶级进行统治（阿拉维，1972）。他认为，自从殖民地宗主国的控制结束以来，就不再存在哪一个阶级完全支配着整个国家的情况：国家（尤其是官僚—军队的寡头统治的国家）居中调停三个有财产的阶级的利益冲突（本土的资产阶级、宗主国新殖民主义者资产阶级和有土地的阶级），并因此而保持对其中的任何一个阶级的相对独立性。伊萨·斯夫基（Issa Shivji）与阿拉维的观点不同，在他对坦桑尼亚等非洲国家的研究中，他提到，在这些国家中，由于缺少真正的资产阶级以及小资产阶级的软弱性，国家本身变成了一种工具，它使新生的小资产阶级转变成所谓"官僚资产阶级"真正的统治阶级（参看Left wich，1993）。对于东非的情况，约翰·索尔（John Soul）说明了"过度发达的"国家机器使资本主义以前的社会形态处于次要地位的作用，而且根据国家对于确保领土统一和合法的重要性而不是根据国家调停各种阶级利益的作用来解释了相对自主性问题（参看 Westergaard，1985：13）。

另一个关于发展中国家的国家性质的早期观点是根据齐曼（W. Ziemann）

和兰森多菲尔（M. Lanzendorfer）的"边缘国家"理论提出的，该观点认为，就是因为边缘社会的被扭曲的依赖性经济和不完整的阶级结构（而不是后殖民国家的过度发展的地位），要求国家去调解各阶级和群体的利益并因此而扩大国家的政治权利和相对自主性（参看 Westergaard，1985：9-10）。另外还有一个由奥多纳尔（Guillermo O'Donnell）和科利尔（David Collier）等学者倡导的学术传统将发展中国家尤其是拉丁美洲的国家称作是"官僚独裁"（bureaucratic-authoritarian）国家，这些国家的特征是：由军事组织进行统治，对民众进行压迫和排斥，为民族资产阶级提供特殊的金融帮助和支持（奥多纳尔，1973；科利尔，1979）。

在这些对发展中国家的国家性质的千变万化的解释中，其共同之处是：从外部（包括殖民地和后殖民地）引入的国家形态；与其他社会领域相比较国家处于高级地位；国家在调节各阶级利益和把软弱无力的资产阶级转变成真正的统治阶级中发挥重要的作用；而且由于这些原因，国家在与各社会阶级和群体的关系中处于重要的自主地位。与先进的资本主义国家相比，这些特征暗示着，在这些国家中，国家在整个社会形态中占有重要的中心位置，在干涉主义的经济角色中，在扩张的发展政策和行为中，以及在霸权的政治地位中，国家的这种中心位置逐渐变得明显起来。几十年来，在发展中国家，国家采用了以严格的长期发展计划为基础的政策，包含了农业、工业、教育、防卫、健康、交通、通信等等在内的几乎所有的社会经济部门。

然而，就在 20 世纪最后 25 年期间，发展中国家的国家角色发生了一个重要的市场取向的转变：以国家为中心的发展范式受到了攻击，而市场取向的政策占据了主导地位（Chaudhry，1994：1）。在大多数的亚洲、非洲、拉丁美洲国家，已经实行了市场取向的政策，如经常因为国际机构、援助国家和跨国公司强加一些条件，在所谓的稳定和结构调整的计划下进行的私有化、消除价格管制、货币贬值和自由化等（参看 Haque，1996b）。自从 20 世纪 80 年代早期以来，以国家倡导的以市场为取向的政策为基础，发展中国家已经售出、租出、承包并清算了一大批公共事业。在 1980—1987 年间和 1988—1993 年间，在非洲，私有化交易的数量从 210 批次增加到 254 批次，拉丁美洲，从 136 批次增加到 561 批次，亚洲，从 108 批次上升到 367 批次。而且在 1988—1993 年间，这种交易的总价值在亚洲是 197 亿美元，非洲是 32 亿美元，拉丁美洲是 551 亿美元（世界银行，1995：27）。发展中国家的私有化范围是如此的广泛，以至于它涵盖了几乎所有的经济部门（详细内容参看 Sader，1993：172）。

目前，这些国家的政策和计划促进了私人领域的活动，推动了市场力量，减少了政府控制，而且鼓励了外国投资，这意味着国家的早期角色发生了一个相当重要的转变。过去，国家只强调官僚机构的首要位置，强调官僚机构对关键经济部门的控制，严格限制市场力量，强调外国公司的国有化，等等。发展中国家的国家性质和作用发生的这种转变暗示了以"市场为中心"的国家形式的形成，它主要采取市场取向的政策，为私人资本的利益服务，从而也意味着国家与资本的主要部分（包括国内和国际资本）之间很难分离，国家只有有限的自主性。在拉丁美洲，与国内私人资本相比，国家的自主性程度似乎已经下降了，这在地方商业精英赚取的大量利润中表现得非常明显，他们从采矿、制造业、金融和贸易的私有化交易中发了横财；精英们得到了国家采取的市场取向政策的大力支持。

此外，刚形成的以市场为中心的拉丁美洲国家也失去了对外国资本的相当的自主性，在这些国家，国家倡导的私有化政策也使外国公司受益，国家以削减了很多的价格出售颇有价值的公共资产给这些外国公司。在早些年，这些"发展的"国家还反对外国拥有所有权并致力于使外国公司国有化的时候，那样的政策是很难让人接受的。与国际力量相对比，国家的自主性在不断削弱，这也是很明显的。在国际机构如国际货币基金组织、世界银行和国际金融组织强加的一些条件下，这些国家采取了市场取向的政策。这些机构强迫发展中国家实行所谓的稳定和结构调整政策（包括消除价格管制、货币贬值、私有化、自由化及外国投资等），以这些作为给予发展中国家贷款的条件（Cook and Kirkpatrick，1995；Haque，1996b；Pitelis and Clarke，1993；Smith，1991）。因此，由于全球的经济力量不断强迫发展中国家实行许多重要的国家政策，国家的自主性已经有了很大程度的降低。实际上，当代"以市场为中心"的国家一定程度上倾向于满足外国资本的要求，甚至于可以牺牲国内私人企业的利益。

简而言之，在目前市场化的全球气候下，发展中国家的范围和角色、国家和各社会阶级之间的关系性质，以及国家与外国资本之间的关系中，国家的位置发生了根本的转变。这些变化意味着"以市场为中心的"国家的形成，国家实行市场取向的各种政策，国家的社会经济作用不断减弱，而代之以私人领域逐渐加强，增加与跨国经济力量的联盟或从属于跨国力量，而且在国内和国外私人资本的关系中，国家的自主性不断降低。在考察以市场为中心的国家的官僚机构的责任性之前，详细论述官僚机构最近发生的变迁是很有必要的。

（二）以市场为中心的国家的官僚机构出现的变化

上述提到的发展中国家国家性质的转变已经导致了国家官僚机构的范围、目标、作用、结构和规范发生了相当大的变化。过去，国家只承担社会经济发展的任务，在实施扩张性的发展政策计划中发挥重要作用，同时还获得了所谓的发展的国家的新身份。在那样一个发展的国家里，官僚机构的范围和规模扩大了，它的作用也逐渐遍及了方方面面：在消除贫困、创造就业、收入重新分配、自力更生等名义下，国家干预也渗透到了几乎所有的社会经济领域（科沃，1990；马丁，1993；拉曼雷德汉姆，1984）。我们已经提及了发展中国家及其官僚机构的这种干预主义者的角色，国家官僚机构通过得到经济盈余的拨款，它本身成了统治阶级，人们给这个统治阶级冠以"官僚资产阶级"、"管理资产阶级"、"国家资产阶级"和"组织资产阶级"等各种名称（斯克拉，1991：215—217）。

然而，在以市场为中心的现代国家里，存在市场取向的政策偏向，国家只扮演支持性角色，而不承担主动积极的经济角色，国家的任务是控制和评估，而不是生产和分配，而且国家还倾向于外国投资和公私合资企业，这样，国家官僚机构的主要范围已经发生了重要转变。更确切地说，尽管国家官僚机构以前的主要目标是整个社会经济的发展，它承担各种公共事业，如减轻贫困、创造就业、提高健康和教育水平以及建造基础设施等，但是，现在它关心的是如何通过扩大私人领域的作用和市场的力量来提高效率、生产率和增长率。以市场为中心的国家的官僚机构的目标发生了根本转变，大多数发展中国家都发生了类似的变化，在这一点上，一些亚洲国家比起其他发展中国家进行得更早一些。在非洲，新近出现的强调"私人领域领头"的经济增长模式可能将导致一种类似的转变，即公共服务目标也将倾向于市场取向。与官僚机构目标所发生的这些变迁相对应，官僚机构的作用也发生了一些转变——从干涉主义者变成了非干涉主义者，从主动积极地参与变成了支持。官僚机构的这种支持性或推动性的作用在于维持市场环境、提供贸易许可、调解合同、为消费者提供信息以及为投资者提供金融环境等。例如，马来西亚政府重新设定了国家官僚机构的角色，使之从积极的变化中介转变成一种推动器或先导者。同样，在泰国和新加坡，政府官僚机构已逐渐承担了一种中介的角色，即通过私人市场加速经济增长。许多非洲国家的官僚机构的角色也在发生类似的转变，逐步成为规范者或先导者。

在以市场为中心的国家，新产生的官僚政治组织的性质也发生了变化。发展中国家为了实现公共目标而建立了传统官僚组织，如计划委员会、公共人事机构、行政事业单位、公有企业等，然而，与此不同的是，现在倾向于建立促进市场取向的政策、增加私人领域的范围、吸引外国投资的新政府组织。这种刚出现的市场取向的组织如泰国的公私部门委员会、菲律宾的私有化委员会和财产私有化信托基金会、韩国的行政改革总统委员会、巴基斯坦和斯里兰卡私有化委员会、马来西亚的私有化总计划、新加坡的公共部门投资委员会等（参看乔德莱，1992；村云，1992；拉亚，1990）。

与上述提到的官僚机构的目标、作用和官僚组织所出现的变化相一致，它的规范标准也发生了一些变化。大部分发展中国家遵循着西方自由民主的主要行政标准，采用了一些行政事务规范，如行政责任制、中立制、代表制，保持公正、正义、平等等。然而，在当代市场取向的全球气候下，不仅发达的资本主义国家在公共服务部门采用了市场取向的规范，而且发展中国家也在逐渐实行商业规范，如效率、生产率、利润率、竞争和消费者至上等观念都进入到他们的公共机构中。最后，在市场取向的政体环境下，国家官僚机构选定的受益人或者说是其服务的接受者的构成也在不断发生改变。根据对公民身份的重新定义，"消费者"或"顾客"也被当作公民，这时，官僚机构服务的目标群体主要包括：那些能付得起服务费用的公民以及那些有金融能力成为服务消费者的人。在菲律宾、马来西亚和新加坡等国家，政府正努力创造一种将满足消费者或顾客的"商业友好"的行政服务。

简单地说，在发展中国家，国家性质和作用的市场取向变化已经引起了国家官僚机构的目标、作用、规范和受益人的相应改变。官僚机构的目标已经从社会经济的进步转变为经济增长；它的作用已经从直接的经济功能转变为间接地推动市场力量的发展；它的规范也从民主的价值观如代表制、责任制和平等转变为市场取向的价值观如竞争、效率和生产率；官僚机构服务的接受者的范围也已经从"公民"转变成"顾客"。国家官僚机构最近出现的这些变化已经很清楚地暗示了它的公共责任性。文章接下来的部分就主要对官僚责任性相关内容进行分析。

三、新出现的官僚机构责任制悖论

在新兴的以市场为中心的发展中国家，官僚机构最近出现了一些变化，这一部分将集中讨论有关官僚责任制的变化趋势。然而，为了理解当代官僚责任制发生的变化，对它以前的地位作一个简要讨论是非常必要的。关于这个问题，人们必须记住前文提到的观点，即大多数发展中国家按照西方自由民主结构方式沿承了其"过度发达的"国家机器。就在短暂的后独立（post-independence）时期，发展中国家原来在前殖民统治时期所形成的官僚机构不仅被保留下来，而且通过强化西方官僚政治原则，如价值、层级、具体化、非个性化、中立和责任制等，更加扩张和进一步理性化了。与前宗主国实行的政治行政体制相一致，以这种形式的国家和国家官僚机构为基础，大部分发展中国家（除共产主义国家之外）都把自由民主看作官僚责任制的主要的意识形态基础。以各种立法、司法、行政、金融措施为主的官僚责任制主要出现在西方国家，然而，发展中国家采纳这种官僚责任制已经非常普遍。

然而，在发展中国家，由于各种君主体制（尤其是在中东）的存在、欺骗性选举和对反对党的镇压、使用军事力量颠覆被选举的政治领导并建立独裁统治以及政治制度对官僚政治权力的脆弱性等，使得这些官僚责任制的自由民主方式无效。在大多数亚洲、非洲、拉丁美洲国家，实行官僚责任制的主要障碍在于官僚机构的占统治地位的权力，它控制了稀缺资源，人民必须依赖它的服务，而且它与各社会群体和阶级之间的关系也不平等。因此，一方面，过度发展的后殖民国家的合法性——以自由民主模式为结构——要求官方对责任制的各种自由民主措施进行声明；另一方面，在那种先进的国家机器下，后殖民官僚机构的权力得到了极大的扩张，以至于采取的责任制措施在很大程度上失去了效率。这就是发展中国家官僚责任制所存在的悖论问题。

在以市场为中心的当代发展中国家，尽管国家官僚机构由于所谓的无效率和管理不善而受到攻击，国家采取市场取向的政策来控制官僚权力（例如，私有化和取消管制），但是，仍然出现了各种不同的官僚责任制悖论：尽管为了使官僚机构更具透明性和责任性，国家已经实行了市场取向的各种政策和官僚机构改革（世界银行，1995），然而实际上，这些政策和改革本身对官僚机构的责任制构成了一种挑战。下面，我们将解释为什么官僚责任制新悖论在以市场为中心的国家是无法避免的。

首先，从国家对责任制的强调角度来说，尽管早期发展国家更强调公共责任制和与此相关的其他价值观（如平等和正义），而不是市场规则，如生产率和效率，但是，在当代以市场为中心的大多数国家，情况却都是反过来的。前文我们讨论到官僚机构最近出现了以市场为取向的改革，这种转变意味着当前责任制的含义在性质上具有相当的工具性：官僚机构只对取得生产率和效率等市场目标（以经济专家的标准来衡量）负责，而不管是否满足了公众的需求和期望（按照人民及其代表的标准来评估）。换句话说，在以市场为中心的国家，官僚责任制本身不再是它们的目的，而是变成了一种完成市场目标的手段。这就是说，只要官僚机构在经济上有效率和生产率，那么它是否对人民负责并不真正重要。

其次，尽管官僚机构在结构上和意向上转而为"消费者"获得更好的服务而负责，但是，考察一下接受这种市场取向的官僚机构所服务的"消费者"的范围及构成也是非常必要的。以前，在一些发展中国家，公共的官僚机构是以某种社会经济发展为目标的，比如减少贫穷和失业，提高健康和教育水平，这就是说，官僚机构对总人口的各部分都负有责任。然而，官僚机构的作用最近出现了变化，由原来积极从事社会经济活动转变成了一种支持市场力量的支援性作用，这种转变意味着接受其服务的人员的构成也会发生很大的改变。虽然官僚机构的作用发生这种变化将有益于商界的精英们，但是它却有可能减少对那些依靠资助性教育、医疗和住房的穷人的各种服务。因此，在发展中国家，新近出现的以市场为取向的官僚机构很可能只是为富有的商业阶级的服务而负责，而不是为代表大多数人的穷人阶级服务的。在大多数发展中国家，以市场为中心的国家所实行的结构性的调整计划已经减少了公共机构所提供的资助性的社会服务，限制了人们获得教育和医疗服务的机会，缩减了实际工资，并引起了生活水平的总体滑坡。因此，尽管国家官僚机构可能变得对下列需求更具责任性：确保市场稳定、推动商业合同、为消费者提供信息、为私人投资者提供金融帮助等，但是，它对满足非特权阶层人口的需求已经变得相当有限。

第三，尽管现在行政机构的透明性被鼓吹得天花乱坠，但是，在以市场为中心的国家，公私合作范围不断扩大很可能对官僚机构的责任性构成严重的障碍，因为在那种合作过程中，官僚腐败的机会大大增加了。在资本主义国家，公私合作是一种有效的机制，通过津贴、税收信贷和保证信贷等方式扶持公司巨头，资助他们进一步扩张，以便满足大商业的利益。在许多亚洲、非洲和拉丁美洲国家，类似的公私合作企业已经出现。例如，马来西亚政府已经采取了行政措施，鼓励公私部门在相互利益的基础上合作（马来西亚政府，1993，1996），并且成立了所谓的咨询小组，包括来自公私领域的双方代表，其目的在于促进公私合作和相互交流。泰国、巴基斯坦、菲律宾、韩国和中国台湾等也都有类似的公私合作企业。公共官僚机构和商界企业之间的合作增加了官僚机构的腐败机会，从而对官僚机构的责任性形成了障碍。实际上，在巴基斯坦已经出现了大公司和高层官僚主义者之间的联盟，在菲律宾已经存在公务员和商界精英之间的以资助为基础的关系，在孟加拉国和泰国，官僚机构和主要社会力量之间存在强烈的联系，在许多非洲国家，富有的商人和高级行政人员之间有着利益的融合。公私合作企业的合法化和强化可能会导致公共官僚机构与商业企业之间的关系受到更多的诽谤，从而影响到官僚机构的正直性和责任性。

最后，在以市场为中心的国家，官僚机构责任制的悖论已经出现，因为越来越多政府雇员、政治领导人和外国公司对公共资产拥有所有权。有很多例子说明，公共机构的雇员是如何以低于市场的价格购买私有化的资产并从中大发其财的。在公有企业所谓的"现场旧货出售"过程中，他们就开始了剥夺公有企业财产的进程，公有企业要么以极低的价格出售，要么其资产被低估。在马来西亚、印度、孟加拉国、斯里兰卡、巴基斯坦和菲律宾等国，已经出现了对公有资产定价极低的现象。据说，在马来西亚和菲律宾，这些官僚、政治和商业精英们从各种私有化的交易中获得了巨大的利润。同样，在拉丁美洲，由国家倡导的公共资产的私有化也使官僚精英、政治领导及他们的家庭获益匪浅（马丁，1993）。所有这一切都表明公共责任制受到了总体破坏。

另一方面，正如上文提到过的，在以市场为中心的国家的保护下，在国际货币基金组织和世界银行等国际机构的推动下，在一些发展中国家，外国投资及其所有权得到了重要的扩张。在20世纪80年代，给这些国家的结构性调整贷款约70%包含了私有化成分，这通常会推动外国所有权和外国投资。在发展中国家，由于外国投资者参与私有化交易不断增多以及外国对私有化资产的所有权不断增加，外国投资者越来越多地要求国家官僚机构给他们提供高质量的服务，因此，这就可能危及官僚机构对地方投资者需求的满足。例如在印度，人们可以看到，最近进行的以市场为取向的改革已经使这个国家变成了各种外国商品的倾销地，他们提供给外国资本特殊的权利，为外国公司确保专利保护，从而对印度土生土长的弱小的民族工业造成了威胁。这里的危险就在于：当发展中国家的现代国家官僚机构必须为越来越多的在自己国家投资和拥有资产的外国公司服务时，这个官僚机构提供给地方投资者的服务将会越来越少，更不用提那会侵蚀到对农村穷人和城市底层阶级的服务。换句话说，以市场为中心的国家强烈倾向于外国投资和外国所有权，可能会导致如下情况发生：国家官僚机构对外国资本比对地方资本更负责任，对跨国公司比对全体公众更负责任。

四、结束语

在这篇文章中，我试图分析发展中国家的国家性质对于官僚机构对社会各群体和各阶级的责任制的含义。文中已经解释，在最近以市场意识占主导的全球气候下，发展中国家已经出现了以市场为中心的趋势，这使得国家官僚机构的目标、作用、制度、规范和受益人都发生了相应的市场取向的变化。尽管是在更大的透明性和责任性的名义下，官僚机构最近出现的这些市场取向的变化还是对责任制造成了严重的障碍。为了克服刚出现的责任制悖论，首先必须对那些倡导公共官僚机构以市场为中心的人（包括国内和国际的）所作的假定和主张进行重新考察，目的就是要引起人们对在这些变化之后的既定利益人的假定和主张的无效率和不可证实性予以清醒的认识。其次，认真考察国家官僚机构的市场取向变化的不利含义，尤其是对各群体和阶级的人民负责的不利倾向，也是非常必要的。为了确保这一重构和重新定位的官僚机构不仅对地方商业精英们和外国投资者的利益负责，而且要满足那些不能利用目前以市场为取向的政策和计划的低收入人口的需求，必须采取恰当的措施。最后，当国家官僚机构逐渐变得以市场为中心、为私人资本的利益而服务、与商业企业建立合作关系时，必须采取其他的制度措施以确保官僚机构的责任制：在这种以商业交易、利润动机和市场文化为特征的新气候下，对于官僚机构来说，必定有更多从事腐败行为的机会和刺激，在忽略普通人需求的同时主要为既定的商业利益服务。

　　从一种更加理论化的角度来说，本文所作的分析——主要是关于最近国家及其官僚机构的性质发生的市场取向变化，以及这种变化是如何阻碍官僚机构对社会不同部分的人口承担责任的——表明了考察国家性质及其作用对于责任制的研究来说具有总体知识上的重要性。这也暗示着人们需要改变对官僚机构责任制的一般解释，它过分强调了官僚机构对公众所负的责任，在官僚机构不平等地对待各社会群体和阶级方面，却忽视了"公众"本身的构成。正如沃勒斯坦（1994：319）所指出的，在美国的情况是，"政府官僚机构都是负责任的，如果说这种负责任不是针对民主理论中所指的公民，那就是指对资本主义实践中的公司利益负责……美国国家体制的实质问题不是不负责任的官僚机构，而是这些官僚机构通常对哪个阶级服务或负责任"。

　　简而言之，虽然对官僚责任制进行的流行分析（强调实施责任制的各种措施或工具）有某些优点，但是对官僚责任制与国家性质，尤其是它与各社会阶级、主要的权力集团和跨国公司之间的互动性质之间的关系进行考察也是最基本的。当发展中国家的国家性质变得越来越以市场为中心时，当国家官僚机构的作用正在朝有利于商业利益的方向重构时，当公共责任制的民主精神在以市场为意识形态的情形下正被逐渐边缘化时，那种对官僚责任制进行政治经济取向的研究在今天是非常重要的。

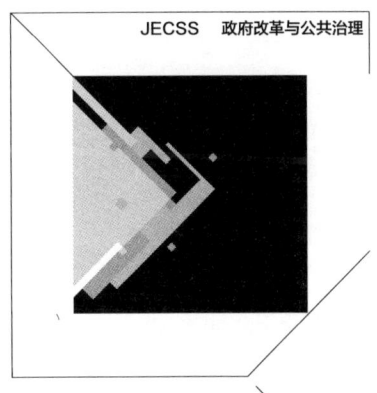

JECSS   政府改革与公共治理

第五辑

地方治理创新

中国地方政府的改革与创新[*]

俞可平[**]

我国的改革开放过程，是一个包含政治、经济和文化等内容的整体性社会变迁进程。改革开放 20 多年以来，中国社会发生了翻天覆地的变化，取得了举世瞩目的巨大成就。我国的改革开放过程，不仅是社会经济文化的进步过程，也是政治变革和政治进步的过程。改革开放后我国的政治文明建设取得了许多重要的成就，政治生活发生了重大的变化，我国的政治始终处于进步之中。简言之，中国政治正逐渐走向民主的和法治的善治目标，这突出体现在以下几个方面：一种新型的以现代民主价值观为核心内容的政治文化正在形成之中，党和国家开始适度分离，公民社会随着社会主义市场经济的发展而日益凸显其重要作用，建立社会主义法治国家已经成为政治发展的目标，直接选举和地方自治的范围大大扩展，以及各级地方政府的改革与创新。

随着政治观念的转变和政治环境的改变，近些年来，地方政府特别是基层政府出现了一种制度创新的强大动力，在许多地方党政机关中，创新成为一种自觉的行为。从我们已经掌握的材料来看，近年来出现了以下这些重要的地方政府创新行为。

---

[*] 本文原载于《经济社会体制比较》，2003 年第 4 期。

[**] 俞可平，北京大学讲席教授，政府管理学院院长，中国政治学研究中心主任，"中国地方政府改革与创新研究及奖励项目"总负责人。

在政治透明方面，主要有：（1）政务公开，即党政领导机关在制定重大政策之前广泛吸取相关专家和群众对该项政策的意见和建议，并且在可能的情况下吸收有关人员参与决策过程，避免重大决策过程的"黑箱作业"，使政策在颁布和实行之前能够为公众所知。（2）警务公开，在涉及公民切身利益的治安、户政、拘留等问题上，使相关当事人知晓这些警政事务，并进行相应的警务监督。（3）司法公开，主要是公开审判，在一般民事和刑事案件审判时，允许公民旁听。（4）检务公开，即对当事人或公众公开相关的检察事务，允许律师提前介入对犯罪嫌疑人的起诉过程。（5）任前公示，即党政权力部门的领导人在正式任命前，将拟任人选的有关情况公布于众，在规定的期限内听取公众对候选人的意见。（6）政府上网，即通常所称的"电子政府"，政府在互联网上发布政务信息，在网上办公，直接处理公务和接受公民访问。

在行政服务方面，主要有：（1）市长热线，架设24小时的市长专用热线电话，公民可直接通过电话对政府的政策和行为提出批评、意见和建议，由政府负责处理。（2）领导下访，即主要领导干部如市长、县长、乡镇长、书记，率领同级党政机关的主要负责人，定期到基层进行现场办公，听取公民的申诉、请求、建议，能够当场解决问题的，责成各部门当场解决，现场解决不了的，限期解决或对当事人作出答复和解释。（3）扶贫济弱，政府制订具体的计划，帮助贫困人群或社会弱势群体在一定期限内摆脱贫弱状态。（4）治安联防，建立社区巡逻制度、110接警制度，预防有所加剧的刑事犯罪。（5）全民教育，在农村和城市社区设立各种义务学校，免费为居民提供学习知识的机会。

在干部选拔和权力制约方面，主要有：（1）干部竞争上岗，即公开发布领导岗位的招聘信息，鼓励有资格的公民前来应聘，公平竞争，择优录用。目前，公开竞争的领导职务最高级别已到达厅局级。（2）乡镇长直接选举，在一些省市，近年来将直接选举从村民委员会主任向上扩至乡镇长，如四川省步云乡的乡长直接选举和深圳市大鹏镇的"三轮两票"制选举镇长。（3）公推公投和"两票制"，在一些基层，对党支部书记的候选人采取党内和党外共同推选的办法，党内选举和党外推荐相结合。（4）行政诉讼，即通常所说的"民告官"，公民可以通过法律起诉违法的政府行为，法院判决政府败诉的行政行为，公民有权要求政府对其侵权行为给自己造成的损失进行赔偿。（5）离任审计，党政干部在即将离开原领导职务之前，接受政府进行的财务审计，以决定其在任职期间有否在财务上违反国家的法律和党的纪律。（6）舆论监督，一些地方政府制定专门的法规，保证新闻媒体对政府行为的监督，特别是对政府官员违法乱纪行为的曝光和批评。

在行政效率和廉洁自律方面，主要有：（1）简化行政审批手续，许多地方政府提供"一站式"的行政办公服务，缩短审批时间，减少行政成本。（2）强化行政责任，实行各种形式的承诺制度，避免经常出现的相互推诿和"踢皮球"。（3）急事急办制度，对一些政府公共服务方面的紧急事务，打破正常的行政程序，随时处理。

研究、总结、宣传、奖励和推广地方政府在公共服务方面的改革与创新，是理论工作者义不容辞的光荣职责，也是理论联系实际、为社会主义现代化建设实践服务的重要体现。这些年来，各级党政机关对在公共服务方面的改革与创新活动进行了许多宣传和表彰，这无疑是必要的。但是，正像一个人对自己的行为所作的自我评价虽然必要但却不够一样，党政机关仅有自我评价也是不够的，这些改革与创新活动还应当接受人民群众的评价，并且由第三者而不是由党政机关自己来组织这样的评价。学术机构由于其非营利性和专业性，在从事政府行为评估方面有其不可取代的独特优势。

由权威性的学术机构对政府创新行为进行研究和奖励，是世界上许多国家的普遍做法，例如阿根廷、巴西、美国、菲律宾等。美国在关于政府行为的奖励方面，最具权威性和声誉最高的奖项为"美国政府创新奖"，它由著名的美国哈佛大学肯尼迪政府学院承办。哈佛大学每年组织若干著名的政治学与行政学专家，对美国各级政府的创新活动进行独立的研究与评估，最后选拔产生 10 名"政府创新奖"得主。

结合我国的具体情况并借鉴世界各国的经验，由权威性的学术研究部门来组织专家学者，运用专门的评估指标体系，独立地对地方政府的改革与创新活动进行评估，不仅对于完善目前我国的评估制度，消除各种评比先进活动中存在的消极腐败现象，使评估具有更大的公正性和权威性，更好地研究并推广地方改革与创新的先进经验和先进典型，而且对于更好地激励地方党政机关进行改革与创新，激励它们提供更好的公共服务，都具有重大意义。为此，中共中央编译局比较政治与经济研究中心和中共中央党校世界政党比较研究中心，于2000年联合发起"中国地方政府公共服务改革与创新"研究及奖励计划，并设立了"中国地方政府创新奖"。①

"中国地方政府创新奖"是一项民间奖，评奖活动由中共中央编译局比较政治与经济研究中心和中共中央党校世界政党比较研究中心联合组织，由全国专家委员会依据科学的评审程序和评估标准对申请项目进行严格的评选，最后由全国选拔委员会选举产生10名优胜者。"中国地方政府创新奖"的设立，主要有以下三个基本目的。首先，鼓励地方政府和社区进行与市场经济相适应的改革，推进地方治理的创新。其次，发现地方政府和社区在治理创新、机构改革和优质服务中的先进事迹和榜样，交流并推广地方治理革新的先进经验。最后，探索一套新的关于政府行为的评估标准和机制，推进地方民主治理的发展。

该研究和奖励计划设全国选拔委员会，主任委员为费孝通教授（原全国人民代表大会常务委员会副委员长）；设全国专家委员会，主任委员为赵宝煦教授（北京大学中国国情研究中心名誉主任）；评奖活动总负责人为俞可平教授（中共中央编译局比较政治与经济研究中心主任）和王长江教授（中共中央党校世界政党比较研究中心主任）。

凡是由地方政府和党团组织所从事的创造性公共服务或公共行政活动均属于选拔范围。地方政府机关和党团群众组织是指：省以下，尤其是县（包括县级市、城市的区）或县级以下党政机关、工青妇群众组织和其他合法的社会团体。申请"中国地方政府创新奖"必须具备以下条件：（1）组织性：申请项目必须是由地方党政机关或其他合法的群众组织、社会团体有组织地从事的公共服务或公共行政活动；（2）公益性：申请项目必须是旨在促进社

---

① 从2003年开始，北京大学中国政府创新研究中心也加入进来。

会公益的非营利性活动，所有带有营利倾向的活动均不在选拔范围之内；（3）创造性：申请项目必须具有首创性和开拓性，而不是刻板地执行上级机关统一规定或安排的活动，也不是社会上许多其他机关或组织已经或正在广泛地从事的公共活动；（4）效益性：申请项目必须被事实充分证明具有明显的社会效益，而且已经得到活动对象和社会的充分认可；（5）时限性：申请项目必须在申请期限之前业已从事至少一年，并发生效果。

首届"中国地方政府创新奖"评选标准有以下六项：（1）创新程度，该项活动必须具有独创性，而不是模仿他人或死板地照搬上级机关的指示，创新程度愈高，就愈应受到表彰；（2）自愿程度，该项活动必须具有很大的自愿性，完全是由申请单位自愿发起的，而不是上级机关或辖区居民强迫的；（3）效益程度，该项活动必须具有明显的社会效益，这种效益必须业已被事实充分证明，或被受益者广泛承认；（4）重要程度，该项活动必须对人民生活或社会主义市场经济发展、民主政治和社会安定具有重要意义；（5）节约程度，该项活动必须尽量节约，不得增加受益者的财政负担，所需经费至少三分之二以上必须由经办单位支付，不得强行向受益者或其他企事业单位摊派；（6）推广程度，该项活动必须具有推广意义，可以在其他地区被其他党政机关、群众组织或社会团体效仿。① 地方政府创新活动的类别极其广泛，首届中国地方政府创新奖的评选范围包括：（1）政府服务：如司法公正、政务公开、官员廉洁、群众监督、公民参政、民主选举、行政监察、法制宣传和普及等；（2）社会服务：如为青少年服务、为老年人服务、为妇女儿童服务、为消费者服务、为投资者服务等；（3）社区服务：如提供更好的居住环境、公益性的交通及基础设施、便民措施、社区救助、社区安全、社区职业服务、家庭服务等；（4）环境保护：水土保持、植树造林、野生动物保护、废物回收、水和大气保护、污水废气处理等；（5）社会安定：治安联防、警民关系、预防和惩治

---

① 经过指导委员会和专家委员会成员以及课题组成员的讨论，2003—2004 年度的标准调整为：创新性程度，参与程度，效益程度，重要程度，持续程度和推广程度。特别强调了参与和创新的可持续性。详细情况请访问 www.chinainnovations.org。

犯罪、消防举措、对罪犯的改造、安全教育、巡逻保卫、交通安全、恶性突发事件的平息等；（6）文化教育：义务教育、成人教育、老年教育、失学儿童返学、科学技术知识的宣传普及、改革不良风俗、文物保护、民族文化遗产的保存和发扬等；（7）医疗卫生：如救助患者、公益医疗设施、流行病的预防、义务医疗、保健服务、卫生条件的改善、全民体育等；（8）扶贫济弱：帮助贫困地区的人民、救济灾民、帮助下岗职工、再就业工程、对残疾人的照顾和帮助、对少数民族的帮助等。

首届"中国地方政府创新奖"评选活动的通告在《人民日报》等主流媒体发布后，先后有320多个地方政府报名参加评选。经过专家委员会和选拔委员会严格依据科学的评审标准和评审程序，在其中评选出了10名优胜奖获得者和10名提名奖获得者。10名优胜奖获得者是：四川省遂宁市市中区公推公选乡镇党委书记和乡镇长；河北省迁西县妇代会直接选举；广西壮族自治区南宁市推行政府采购制度；江苏省南京市下关区首创"政务超市"；浙江省金华市干部经济责任审计；贵州省贵阳市人大常委会推行市民旁听制度；广东省深圳市行政审批制度改革；上海市浦东新区创办社会矛盾调解中心；海南省海口市实行行政审批的"三制"；湖北省广水市"两票制"选举村党支部书记。10名提名奖获得者是：浙江省衢州市"农技110"；云南省金平县扶贫项目；广东省深圳市龙岗区大鹏镇"三轮两票"选举镇长；湖南省长沙市四级联动政务公开；河南省社旗县"下访团"；湖北省鹤峰县扶贫项目民营业主负责制；新疆维吾尔自治区乌鲁木齐市七道湾乡村务公开；上海市徐汇区康健街道办事处"康乐工程"；四川省平昌县公开评税；江苏省沭阳县首创干部任前公示。

"中国地方政府创新奖"的评选活动在社会上引起了十分积极和良好的影响，许多有远见的企业和基金会对该项活动慷慨资助，《人民日报》、《中国改革》等众多媒体对活动进行了广泛报道。通过宣传、推广和奖励等活动，获奖的地方政府创新行为得到了政府和社会各界的高度重视，其中的一些创新项目已经在更大范围内得到了推广。例如，湖北广水市村党支部书记的"两票制"选举项目，在获得"中国地方政府创新奖"后不久，即受到了湖北省委和政府的高度重视，并且在全省范围内推广。又如，贵阳市的人大旁听制度在获得"中国地方政府创新奖"后，在全国范围内产生了很大的影响，现在已经有不少省市的人大常委会开始试行旁听制度。再如，南京下关区的"政务超市"在获得"中国地方政府创新奖"后，有许多其他地区的政府机关前往该区进行现场观摩和学习，产生了极好的影响。继首届"中国地方政府创新奖"成功举办后，目前课题组正在着手进行第二届"中国地方政府创新奖"评选活动。在这里，我们热忱欢迎各地党政机关、新闻媒体、科研部门和社会各界积极参与该项活动。我们充分相信，这样一项具有历史开创性的、对政府创新的民间学术性评奖活动，必将对推动社会主义政治文明建设起到更加积极的作用。

中国地方治理改革、政治参与和政治合法性初探[*]

何增科　　〔德〕托马斯·海贝勒　　〔德〕根特·舒耕德^{**}

改革开放以来，中国社会利益分化和利益多样化趋势日益明显，人们日益成为利益主体和权利主体，相应地，其利益意识和权利意识逐步苏醒。为了维护和增进自身的利益和权利，许多人通过各种方式向各级党委和政府反映自身的利益和要求并努力影响政策制定过程，党和政府对这些要求和期望以何种方式作出回应和在多大程度上满足其要求，在很大程度上影响到人们对党和政府的政治支持。地方治理改革是地方党委和政府为了回应和满足公民对党和政府所提出的要求包括政治参与的要求而进行的政府改革与创新。增强政治合法性的途径有哪些，它们之间是什么关系？地方治理改革特别是城乡基层选举的引入是否促进了公民政治参与，提高了公民的政治意识，进而为政权合法性提供了新的生成空间？政治参与在何种情况下增强了政治合法性？深入研究和回答这些问题有助于明确中国政治发展和政治改革下一步

　＊　本文原载于《经济社会体制比较》，2007 年第 4 期。

　＊＊　何增科，中央编译局比较政治与经济研究中心主任，研究员；〔德〕托马斯·海贝勒（Thomas Hebere），德国杜伊斯堡－埃森大学政治系教授，东亚研究所所长；〔德〕根特·舒耕德（Gunter Schubert），德国图宾根大学汉学研究所教授。

的努力方向。

一、地方治理改革、政治参与和政治合法性：一个理论分析框架

正如威廉·康诺利（William Connolly）所指出的那样，"任何一种人类社会的复杂形态都面临一个合法性的问题，即该秩序是否和为什么应该获得其成员的忠诚的问题"（威廉·康诺利，1992：408）。政治合法性反映着政治共同体成员对政治统治正当性的认可程度并进而对统治权威的自愿服从程度。法国学者让·马克·夸克（Jean Marc Coicand）认为，赞同、规范与法律构成政治合法性的三个基本要素。赞同确立了统治者与被统治者之间以互利为基础的契约性关系。被统治者对统治者统治权利的承认与服从的义务感建立在统治者尊重共同体成员的权利并履行促进共同体利益的义务的基础之上。以政治统治双方互利为基础的价值规范既是对政治统治正当性进行评价的依据和标准，又是政治行为的向导。被统治者在判断统治者是否履行了代表社会共同价值并积极为共同体服务的责任后，确定他们对政权支持与否的态度。政治合法性还对政治统治行为提出了形式合法性或者合法律性的要求，即统治者必须尊重游戏规则和程序。符合正当性要求的法律界定了统治者与被统治者各自的权利与义务，因此成为既能支配统治者又能支配被统治者的规则。正是这种具有正当性和至上性的法律为统治的权利提供了可靠的保障。法律上的合法性由此构成政治合法性的又一个基本要素（让·马克·夸克，2002：13—60）。对于统治者来说，能否获得和维持政治合法性直接关系到政权的兴衰存亡和国家的长治久安。

李普赛特（Seymour Lipset）认为"合法的政治秩序"就是被统治者认为最合适的秩序。一个政治权威是否具有"合法性"取决于它是否具有生成和维持被统治者这种信任的能力，即"合法化"的能力（legitimation capacity）。政治权威如何行动才会让被统治者付出信任？它应该从哪些方面着手使自身"合法化"（to legitimatize）？这就涉及政治合法性的来源。戴维·伊斯顿将政

治合法性的来源归结为意识形态、个人品质、制度结构和绩效等四个变量，并分析了政治权威为了获得和维持政治合法性在这四个方面的投入和公众对政治权威的支持这一产出的内在关系。合法性建设过程是一个政治权威投入和公众反应的互动过程（戴维·伊斯顿，1989）。舒耕德和陈雪莲在此基础上建立了一个从公众反应的角度研究政治权威合法性的理论分析框架。在这一分析框架中需要考察的变量则包括公众对政治权威在意识形态、个人权威、制度结构、绩效四个方面的政策输入的评估（认知与态度），在对政治权威有了评估后，公众会在自己所处的政治生态环境中作出相应的反应（行动），这两个层次构成了从公众的角度评估政治权威合法性的主要内容。意识形态被认可的程度、干部的责任感、程序的公正性、分配的公正性、效率、政治信任、公共参与、效能感等八个因素构成舒耕德和陈雪莲分析中国政治体制改革是否提高政治权威（实体与制度）合法性的评估指标（舒耕德，陈雪莲，2007）。

何增科则认为当今中国民众对政治合法性的评判标准同时受到了古代民本主义、近代孙中山三民主义和当代中国社会主义意识形态三种政治思想的影响。古代民本主义思想是中国版的社会契约论。它强调君以民为本和民奉君为主，"天树君以利民"，君主统治的权利来自"为民谋利"的服务义务，否则民众就没有服从的义务（俞可平，1989），这反映了统治者和被统治者之间的隐性契约关系。民本主义思想认为政治统治的合法性基础有三个：一是以重民、爱民、为民作为行为准则和个人品质要求的道德正当性；二是以体察民情、倾听民意为基础的政策过程的合理性；三是以安民、富民、教民、均平等改善民生的"仁政"为基础的政策有效性。如果君主和各级官吏破坏了上述三项政治合法性基础，出现了暴政、苛政和腐败无能，民众的政治反抗和相应的政权更替就具有了合法性。近代以来，面对列强欺凌，实现民族振兴和国家强盛成为任何政党和政权掌握政权并取得民众支持的一个新的重要条件，从西方传来的民主主义对国人也产生了深刻的影响。孙中山在继承传统民本主义并吸收近代民主主义思想的基础上提出了三民主义，即民族主义、民权主义和民生主义，其中民族主义和民权主义成为新的合法性来源。

中国共产党人所倡导的社会主义意识形态继承了上述思想中的合理内核，强调没有民主就没有社会主义，同时更加注重社会公平。我们可以据此概括出政治合法性的八条评判标准，他们同时也是增强政治合法性的基本途径。这八条基本途径是：发展经济，强国富民；改善收入分配，维护社会公正；坚定不移反腐败，努力建设廉洁政府和透明政府；提供优质高效的公共服务；培养勤政、廉正、公道、正派的为官之德；发展选举民主和代表制民主；推进协商民主和公众参与决策；建设法治国家（何增科，2007）。这八条基本途径为治理改革指明了方向，同时可以对治理改革增强政治合法性的实际效果进行经验研究。

在君主专制的政治体制中，民众只有政治服从和革命反抗两种行为方式可选择，而后者往往是"官逼民反，民不得不反"的无奈选择，为民谋利改善民生的成绩单成为政治统治合法性的主要来源。现代民主政治确定了主权在民的根本原则，为普通公民提供了政治参与这种新的选择，同时开辟了政治合法性的新的来源和生成空间。所谓政治参与是普通公民为维护自身利益或权利而自觉影响政府领导人的选择和政策制定过程的行为。根据有关学者的分析，政治参与具有如下几个特征：政治参与的主体是普通公民自发的政治行为；政治参与是公民的基本权利，保障公民政治参与权是任何民主国家的基本义务；政治参与只限于以合法手段影响政府的活动而不包括非法的行为；政治参与的目标是所有同政府活动相关的公共政治生活包括一切涉及公益分配的行为（王浦劬，1995：206—210）。政治参与方式包括投票行为、选举行为、参与决策听证、合法的游行集会请愿信访活动、政治结社、维权法律诉讼等众多合法的政治行为方式。政治参与是宪法规定的每个公民都享有的平等的权利和机会，公民也可以选择暂时不参与，但公民拥有政治参与的权利和机会本身就对政府官员的行为产生着重大影响。政治参与是政治抗争的替代品，只有在政治参与渠道不畅、效果不彰的情况下公民才会选择政治抗争这种成本和风险都很大的行为方式。政治参与不仅具有维护和增进公民利益和权利的工具性价值，而且还具有提高参与者的道德、社会和政治诸方面的觉悟的发展性或教育性功能（基兰特·帕里，1992：64）。普通公民通过合法的手段在体制内自觉从事影响领导人的选择和政策制定过程的各种政治活动，培养了公民的政治效能感，增强了官员的责任感，促使政府提高了效率，强化了公民对官方意识形态、基本政治制度的认同感和对各级领导人的信任，从而增强了政治合法性。

地方治理改革是各级地方公共权力机关为了增进公共利益而进行的政府创新行为。它构成整个中国政治体制改革的一个重要组成部分。这些地方治理改革分为政治改革、行政改革和公共服务改革三大类型。主要内容包括：村委会直选和部分城市进行的居民委员会直选、两票制选举村党支部书记、公推公选和公推直选乡镇党政领导等选举改革；举行立法和行政决策听证会，举办民主恳谈会，政府和民众通过网络和媒体进行互动和对话等协商民主和参与式决策实验过程等地方政治改革；各种形式的政务公开，强化官员责任感的各种问责制度，行政审批制度改革，公共部门绩效管理，政府工作流程再造，一站式服务等行政改革；扶贫济弱，弱势群体维权，公用事业民营化，网上办公等公共服务类改革。这些地方治理改革特别是选举制度改革对政治参与和政治合法性产生了哪些影响，这些都是值得深入研究的问题。

二、地方政府创新和政治合法性：初步的经验研究及其发现

2000 年以来已经连续举办了三届的"中国地方政府创新奖"为研究地方治理改革在促进公民参与和政治合法性方面的作用提供了宝贵的文献资料。何增科以三届 63 个获奖项目的实地考察评估报告为依据（何增科，2007），对地方治理改革的实际效果与上述增强政治合法性的八条途径之间的关系进行了初步的经验研究。何增科的研究发现，政治改革类地方政府创新项目从多方面直接而显著地增强了政治合法性，公共服务类地方政府创新项目主要从两个方面直接增强了政治合法性，行政服务类地方政府创新项目则从改善投资环境和提高行政效率两个方面间接地增强了政治合法性（何增科，2007）。

在 63 个获奖项目中，有 37 个属于政治改革类创新项目，约占 43%，是

这三大类中所占比例最高的。而在这些政治改革类项目中，各个子类的排序依次为：民主选举（共10项，内容包括党内民主选举、团内民主选举、妇联民主选举、人民民主选举）；公民参与（共9项）；政务公开（共7项）；决策改革（共4项）；权力监督（共3项）；司法改革（共2项）；立法改革、干部选拔（各1项）。就项目实施效果与政治合法性的关联来看，政治改革类政府创新项目从多个方面直接而有力地增强了政治合法性。民主选举类项目直接增强了政治合法性。这10个民主选举类项目的实施效果中所提到的增强了群众对党和政府的认同感、信任感和支持程度，增强了党、团、妇联组织的凝聚力，改善了干群关系，都是政治合法性得到强化的直接表现。这说明民主选举本身由于解决了授权来源的合法性问题而直接具有增强政治合法性的功效。民主选举类项目还具有将高素质、能干的精英人物录用为领导干部，增强他们向选举他们的当地民众负责的责任意识，从而促进当地经济社会发展的效果，而发展经济和举办公益事业，改善民众生活，又具有增强政绩合法性的功能。公民参与类项目直接增强了政治合法性。这9项公民参与类项目的实施效果中谈到了公民参与决策提高了政府决策质量，减少了决策失误，有助于政府回应公民的要求，解决群众关心的一些热点难点问题，化解了许多社会矛盾，减少了信访量，融洽了干群关系，这些也都是政治合法性得到增强的直接表现。这说明公民参与本身使得决策过程更加合理，更加容易考虑到各方面的利益和要求，从而增强了决策的合法性。政务公开类项目也具有直接增强政治合法性的功能。这7项政务公开项目增强了政府工作的廉洁程度和透明程度，群众对干部的工作因决策的透明而放心、理解和信任，透明度增加了合法性。同时政务公开使得政府动员和提取资源从事经济发展和公益事业时更加容易获得群众的配合，由此促进了当地的经济社会发展，这又进一步增强了政治合法性。决策改革类项目增加了决策过程的透明度，扩大了群众在决策过程中的发言权，从而直接增强了政治决策的合法性。权力监督类项目有助于建立廉洁政府和透明政府，有助于官员提高对自己的道德要求，从而增强公民对政府的信任，增强政治统治的道德正当性。司法改革类项目通过提供优质高效的司法服务和进行政府文件合法性审查，而直接或间接增强了政治合法性。立法改革类项目通过向公众开放人大常委会会议而增加了立法过程的透明度和公众参与程度，有助于提高立法质量并增加公众对立法工作的理解和支持，从而有助于增强政治合法性。

在63个获奖项目中，行政改革类项目为16个（其中第一届为4个，第二届3个，第三届9个），约占总数的25%，是这三大类中比例最低的，但却呈现出明显的上升趋势。在这些行政改革类创新项目中，各个子类项目数量的排序为：行政审批（4项）；社区管理（3项）；绩效管理、行政成本、行政激励（各2项）；行政程序、行政责任、户政管理（各1项）。就项目实施效果及其与政治合法性的关联来看，行政改革类政府创新项目主要是从两个方面间接地增强政治合法性。一是这些项目降低了政府运行的行政成本，提高了办事效率，改善了服务质量，有助于提供优质高效低廉的公共服务，以满足公民的需要，从而有助于增强政治合法性。二是其中多数项目有助于改善投资环境，为企业提供便捷高效的审批服务，为当地经济社会发展创造了一个良好的亲商服务环境，而行政改革对经济发展的促进作用间接地增强了当地政府的政治合法性。而其中的社区管理类创新项目由于引入了居民委员会直接选举等选举民主要素并增强了居民委员会的民主议事功能，因而增强了授权来源的合法性。需要特别指出的是，其中强化行政责任制的努力增强了政府依法行政和依法追究责任的能力，直接增强了政府的法律合法性，而后者构成政治合法性的重要内容。

在63个获奖项目中有24个属于公共服务创新类项目，约占总数的35%。在这些公共服务类项目中，各个子类的排序依次为：扶贫济弱（共6项）；弱势群体维权（共4项）；公益事业（共3项）；社区服务（共2项）；电子政府、服务基层、公共安全、公共卫生、公共教育、社会保障、软环境建设、农村服务、服务政府（各1项）。就项目实施效果及其与政治合法性的关联来看，公共服务创新类项目主要从两个方面直接增强了政治合法性。扶贫济弱类项目、弱势群体维权类项目和社会保障类项目通过建设社会安全网，扶助贫困人口、失业人口和妇女、儿童等弱势群体，维护外来民工、流浪儿童、家庭妇女等弱势群体的法律权利，改善社会收入分配状况，促进社会公正，使各阶层民众普遍受益，从而赢得政治合法性。公益事业、社区服务、农村服务、公共安全、公共教育、公共卫生、软环境建设类创新项目提高了服务质量，降低了服务成本，节约了资金，通过提供优质高效的公共服务满足了公民对政府的需要，从而增强了政治合法性。公益事业类和社区服务类创新项目还通过民营化、市场化改革，为民营企业参与公用事业投资提供了机会。农村服务、公共教育和公共卫生类项目提高了人力资本的质量，公共安全、软环境建设项目为经济发展创造了有利的环境。这些无疑都通过促进经济发展，增强了政绩合法性。电子政府、农技110服务、服务型政府、服务基层类创新项目通过政府管理技术的创新和对政府管理职能的重新定位提高了公共服务的质量和效率，优化了经济社会发展的环境，从而直接或间接地增强了政治合法性。

三、城乡基层选举、参与和政治合法性：一些经验研究与发现

德国学者托马斯·海贝勒和根特·舒耕德在"中国城乡地区参与、选举和社会稳定"研究项目中以大量个别访谈材料为依据对农村村委会直选和城市社区居民委员会直选试点等选举改革、政治参与和政治合法性等之间的关系进行了深入的实证研究，于显洋、周红云、丁开杰、陈雪莲等分别参与了城市和乡村地区的实证研究，这些研究同样产生了一些有趣的发现。

舒耕德、周红云、丁开杰、陈雪莲对吉林省梨树县、广东省深圳市龙岗区和江西省分宜县的六个村庄的村民、村干部、区县和乡镇干部进行了比较深入的个别访谈，力图了解村级选举对农民的政治意识，包括政治效能感、信任、更多的参与所发生的影响。综合分析实行村级直选的这三个地方的访谈结果，他们就村级选举和政权合法性问题所开展的田野调查的研究发现，村级选举能够加强党的领导，因为村级直选产生了一种建立在自我体认的民主赋权和农民对干部的信任基础上的更加平等化的农民和干部关系（舒耕

德）。

但这三个地方的农民作为公民的政治意识的强弱存在着明显的差别，吉林省梨树县农民的公民政治意识最为强烈，深圳市龙岗区农民的公民政治意识较弱，江西省分宜县农民的公民政治意识最弱（舒耕德、陈雪莲、丁开杰、周红云：2007）。对这种差别的一种可信的解释是，村级选举质量和数量的差异直接影响着农民的政治意识，包括是否更多地参与地方政治，政治赋权感或内部效能感，以及集体认同感的形成。

以吉林省梨树县为例，吉林省梨树县实行直选的次数在这三个地方中最多，实行海选最早，农民拥有更多的自由选择权，选举的竞争程度也最高，因此接受访谈的农民普遍认为投票很重要，因为可以选出有能力、可信任的干部，他们也普遍认可选举程序和提名程序的公正性并表示满意，绝大多数被访者认为选举产生的村委会干部能够更好地为村民服务，并能够列举出村庄生活的实际改善情况，只有两名被访者（3.6%）曾经参加过政治抗议。在梨树个案中，村委会直选和"海选"并没有导致地方官员和制度秩序压力的增加而危及二者的合法性，相反，村委会选举提高了农民的政治意识，并随之带来基层干部权威和政治制度合法性的提高。舒耕德和陈雪莲用"理性的信任"来解释这种干群之间的良性互动关系。梨树村民相信干部们渴望再次当选，会积极回应他们的需求，因而信任他们选出的干部，直选确保村民对干部的信任受到珍惜，干部尊重因直接选举而成为公民的村民们，村民也尊重干部的权威，只有当干部滥用村民的信任时，村民才会在拥有自由选择权的竞争性选举中用选票收回自己的信任（舒耕德、陈雪莲，2007）。

2003—2004年，海贝勒和于显洋先后对沈阳、重庆和深圳每个城市各两个社区的普通居民和地方官员有关选举和参与的政治意识通过个别访谈的形式进行了调查，力图了解经由城市地区选举而发生的制度变迁与合法性之间的关系。他们的研究发现，由于城市居民委员会和农村村民委员会存在着重大差别，因此对于城市社区居民来说，"安全感是第一位的，参与是第二位的"，个人对政治自由的关注比参与居民委员会选举和社区事务更重要。尽管如此，居民委员会选举的引入和动员式参与对城市居民的政治意识和参与仍然产生了一些影响，它提高了当选干部的责任意识并培养了参与选举的习惯，从而有助于增强政权的合法性（王海，2006）。

海贝勒指出，城市和乡村地区的显著差异使得将直接选举引入城市社区变得困难起来。在农村地区，村级选举常常是一种自下而上由村民发起的过程，城市地区的选举由上级政府发起，具有自上而下的特征。与城市居民委员会相比，村民委员会的工作对村民生活水准拥有更加直接的影响，参与村集体经济和公共积累的利益相关程度更大；而城市居民委员会的工作同需要社会保障的低收入社区居民有关系而与其他居民关系不大。居民委员会的收入主要来自国家，并承担上级政府交付的任务。相对于城市居民，村民们对诸如收入、生活空间（宅基地）、就业、环境等日常关心的问题在政治决策上能够行使比城市居民更大的影响。村庄作为一个自然单位，可以称之为"邻里关系场域"，而城市社区的人们不依赖邻里关系，因此社区是一种"友情关系场域"。

目前大多数居民委员会是由社区居民代表大会选举产生的，因而是一种间接选举，少数城市包括沈阳的一些社区由居民直接选举产生居民委员会。初步候选人的名单公布于众，最终的候选人是通过协商产生的。选举制度即使间接选举，也使得那些工作表现不佳的居民委员会成员难以成功当选，因此即使间接选举也对居民委员会成员的政治行为产生了影响。那些认为居民委员会选举纯粹是一种形式或与自己无关或者没有用的人，往往选择不去投票。城市地区的群众自治基本上还处于"形式化"阶段，居民自身普遍缺乏参与热情（于显洋，2007）。他们即使参与投票也是动员性参与和仪式性参与居多，因而其合法化功效有限。与深圳和重庆相比，沈阳一些社区实行直接选举、候选人的自我介绍、投票者可以参与候选人的提名以及秘密写票等准竞争性选举制度和较为规范的选举程序使得选民有更加强烈的投票意愿，同时增加了作为公民的城市居民政治参与的效能感。选举制度的引入促使居民委员会成员考虑本选区选民的利益并在居民中努力维持良好的形象，因而它最终会增强居民委员会的合法性。对访谈结果的分析表明，直接选举比间接选举更能吸引人们的主动参与，更能迫使候选人充分展示自己以保证当选或重新当选，因此它更容易成为创造信任和合法性的工具。

四、城市公民自主政治参与、政府的吸纳式反应与政治合法性

近年来，中国城市政治发展出现了一些新的值得注意的动向。黄卫平通过对深圳市公民自发政治参与的案例研究发现，与城市社区居民委员会选举中动员式参与不同，围绕区人大代表选举中的政治参与表现出更多的自主性参与特征，同时维权性、公益性参与成为那些进行自主政治参与的作为公民的城市居民的主要动机。面对这些公民的自发政治参与行为，深圳市区有关方面采取了吸纳式的柔性应对方式，从而增强了地方政权的政治合法性（黄卫平、陈文，2007）。

深圳市公民自主政治参与的案例包括：（1）自主竞选区人大乃至市人大代表（唐娟，邹树彬，2003）；（2）选民资格诉讼案；（3）社区人大代表工作站；（4）广告参政现象；（5）网络问政现象。黄卫平对上述案例中的自发政治参与者的身份背景分析发现，他们主要为公司职员、私营企业主、自由职业者、小区业主等，且大多数属于中等以上收入者。同时这些自发政治参与者基本上具有大学以上学历，文化程度相对较高。这印证了许多学者在其他国家的发现，即政治参与同教育和收入水平存在着正相关的关系。黄卫平对这些自发政治参与者的参与动机研究发现，他们进行政治参与的动机主要是想通过人大代表身份提交议案，参与公共政策制定，以维护业主群体的利益并维护自己的选举权和被选举权（黄卫平、陈文，2007）。这也是因为业主群体在与房地产商、物业公司长期打交道的过程中深刻地体认到，只有当选人大代表或政协委员才能更加有效地维护自身的权益，因而积极参与人大代表的竞选工作。

这些自发政治参与者进行政治参与的手段主要是参与人大代表竞选、法律诉讼、新闻媒体、互联网等合法手段。这种体制内维权性参与是以认同主流意识形态、现行法律和政治制度为前提条件的。如果执政党和政府给予善

意的回应和积极的吸纳，就会增强他们对主流意识形态和现行政治制度和法律的信任，进而增强政权的政治合法性。深圳市区有关方面采取主动上门听取意见和收集建议、受理有关法律诉讼、为社区人大代表工作站授牌等积极吸纳参与的柔性回应方式，在政府与公民之间形成了一种良性的互动，增强了这些公民对当地政府的信任，收到了良好的效果。

五、社会保障提供方式的创新、社区功能与政治合法性

海贝勒在对城市社区居民委员会功能的研究中发现，社区已经成为新的社会保障系统特别是为城市贫困人口发放最低生活保障的主要载体。这种社会保障提供方式的创新使社区承担起合法化的功能，有助于增强政治合法性，并成为走向和谐社会的一个重要步骤（王海，2007）。

社会福利制度曾被认为是中国社会主义制度的伟大成就之一，担负着政治合法化的重要功能。20 世纪 50 年代以来所形成的较为完备的城市社会福利制度是通过工作单位来提供的。市场化的经济改革导致单位体制的解体，城市失业和贫困人口的增加呼唤新的社会保障制度。社会生存和社会保障成为弱势群体关注的中心问题。其他社会群体也需要一个完善的社会保障系统，以增加自身的安全感。正如海贝勒所说，社会和人身保障当前是政府增强政治合法性和群众对党和政府信任的关键因素。只有把人民的需要放在政府工作的中心位置并积极加以满足，才能增强政治合法性和群众对党和政府的信任（王海，2007）。新的社会保障和社会福利制度应运而生。

由于工作单位的角色不断弱化，政府把提供社会保障的工作转移到了城市区域对社会保障需求最多的地方即社区。审核低保需求和分发低保资金的工作转移到了居民委员会，后者更加接近居民。居民委员会直选有助于消除居民委员会工作人员的官僚主义态度，更好地完成所担负的工作。居民委员会承担起帮助社会弱势群体解决基础生活保障和再就业再培训等责任，直接回应了群众的最紧迫的需求，有助于提高地方政府的合法性，同时也有助于解决城市中的矛盾和冲突以维护社会稳定。

政治合法性的获得取决于政府在解决公众最为关心的问题和满足他们最为迫切的需要方面的实际成就。"如果一个国家成功地保证人们不陷入无社会保障的境况，并能使公共安全和秩序得到稳定，这个国家就为自己赢得了信任，进而赢得了合法性。"（王海，2007）中国正在城市地区为重新建立社会保障系统而努力，社区居民委员担负着重要责任，因而成为建立公众信任的载体。在城市社区中，公民拥有不必参与的政治自由，同样也会产生合法性和信任。只要能让城市居民相信政府会在他们陷入社会困境时给予关心和帮助，同时让他们相信他们按照个人的生活方式生活时拥有不受干涉的自由，那么这种认同性不参与和政府的无为都会产生合法性和信任。和谐社会的基础在于社区，参与必须首先在社区内实现，同时要通过和谐社区建设改善社会和公共安全，以巩固公众对政府的信任和合法性（王海，2007）。在农村地区建立社会保障制度，改善农民境遇，将同样会起到增强政治合法性的功效。

六、几点思考

舒耕德和陈雪莲从合法性建设过程中公众的反应角度提出了评估政治合法性的八个变量，何增科则从公众对政府的需要和政府的反应角度提出了增强政治合法性的八条途径。他们的分析框架有相通之处，比如他们都强调分配的正义、法律和程序的重要性、政府的效率和效能、官员的个人品质和责任感等。舒耕德和陈雪莲所提到的政治信任、更多的参与和政治效能感等公民意识需要通过何增科所论述的发展选举民主和代表制民主、推进协商民主和公众参与决策以及建设透明政府等途径来实现，因为只有这样才能保障公民的政治参与权利和实现政治参与的制度化，提高公民的政治意识。

增强政治合法性的八条途径可以大略分为两大类，即改善民生和发展民主。海贝勒认为，目前在中国，公众对政府改善民生的要求是第一位的，参与的要求是第二位的，这为治理改革的优先顺序提出了重要启示。何增科通过对地方政府创新与政治合法性的关联度的经验研究则发现，从增强政治合法性的实际功效角度来看，将公民政治参与要求纳入制度化轨道的选举民主、协商民主、参与决策等政治改革类政府创新，在增强官员的责任感、促进当地经济社会发展、改善政府绩效等改善民生的政绩方面都有着突出的贡献，同时通过实现政治参与的制度化而有效地保障了公民权利，因此能够直接而且多方面地增强政治合法性。另外公共服务提供方式的创新也可以从提供优质高效的公共服务和维护社会公正方面直接增强政治合法性，行政改革更多是间接地增强了政治合法性。地方治理改革的大量事实证明，政治参与是政治抗争的替代品，公民政治参与的制度化将成为化解干群矛盾、增强互信、减少群体性事件等体制外政治抗争行为最有效的手段。舒耕德等人对乡村地区村民委员会直接选举的案例研究表明，竞争性的、选民享有选择自由的村级直选的重复进行，提高了农村居民作为公民的政治意识，增强了群众对干部的信任并保证这种信任不被滥用，为政权的合法性提供了新的来源和生成空间，这就是来自民众的政治授权。黄卫平从深圳市公民自发政治参与及其对政治合法性的挑战的角度进行的研究表明，随着现代化程度的不断提高和利益日益多样化，以利益诉求和权益维护为主要动机的公民政治参与的要求将日渐强烈。利益表达渠道是否畅通，利益协调整合机制是否成功，直接影响人民群众对党和政府的信任和支持。总之，在当今中国，建设和谐社会，巩固政治合法性，实现长治久安，既需要通过改善民生的努力来实现，也需要通过稳步推进民主法治建设、逐步扩大公民通畅有序的政治参与来实现。

参与文献

［美］戴维·伊斯顿，1989：《政治生活的系统分析》，王浦劬等译，北京：华夏出版社。

［意］邓利杰，2007："堡垒中国：中国私人小区的空间和治理"，提交 2007 年 2 月 28 日到 3 月 2 日德国杜伊斯堡－埃森大学东亚研究所主办的"中国的地方管理"国际研讨会学术论文（这次会议提交了很多论文，以下都简称"中国的地方管理"国际研讨会学术论文）。

丁开杰，2007："经济嵌入对农村政治文化的影响——以深圳市龙岗区布吉镇的两个行政村为例"，"中国的地方管理"国际研讨会学术论文。

耿曙，2007："渐进改革的非预期后果：中国城市基层动员式选举参与及其政治影响"，"中国的地方管理"国际研讨会学术论文。

何增科，2007："政治合法性与中国地方政府创新：一项初步的经验研究"，《云南行政学院学报》，2007，2：8—13。

黄卫平、陈文，2007："基于深圳市公民自发政治参与现象和中国政治合法性问题的若干思考"，"中国的地方管理"国际研讨会学术论文。

［德］舒耕德，2007："当代中国村级选举、信任和作为公民的农民的崛起"，"中国的地方管理"国际研讨会学术论文。

［德］舒耕德、陈雪莲，2007："当代中国的村级选举：政权合法性的新生成空间"，"中国的地方管理"国际研讨会学术论文。

［英］基兰特·帕里，1992："政治参与"，见邓正来主编：《布莱克维尔政治学百科全书》（中文版），北京：中国政法大学出版社。

［法］让·马克·夸克，2002：《合法性与政治》，佟心平、王远飞译，北京：中央编译出版社。

唐娟、邹树彬，2003：《2003年深圳竞选实录》，西安：西北大学出版社。

［美］唐文方，2007："中国的人际信任和民主"，"中国的地方管理"国际研讨会学术论文。

［德］王海，2007："经由城市（社区）选举的制度变迁和合法性？——城市社区民众有关选举和参与的政治意识"，2006年8月完稿，工作论文。

［德］王海："通过新的社会保障形式再合法化——作为合法化机构的社区"，"中国的地方管理"国际研讨会学术论文。

［美］威廉·康诺利，1992："合法性"，见邓正来主编：《布莱克维尔政治学百科全书》（中文版），北京：中国政法大学出版社。

王浦劬主编，1995：《政治学基础》，北京大学出版社。

肖唐镖，2007："正式体制、工作现实与血缘亲情——地方干部对农村宗族的多元立场与态度分析"，"中国的地方管理"国际研讨会学术论文。

俞可平，1989："中国传统政治文化论要"，《孔子研究》，1989，2。

于显洋，2007："形式化与合法性——城市社区基层制度结构的变动及功能解释"，"中国的地方管理"国际研讨会学术论文。

周红云，2007："中国农村村民委员会选举与传统权力——以江西两个村的调查为例"，"中国的地方管理"国际研讨会学术论文。

地方政府创新扩散的适用性[*]

郁建兴　黄　飚[**]

地方政府创新是推动中国经济社会可持续发展的重要动力，是实现政府治理现代化的前提与保障。正因为如此，地方政府创新受到社会各界广泛关注，成为观察当代中国政府改革与政治发展进程的重要窗口。在地方政府创新的大量实践中，人们注意到，很多有效的创新并没有得到推广与扩散，90% 的创新都只停留在地方层面，甚至名存实亡（芦垚，2010），政府创新的"孤例"现象十分普遍。创新扩散也因此成为地方政府创新研究中的重大议题，多位论者致力于有效推广与扩散地方政府创新研究。

但是，进一步的问题在于，是否有效的地方政府创新都适合且应该得到扩散？答案是否定的。从地方政府创新的本质来看，已有的地方政府创新可分为目标创新和工具创新两类。不同类别的创新适合扩散的标准不同。目标创新扩散的适用性标准在于特定创新是否满足其他地方政府的治理需求，而对于工具创新，则应该比较移植或借鉴创新所需的调试成本与地方政府自主创新的成本。

　＊　本文原载于《经济社会体制比较》，2015 年第 1 期。

　＊＊　郁建兴，浙江大学公共管理学院教授，常务副院长，教育部长江学者特聘教授；黄飚，浙江大学共公管理学院博士研究生。

一、已有研究述评

在一般意义上，创新是指政府第一次采纳某一新的项目或政策（Boehmke and Witmer，2004），无论这一项目可能有多陈旧或有多少其他政府曾经采纳过这一项目（Walker，1969）。创新扩散是指一项创新通过特定通道在社会系统的成员之间传播的过程（Rogers，1983），即一项创新从发明或创造的源头到最终使用者或采纳者的过程（Lucas，1983）。从这一定义出发，政策创新与政策扩散实际上是一个可以互换的概念。对于较早使用一项新政策的政府来说，自己的政策在另一个地区得到了应用，可以理解为政策创新得到了扩散。对于之后使用该政策的政府来说，将引进的政策应用于本地，则是政策创新（Zhu，2014）。

学术界对于地方政府创新扩散的一般性讨论主要集中于两个方面。一类研究关注地方政府创新扩散的影响因素。其中主要有地缘关系（Boehmke and Witmer，2004；Stone，1999；Zhu，2014）、区域内政府的沟通网络（Gray，1973；Rogers，1983；Heywood，1965）、政府间的学习与竞争（Gray，1973；Sabatier，2007；Braun and Gilardi，2006）、主导创新官员的职位升迁（杨雪冬，2008）。另一类研究主要着眼于地方政府创新扩散过程的模型建构。其中具有代表性的有创新扩散的 S 型曲线（Menzel and Feller，1977），以及进一步提出的陡峭的 S 型曲线模型、陡峭的 R 型曲线模型、非递增扩散模型等（Boushey，2010）。

在中国语境中，政府创新是指公共权力机关为了提高行政效率和增进公共利益而进行的创造性改革（俞可平，2011）。相应的，创新扩散是指某一地方政府的创造性改革传播到其他地方政府的过程。改革开放以来，伴随着政府与市场、社会关系的不断转型，中央与地方关系的不断重构，我国涌现出了大量地方政府创新实践。但近年来，人们发现，大量有效的地方政府创新难以推广，甚至创新成功的同时就成为了"孤例"。地方政府创新扩散遂成为重要议题。杨雪冬（2008）认为，良好的政府创新实践尚未制度化并在更大范围内加以推广是过去十年间中国政府创新实践中存在的十大不足与问题之一。周红云（2014）也认为社会创新应该强调可推广性和可持续性。

当前，对于中国地方政府创新扩散的研究主要聚焦于影响创新扩散的因素和创新扩散的微观过程。在分析创新扩散的影响因素方面，杨瑞龙（1998）较早关注到权力中心对地方政府创新及其扩散的影响。吴建南和张攀（2014）认为，容易扩散的地方政府创新主要具备以下几个特征：概念简单、操作简便、短期效果明显、采纳成本低廉、得益群体广泛、相关阻力小等。马亮（2014）指出推动社交媒体技术在政府间扩散的主要因素是政府规模、财富状况、电子服务和电子民主。杨代福等（2014）基于对中国城市社区网格化管理创新的分析，提出了影响扩散的五个要素：财政资源、上级压力、地级行政单位试点、下级政府诱致和临近效应。另一方面，在对政府创新扩散的微观过程的研究中，王浦劬和赖先进（2013）提出了中国公共政策扩散的四种基本模式：自上而下的层级扩散模式，自下而上的政策采纳和推广模式，区域和部门之间的扩散模式，以及政策先进地区向政策跟进地区的扩散模式。卢福营（2014）基于对浙江省武义县后陈村村务监督委员会制度的研究，总结了村监会制度从基层创新上升为国家制度并在全国范围内推开的三个阶段：制度形成——经验扩散——优化拓展，展示了一个地方创新自下而上制度化进而自上而下扩散的全过程。王家庭和季凯文（2008）分析了中国的开发区制度，并提出了开发区制度扩散的四个阶段：供给主导型扩散阶段、需求主导型扩散阶段、制度创新进入权竞争阶段和中间扩散型阶段。可以看到，学界对政府创新扩散的一般性讨论主要集中于影响创新扩散的因素和创新扩散的模型建构。关于中国地方政府创新及其扩散研究，论者们多考察地方政府创新扩散的一般过程与主要模式，分析影响地方政府创新扩散的核心因素，同时，也试图回答当下中国地方政府创新难以推广、扩散的原因。但是，这些研究在不断强调创新扩散的必要性并对创新扩散的机理及其要素进行解释与分析的过程中，却忽略了一个重要的前提性问题：有效的地方政府创新是否都适合且应该得到扩散？如果不是，那么在讨论创新的扩散时，必须首先对创新扩散的适用性进行识别。

对此，已有研究中或多或少地提出过这样的反思，如罗杰斯在《创新的扩散》中指出：不是所有的创新都可以并能够被普及（Rogers，1983）。但是，他们并没有对创新扩散的适用性展开具体讨论。创新扩散的适用性是指一项创新被复制或借鉴之后，对其他组织环境的适应程度。如果一项创新在被复制或借鉴以后，能够适应新的组织环境，那么这样的创新就具有一定的扩散适用性。如果一项创新不能适应其他的组织环境，那么，这样的创新就不具备扩散的适用性。我们认为，并不是有效的地方政府创新都适合扩散。那么，什么样的地方政府创新适合扩散？本文根据地方政府创新的本质，将创新分为目标创新和工具创新。基于这一分类，我们试图对不同类型的创新的扩散适用性进行探讨，并通过案例分析方式加以证明。

二、地方政府的目标创新

地方政府的目标创新是指地方政府创造性地提出新的目标、要求和结果，并且付诸实践。这类创新是否适合扩散的核心标准在于，特定的目标创新所预期达到的治理目的、要求和结果是否符合其他地区政府的治理需求。如果一项创新所提出的新的政策目标也是其他地方政府所希望达到的治理结果，那么，这项创新就适合扩散。而且，在具体创新实践中，有的地方创新在全国范围内得到了推广，部分甚至上升成为国家制度，而有的创新虽然没有普遍扩散，但也被部分地区学习借鉴。所以，在讨论适合扩散的目标创新时，还应该根据扩散适用性的普遍化程度，将其分为两种子类型，即适合全国性扩散的目标创新与适合局域性扩散的目标创新。

一些创新所预期达到的治理目标、要求和结果符合普遍的地方政府治理需求，也即创新的目标本身具有普遍价值，这类创新就适合全国性扩散。较为典型的案例如村务监督委员会制度。1987 年，我国颁行《中华人民共和国村民委员会组织法（试行）》，村民自治在全国范围内试点推行。1998 年 11 月 4 日，九届全国人大常委会第五次会议通过了《中华人民共和国村民委员会组织法》（以下简称《村委会组织法》），标志着村民自治在全国范围内全面推广。《村委会组织法》虽然提到民主监督是村民自治的四大组成部分之一，但并没有提出监管村级公共权力的治理目标。而与此同时，随着村民自治制度的推广，民主监督的相对滞后逐渐显现（卢福营、江玲雅，2010），村级公共权力缺乏制约成为了基层治理中的普遍问题（徐勇，1996；党国英，2011）。2004年6月18日，浙江省武义县后陈村在村支部、村委会"两委"的基础上，选举产生了全国第一个"村务监督委员会"。村务监督委员会是独立于村党支部、村委会的第三方民主监督机构，其成员由村民代表大会选举产生，对村民代表大会负责，其职责是监督村务管理制度的实施、村务管理的运作以及村级财务开支。就在首个村监会成立四天后，中共中央办公厅、国务院办公厅联合下发了《关于健全和完善村务公开和民主管理制度的意见》。该文件第一次提出了"强化村务管理的监督制约机制，设立村务公开监督小组"的目标。村务监督委员会的出现，弥补了行政权力退出农村并实行村民自治以来村级公共权力监管的缺失，切实有效地监督了村"两委"的工作，约束了村干部的行为。后陈村连续十年实现村干部"零违纪"、村民"零上访"、群众"零投诉"、不合规支出"零入账"（方力，2014）。这一创新被权威媒体誉为"党的十六大以来政治体制改革大事记"之一（《人民日报》，2012），并获得了第三届中国地方政府创新奖提名奖、全国村务公开民主管理制度创新奖等荣誉。2010年10月，十一届全国人大常委会第十七次会议修订发布新的《村委会组织法》，其中第三十二条明确规定："应当建立村务监督委员会或者其他形式的村务监督机构，负责村民民主理财，监督村务公开等制度的落实。"至此，村务监督委员会正式成为国家层面的制度安排，并在全国推广。

后陈村村务监督委员会制度的目标在于落实村民监督权，实现村民自治背景下村级公共权力的有效监管。这是在全国率先提出的新的治理目标，是一个典型的目标创新。而且，这一创新所预期解决的问题，也是各地农村公共权力运行中所面临的共同困境，符合普遍的基层治理需求。因此，村务监督委员会的制度创新适合进行全国性扩散。而从基层实践成功地上升为国家制度并在全国范围内推广的事实，也充分地证明了这一创新全国性扩散的适用性和必要性。

　　同时，有些目标创新所预期达到的治理结果虽然不具备普遍意义，但仍然符合部分地方政府的治理需求。这样的创新更多地适用于局域性的扩散。较为典型的案例如陕西省石泉县的关爱留守儿童长效机制。石泉县地处秦巴山区，农业人口占全县人口的近85%，属于国家级贫困县。劳务输出是当地农民增收的主要渠道。该县常年在外务工人员人数超过全县人口的20%，管理留守儿童是该县经济社会发展中面临的突出问题（中国政府创新网，2014a）。2006年，石泉县委、县政府在深入了解、充分调研的基础上，积极探索留守儿童健康快乐全面成长的长效机制，实施了"党政统筹、部门联动、学校为主、家庭尽责、社会参与、儿童为本"六位一体的留守儿童长效管理机制，依托学校创设留守儿童教育成长中心，围绕社区设立留守儿童校外活动中心，政社合作共建留守儿童托管中心，并培育了代理家长、教育管护、志愿服务、校地合作四支队伍，构建留守儿童管理网络，致力于保证留守儿童"学业有教，安全有保，亲情有护，生活有帮，困难有助"。同时，该县还专门设立了留守儿童管理机构，负责充分协调各部门的工作，动员社会力量。截至2009年年底，石泉县共建成留守儿童教育成长中心26所，校外活动中心5所，托管中心7所，建立了2477人的代理家长队伍，70人的教育管护工作队伍和250人的志愿者服务队伍。石泉县关爱留守儿童的工作取得了良好的成效，受到了当地各级政府的高度评价，并在陕西全省推广扩散（刘俊锋，2008）。2009年11月，石泉县被全国妇联、国务院农民工办授予"全国农村留守儿童工作示范县"称号。2010年1月，石泉县关爱留守儿童长效机制建设获得第五届中国地方政府创新奖优胜奖，并被学界与媒体广泛誉为"石泉模式"。

　　石泉县的关爱留守儿童长效机制先于国家政策[①]，提出了新的政策目标，是既有治理要求之外的目标创新。该机制是在外出务工人员多、留守儿童群体大的条件下进行的改革创新，适用于以劳务输出为主要增收方式且留守儿

---

　　① 2012年《政府工作报告》首次提出了"关爱留守儿童"的原则性要求。

童问题较为突出的地区。相较之下，那些劳务输出量小，留守儿童问题不显著的地区，尤其是东南沿海经济较发达的省份，则并没有这样的治理需求。因此，"石泉模式"更多的属于满足局域性扩散要求的目标创新，适合在符合特定条件的部分地区推广扩散。地方政府创新奖的案例库中也有许多创新举措，其所预期达到的结果虽然不是普遍的地方治理需求，但是对于部分具有类似背景条件且面临相似问题的地方政府来说，仍然具有很高的学习与借鉴价值，适合也应该得到区域性的扩散，例如西藏尼木县的寺庙管理服务机制创新、内蒙古公安边防总队的"草原110"等。

此外，对于一些只是特定区域范围内、在特定时期为达到特定的目标而进行的创造性改革，其预期的结果并不符合其他地区的治理需要。这样的创新则并不适合扩散。陕西省神木县的全民免费教育就是一个较为典型的案例。2008年初，神木县政府出台《神木县12年免费教育实施细则》，在全县范围内施行12年免费义务教育制度。所有神木户籍的在册小学生、初中生和高中生全部免费就学，学校不再收取任何费用，同时，给予寄宿生每人每日3.5元的生活补助费。项目所需的所有经费由县财政承担。2011年9月，神木县又在全县范围内实施了学前三年免费教育的改革，推行"一免两补"制度，免除幼儿的保育保教费，补贴幼儿公用经费和非公办幼儿专业教师工资，将原有的免费义务教育范围从12年扩展至15年。

目前，国家层面上的制度安排规定政府提供从小学至初中共九年的义务教育服务。《国家中长期教育改革和发展规划纲要（2010—2020年）》也明确规定要"基本普及学前教育，巩固提高九年义务教育水平"。神木县义务教育制度创新的目标在于扩展免费义务教育时长。从其实践方式来看，这一目标创新需要强大的地方财政实力作为保障。神木县主要有煤炭、兰炭、电力、载能、化工、建材六大支柱产业。其中，煤炭产业的份额占到了70%以上，是神木县经济增长的核心要素（《南方周末》，2013），也是政府财政收入的主要来源（庄庆鸿、李林，2013a）。2005年前后，神木县更是依赖煤矿跻身全国百强县行列。这一制度是特定地区在满足一定条件的基础上实施的目标创新。神木县的教育制度创新实行至今，已经引发了外界许多关于"神木模式"的讨论。学界与社会各界对这一模式本身的可持续性都存在普遍疑虑，甚至有部分专家称其为"大跃进"式的制度创新（庄庆鸿、李林，2013b）。而且，这一创新所预期达到的治理目标也不符合其他地方政府当下的治理实际，并不适合推广扩散。

因此，对于地方政府的目标创新来说，如果其所预期达到的结果也是其他地方政府的共同治理需求，那么这一目标创新就适合全国性扩散。如果创新的目标并不符合普遍的地方治理需要，但仍然是部分地方政府所预期达到的治理结果，那么这一创新则更多地适用于局域性扩散。而如果这一创新的治理目标只是特定地方政府所预期达到的特定结果，不符合其他地方的治理需求，那么这样的创新并不适合扩散。如表1所示：

表1　地方政府目标创新扩散的适用范围与识别标准

扩散的适用性	适用范围	识别标准
适合扩散	全国性扩散	创新的治理目标、要求和结果符合普遍的地方政府治理需要
	局域性扩散	创新的治理目标、要求和结果符合部分地方政府的治理需要
不适合扩散		创新的治理目标、要求和结果是特定地方所预期达到的特定结果，不符合其他地方政府的治理需求

三、地方政府的工具创新

地方政府的工具创新，是指在既定政策目标下对达成目标的具体操作性机制的改良。这类创新是否适合扩散的标准在于，移植或借鉴政策工具的调试成本是否小于地方政府自主创新的成本。有些工具创新被移植或借鉴后的调试成本小于特定地方政府探索新的政策工具的成本，这样的地方政府创新就适合扩散。同样，从工具创新的扩散情况来看，适合扩散的工具创新也应分为两个层面讨论，即适用于全国性扩散的工具创新与适用于局域性扩散的工具创新。

对于得到全国性扩散的工具创新来说，其被移植或借鉴后的调试成本普遍小于其他地方政府自主探索的成本。这一方面的典型案例就是行政服务中心制度的推广。1994 年，国务院《政府工作报告》中首次提出了"各级政府都要在转变职能，提高工作效率上下功夫"的目标。1995 年，深圳市把与外商投资项目审批有关的 18 个政府部门集中起来成立了联合审批服务中心，成为全国行政服务中心的雏形（赵永伟、唐璨，2006）。1999 年，浙江省金华市按照"一站式"审批服务的原则，对原市政府集中办事大厅进行了改革。同年，浙江省上虞市成立了全国首家规范意义上的行政服务中心，将具有行政审批职能的部门集中设立窗口办公，行政相对人在行政服务中心内可以完成所有的审批项目与环节。行政服务中心的设立有效地减少了办事环节，加强了政府职能部门间的协调，提高了政府行政效率。2001 年国家实行行政审批制度改革以后，行政服务中心制度受到了其他地方政府的广泛关注，并在全国范围内迅速扩散（沈荣华、王荣庆，2012）。

浙江省上虞市建立行政服务中心，是响应中央政策要求之举，是既有政策目标之下的工具创新。而且，行政服务中心的建立并不涉及地方既有利益网络的调整，更多的是在现有利益格局之外的增量改革，被移植或借鉴所需要的调试成本较小，适用于全国性扩散。截至 2011 年年底，全国共建设行政服务中心 2912 个，其中，省级中心 10 个，地市级中心 368 个，县区级中心 2534 个。30377 个乡镇（街道）设立了便民服务中心（靳江好等，2012）。行政服务中心在全国范围内的广泛设立也很好地证明了这一点。

而就局域性扩散的工具创新而言，其被移植或借鉴的调试成本可能高于部分地方政府自主创新符合自身实际的政策工具的成本。也有一些地方政府，面临着相同的治理困境，急需类似的方法来解决实际问题，那么，移植或借鉴特定的工具创新不仅可以省去自我探索的组织成本，也可以在较短的时间内有效地实现预期的治理目标。在这一方面，第七届"中国地方政府创新奖"优胜奖的获奖项目"广东省中山市流动人员积分制管理"就是一个典型案例。1995 年，中央政府召开了首次全国流动人口管理工作会议，讨论并通过了《关于加强流动人口管理工作的意见》，标志着从严控流动人口向管理流动人口的重大转变。该意见明确指出："各级党委、政府必须把流动人口问题作为直接关系国家发展社会稳定的重大经济、政治问题，予以高度重视，采取有力措施，切实加强流动人口管理工作"，要"对流动人口问题进行综合治理"。广东省是我国的流动人口大省。第六次人口普查的数据显示，广东省外来人口数量已经超过两千万。其中，中山市共有常住外来人口 165 万多人，超过了当地常住人口总数的 50%（中国政府创新网，2014b），在流动人口管理方面，面临着巨大的挑战。2007 年，中山市以梯度式、渐进式户籍改革和基本公共服务均等化为导向，在全国率先推行了以"积分制"为主要手段的流动人口管理改革。积分管理的模式根据当地的人才需求和财政能力，以综合素质和社会贡献为主要指标，对流动人员进行积分登记。对于达到一定积分的流动人员，优先予以入户权，并提供子女入学、保障性住房的指标（阳盛益，2013）。2008 年，中山市的改革实践受到了广东各地的广泛关注，并被写入《珠江三角洲地区改革发展规划纲要（2008—2020 年）》。2009 年，广东省出台《流动人口服务管理条例》，明确要求实行流动人口积分管理模式。自2010 年中山市全面实施流动人口积分管理制度以来，共有 10765 名流动人员入户当地，投靠入户人数 13000 多人，78 名流动人员获得公租房待遇，解决了 25530 名流动人员子女的教育问题（中国政府创新网，2014b）。

　　中山市流动人口积分制改革是一项在中央政策要求之下的工具创新，有效地实现了流动人口综合治理的目标。对于流动人口密集、管理问题突出的地区来说，借鉴中山市的积分管理模式，能够较快、较好地实现流动人口的有效管理。更重要的是，流动人口管理涉及的部门数量众多，组织协调工作复杂，而且关系到地方经济社会的稳定可持续发展，稍有不慎就可能引发危害属地社会安全稳定的重大问题。但是，对于流动人口数量小，尤其是以劳务输出为主的欠发达地区，本身就不存在流动人口管理的问题，或是这类问题并不显著，不需要如此精细化的管理方式。在这种情况下，借鉴或复制积分管理的模式只会造成更多的资源闲置与浪费。因此，这一改革更加适合在部分区域进行推广扩散。与此类似的创新，在地方政府创新奖的案例库中还有很多，例如同为广东省中山市的另一项创新——外来人口社区融入与发展，以及浙江省庆元县的异地便民服务中心等。

此外，有些工具创新被移植或借鉴后的调试成本普遍大于其他地方政府自身创新的成本，那么，这样的地方创新则并不适合扩散。宿迁的医疗体制改革就是具有代表性的案例。1996年年底，中共中央、国务院召开了新中国成立以来第一次全国卫生工作会议，讨论通过了《中共中央国务院关于卫生改革与发展的决定》（以下简称《决定》）。《决定》明确指出，"满足区域内全体居民的基本卫生服务需求"，"不断提高卫生服务的质量和效率，更好地为人民健康服务"的政策目标。1999年开始，为了提升医疗服务供给总量，改善整体医疗服务质量，宿迁市推行了以市场化为导向的医疗体制改革，出售了辖区内所有的公立医疗机构。实施全盘民营化之后，宿迁市在财政对医疗卫生事业投入有限的情况下实现了卫生资产总额、医技人员总数的持续增长。与此同时，宿迁全市的医疗卫生服务价格、医疗纠纷数量位列江苏省最低。宿迁医改显现了一些成效。

宿迁市的公立医院民营化改革是一项在中央政策目标下的工具创新，在辖区范围内较好地实现了既有的政策目标。然而，宿迁市的创新实践是在医疗服务供给水平与民众需求发生较大张力，且地方财政无力支持医疗卫生事业发展的情况下采取的非常举措。宿迁医改也因此引发学界的诸多争议（顾昕，2010；李玲、江宇，2007）。对于其他地方政府来说，复制或借鉴全盘民营化的医改模式，也许可以在一定程度上实现提高卫生服务供给总量与效率的目标，尤其是在政府监管到位的情况下，社会资本确实能够较为有效地提供公共服务（Savas，2000）。但是，在目前情况下，效仿宿迁模式全盘出售公立医院的成本，远高于地方政府自主探索符合自身特色的医疗服务供给模式所需要的成本。从目前各地广泛地探索混合所有制的医改实践来看，宿迁的全盘出售方式并没有满足其他地方政府对政策工具的需求。这一工具创新并不适合扩散。

因此，对于地方政府工具创新的扩散来说，如果一项政策工具被移植或借鉴的调试成本普遍小于其他地方政府自主创新的成本，那么，这一创新就适合全国性扩散。如果这一政策工具被移植或借鉴后的调试成本只小于部分地方政府自主创新的成本，那么，这一工具创新则更加适用于局域性扩散。如果其他地方政府在移植或借鉴这项新的政策工具时，需要付出的调试成本远大于自主创新符合自身实际的政策工具的成本，那么，这一新的政策工具就并不适合扩散。如表 2 所示：

表 2　地方政府工具创新扩散的适用范围与识别标准

扩散的适用性	适用范围	识别标准
适合扩散	全国性扩散	新的政策工具被移植或借鉴后的调试成本普遍小于其他地方政府自主创新的成本
	局域性扩散	新的政策工具被移植或借鉴后的调试成本小于部分地方政府自主创新的成本
不适合扩散		新的政策工具被移植或借鉴后的调试成本大于其他地方政府自主创新的成本

四、结论与讨论

改革开放以来，地方政府创新成为中国经济社会发展与制度变迁的重要动力来源，是中国改革进程中一道独特的风景线。伴随着地方政府创新实践的深入开展，创新难以推广、扩散的问题逐渐显现。地方政府创新扩散也因此成为地方政府创新研究中的重大议题。已有研究基于中国地方政府创新的现实问题，重点考察了影响创新扩散的核心要素，描述并解释了创新扩散的微观过程。创新扩散的影响因素及其路径分析固然重要，但并不是所有的创新都适合扩散，创新扩散的适用性是讨论创新扩散的前提与基础。而且，适合扩散的创新还可以在扩散范围上区分为适合全国性扩散的创新与适合局域性扩散的创新。不同类别的创新扩散有着不同的影响因素，其路径与机制也各不相同。而对于那些只是满足本地公共政策需求的政策目标或者仅仅适合本地区特定情况的政策工具，则应主要关注这类创新行为的法律环境，为创新设置边界即可。

本文基于地方政府创新的类型学分析，将创新区分为目标创新与工具创新两类。就地方政府的目标创新而言，衡量其是否适合扩散的标准在于其他地方政府是否具有相同或相似的政策目标。而工具创新扩散的适用性则在于对比移植或借鉴创新所需的调试成本和其他地方政府自主探索新的政策工具所需的成本。而且，在具体实践中，纯粹的目标创新或者工具创新只是地方政府创新中的一部分，许多地方政府改革兼具政策目标与政策工具创新。这类创新扩散的适用性取决于其中目标创新的扩散适用性。超越了具体目标的政策工具并没有复制或借鉴的价值，目标创新扩散的适用范围一定大于或等于工具创新扩散的适用范围。

以十八届三中全会通过《中共中央关于全面深化改革若干重大问题的决定》（以下简称《决定》）为标志，中国进入了全面深化改革时代。《决定》明确提出要"总结国内成功做法，借鉴国外有益经验，勇于推进理论和实践创新"。在全面深化改革时代，我们既要发挥地方政府创新在解决现实问题中的重要作用，也要提升创新的制度化能力，将适合推广扩散的地方创新及时上升为国家制度。在地方政府创新扩散与制度化过程中，必须对创新进行严格考察，科学论证，确保创新扩散的适用性，加强地方政府创新与顶层设计之间的耦合，使两者形成合力，在互动中有效地推动改革与转型。

当然，本文只是创新扩散适用性的原则性讨论，试图回答什么样的创新适合扩散、什么样的创新不适合扩散。进一步的问题在于，地方政府创新扩散适用性的二级评价标准是什么。而且，创新适合抑或不适合扩散也并非决然二分。对于特定创新来说，如何从不适合向适合进行转换，或是将部分适合的内容进行提炼，使之符合扩散的适用性要求。这些都是兼具理论与现实意义的重要问题，也是本文的未尽议题，有待学界与政府的深入讨论和探索。

参考文献

党国英，2011："试论建立村民监督委员会的重要意义——基于对陕西农村建立村民监督委员会制度的调查"，《毛泽东邓小平理论研究》，2011，5：35—40。

方力，2014："从全国首个村监委会到'全覆盖'——村级民主监督十年路"，《浙江日报》，2014 - 06 - 19。

顾昕，2010："走向能促型国家"，《中国医院院长》，2010，22：37。

靳江好、文宏、赫郑飞，2012："政务服务中心建设与管理研究报告"，《中国行政管理》，2012，12：7—11。

李玲、江宇，2007："2006：我国医改的转折点"，《中国卫生经济》，2007，4：5—9。

刘俊锋，2008："我省将推广'石泉模式'"，《华商报》，2008 - 07 - 29。

卢福营，2014："可延扩性：基层社会治理创新的生命力——写在后陈村村务监督委员会诞生十周年之际"，《社会科学》，2014，5：67—75。

卢福营、江玲雅，2010："村级民主监督制度创新的动力与成效——基于后陈村村务监督委员会制度的调查与分析"，《浙江社会科学》，2010，2：65—69。

芦垚，2010："地方政府创新陷入尴尬"，《瞭望东方周刊》，2010，40—41：36—38。

马亮，2014："政府2.0的扩散及其影响因素——一项跨国实证研究"，《公共管理学报》，2014，1：127—144。

《南方周末》，2013："神木：'财政亏空'谣言背后的危机"，《南方周末》，2013 - 07 - 17。

《人民日报》，2012："党的十六大以来政治体制改革大事记"，《人民日报》，2012 - 05 - 14。

沈荣华、王荣庆，2012："从机制到体制：地方政府创新逻辑——以行政服务中心为例"，《行政论坛》，2012，4。

王家庭、季凯文，2008："我国开发区制度创新扩散的微观机理与实证分析"，《社会科学辑刊》，2008，2。

王浦劬、赖先进，2013："中国公共政策扩散的模式与机制分析"，《北京大学学报（哲学社会科学版）》，2013，6。

吴建南、张攀，2014："创新特征与扩散：一个多案例比较研究"，《行政论坛》，2014，1。

徐勇，1996："由能人到法治：中国农村基层治理模式转换——以若干个案为例兼析能人政治现象"，《华中师范大学学报（哲学社会科学版）》，1996，4。

杨代福、董利红，2014："我国城市社区网格化管理创新扩散的事件史分析"，《重庆行政：公共论坛》，2014，4。

杨瑞龙，1998："我国制度变迁方式转换的三阶段论"，《经济研究》，1998，1。

阳盛益，2013："农民市民化的新议程"，《中共浙江省委党校学报》，2013，1。

杨雪冬，2008："简论中国地方政府创新研究的十个问题"，《公共管理学报》，2008，1。

俞可平，2011："我们鼓励和推动什么样的政府创新"，见俞可平：《政府创新的中国经验——基于"中国地方政府创新奖"的研究》，北京：中央编译出版社。

赵永伟、唐璨，2006：《行政服务中心理论与实践》，北京：企业管理出版社。

中国政府创新网，2014a："陕西省石泉县委县政府：关爱留守儿童长效机制（优胜奖）"，中国政府创新网，http:／／www. chinainnovations. org／index. php? m = content&c = index&a = show&catid = 144&id = 947。

——2014b："广东省中山市社会工作委员会：流动人员积分制管理"，中国政府创新网，http:／／www. chinainnovations. org／index. php? m = content &c = index &a = show&catid = 193&id = 1131。

周红云，2014："中国社会创新的现状与问题——基于两届'中国社会创新奖'项目数据的实证分析"，《经济社会体制比较》，2014，4。

庄庆鸿、李林，2013a："全民免费医疗教育，能否继续"，《中国青年报》，2013 - 08 - 02。

——2013b："不再'大款'，高福利的'神木模式'还能学吗"，《中国青年报》，2013 - 08 - 05。

Boehmke, Frederick J. and Witmer, Richard, 2004. "Disentangling Diffusion: The Effects of Social Learning and Economic Competition on State Policy Innovation and Expansion." *Political Research Quarterly*. 1: 39 - 51.

Boushey, Graeme, 2010. *Policy Diffusion Dynamics in America*. Cambridge: Cambridge University Press.

Braun, Dietmar and Gilardi, Fabrizio, 2006. "Taking 'Galton's Problem' Seriously towards a Theory of Policy Diffusion." *Journal of Theoretical Politics*. 3: 298 - 322.

Gray, Virginia, 1973. "Innovation in the States: A Diffusion Study." *The American Political Science Review*. 1174 - 85.

Heywood, Stanley J., 1965. "Toward a Sound Theory of Innovation." *The Elementary

School Journal. 107 – 14.

Lucas, Anelissa, 1983. "Public Policy Diffusion Research Integrating Analytic Paradigms." *Science Communication.* 3: 379 – 408.

Menzel, Donald C. and Feller, Irwin, 1977. "Leadership and Interaction Patterns in the Diffusion of Innovations among the American States." *The Western Political Quarterly.* 528 – 36.

Rogers, Everett M., 1983. *Diffusion of Innovations.* New York: Free Press.

Sabatier, Paul A., 2007. *Theories of the Policy Process.* Boulder: Westview Press.

Savas, Emanuel S., 2000. *Privatization and Public-Private Partnerships.* Chatham House Pub.

Stone, Diane, 1999. "Learning Lessons and Transferring Policy across Time, Space and Disciplines." *Politics.* 1: 51 – 59.

Walker, Jack L., 1969. "The Diffusion of Innovations among the American States." *American Political Science Review.* 3: 880 – 99.

Zhu, Xufeng, 2014. "Mandate Versus Championship: Vertical Government Intervention and Diffusion of Innovation in Public Services in Authoritarian China." *Public Management Review.* 1: 117 – 39.

国家和社会的协同治理
——以地方政府创新为视角[*]

何增科[**]

    国家和社会的协同治理以社会的存在和壮大为前提条件。社会的存在和发展需要有活动空间、权利保障、资源保障和能力保障。改革开放的过程是一个全能国家向有限政府转型的过程，在政府转型过程中，社会因获得活动空间、权利保障、资源保障和能力保障而逐步生长发育起来。与此同时，改革开放的过程也是一个将社会力量纳入治理结构和过程之中的治理转型过程，以政府为唯一主体的政治管理正在走向以多主体协同治理为特征的公共治理（Public Governance）。政府创新是政府转型的关键推动力量，也是治理转型的重要助推器。

    在中国，地方政府创新是政府创新的一个重要组成部分，在国家和社会的协同治理方面发挥着开路先锋的作用。本文以六届"中国地方政府创新奖"[①] 的入围项目为例，分析与国家和社会协同治理相关的地方政府创新的总体状况和过去 12 年来的变化趋势。

---

  * 本文原载于《经济社会体制比较》，2013 年第 5 期。

  ** 何增科，中央编译局比较政治与经济研究中心主任，研究员。

  ① "中国地方政府创新奖"项目总负责人为俞可平教授和王长江教授，笔者协助俞可平教授主持日常工作。

一、与国家和社会协同治理相关的地方政府创新总体状况

中央编译局比较政治与经济研究中心等单位联合发起的"中国地方政府创新奖"自 2000 年以来已成功举办六届，申报项目超过 1800 余项，入围项目达到 139 项（不含第六届开始入围特别奖的中央和国家机关的两个项目）。它们从一个侧面反映了改革开放以来中国地方政府创新日益活跃的现实。而在 139 个地方政府创新奖入围项目中，与国家和社会的协同治理相关的项目高达 92 项，占全部入围项目的 66% 以上（92 个入围项目的名称见文末附录）。这在一定程度上反映出以国家和社会协同治理为取向的地方政府创新在地方政府创新中占有相当大比重的客观事实。此外，与国家和社会协同治理相关的地方政府创新又可分为四种类型，即提供空间型、提供资源型、权利保障型、能力建设型这四类地方政府创新，这四类地方政府创新为国家和社会的协同治理提供了重要条件。

我们可以对上述 92 个与国家和社会协同治理相关的地方政府创新奖入围项目的地域分布、行政层级分布、领域分布和类型分布状况加以分析。

首先，历届与国家和社会协同治理相关的地方政府创新奖入围项目在地域分布上呈现出东部最为活跃、西部次之、中部较不活跃的特点。在 92 个与国家和社会协同治理相关的地方政府创新奖入围项目中，有 59 个集中在东部地区，21 个在西部地区，只有 12 个在中部地区。在东部地区中，11 个省份有与国家和社会协同治理相关的入围项目，而西部和中部相应的省份数量分别为 7 个和 6 个。具体情况见图 1。

其次，历届与国家和社会协同治理相关的地方政府创新奖入围项目的行政层级分布呈现出区县级最为活跃，其余依次为地市级、乡镇级和省级。县级政府直接面对基层民众，责任大，资源少，具有引入社会力量协同治理的内在需求，同时作为一级政府，与乡镇和街道相比具有较为完整的管理权和自主权，因此在实施与国家和社会协同治理相关的政策方面显得积极而活跃。具体情况见图 2。

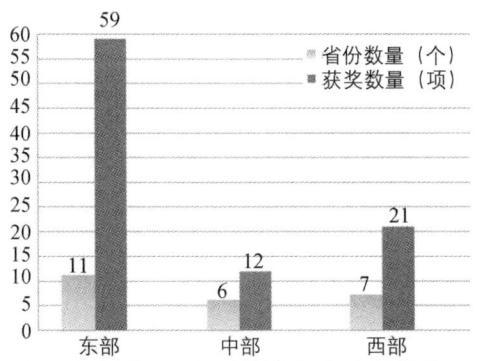

图1　历届东中西部入围项目省份数量与入围项目数量对比图

资料来源：根据中国政府创新网上有关数据资料统计而来。我的同事李月军博士协助进行了统计和制图，下面不再一一说明。

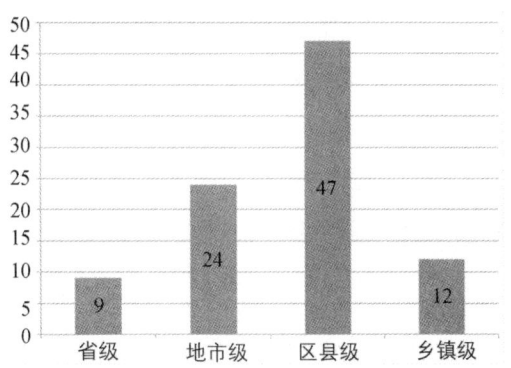

图2　历届各行政层级入围项目数量对比图

资料来源：根据中国政府创新网上有关数据资料统计而来。

再次，历届与国家和社会协同治理相关的地方政府创新奖入围项目的领域分布呈现出政治领域最为活跃，社会领域次之，经济和文化领域尚不活跃。在政治改革、行政改革、公共服务、社会管理创新四大类政府创新中，政治改革与社会管理创新两大类与国家和社会的协同治理关系最为密切。在党和政府将社会管理创新提上议事日程前，前三类政府创新的数量更多一些，而这三类创新中政治改革类政府创新主要发生在政治领域，因此出现了政治领域中与国家和社会协同治理相关的地方政府最为活跃的特点。具体情况见图3。

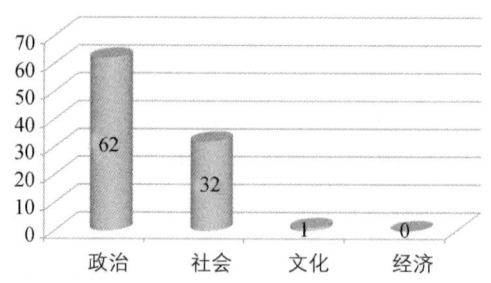

图 3   历届获奖项目在各领域数量分布图

资料来源：根据中国政府创新网上有关数据资料统计而来。

最后，历届与国家和社会协同治理相关的地方政府创新奖入围项目的类别分布呈现出赋予权利类项目最多，提供空间和资源两类项目次之，能力建设类项目较少的特点。政治领域的地方政府创新项目，以民主选举、民主决策、民主管理和民主监督等类政府创新居多，这些项目赋予当地民众乃至在本地常住的外来人口以选举权和被选举权、知情权、参与决策权、参与管理权和监督权，使地方和基层管理工作从职业官僚垄断的事务变为参与式治理和协同治理。具体情况见图4。

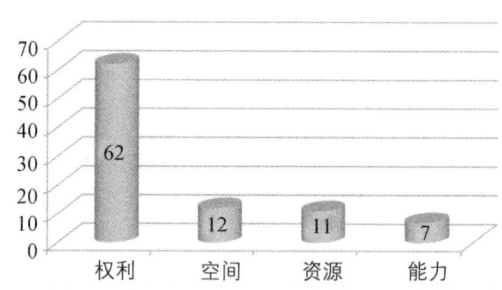

图 4   历届入围项目类别数量分布图

资料来源：根据中国政府创新网上有关数据资料统计而来。

二、与国家和社会协同治理相关的地方政府创新的变化趋势

"中国地方政府创新奖"每两年一届。我们从过去六届中国地方政府创新奖与国家和社会协同治理相关的入围项目地域分布、行政层级分布、领

域分布和类别分布的变动中可以分析过去 12 年来地方政府在创新上的变化趋势。

首先，从与国家和社会协同治理相关的地方政府创新奖入围项目总数的地域分布变化趋势来看，东部地区总体上呈现出上升趋势并保持领先的优势，西部地区和中部地区均表现出先降后升的趋势，西部地区领先于中部地区的优势近年来经历了增幅由大变小的过程。东部地区在培育社会和增进社会自主性方面，过去 12 年来一直走在全国的前列，其政府转型和治理转型也处于领先地位。西部地区和中部地区在一段时间内在国家和社会协同治理类政府创新方面不相上下，其中，西部地区得益于国家西部大开发战略，为了发展经济，积极推动政府转型，政府创新方面表现不俗；中部地区在国家鼓励中部崛起后奋起直追，从第六届地方政府创新奖入围项目总数来看，项目的数量已经和西部地区持平。具体情况见图 5。

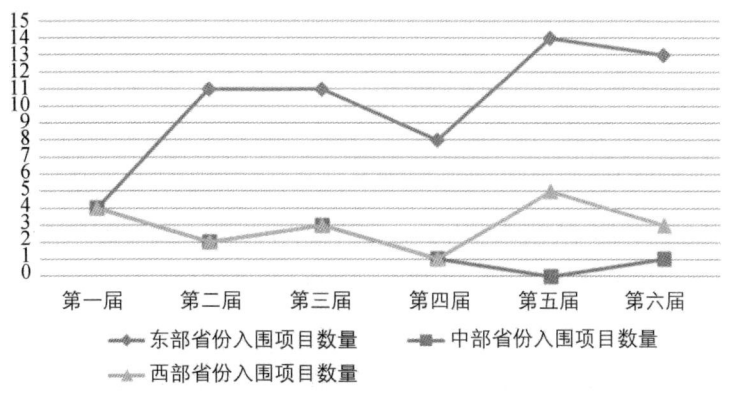

图 5 东中西部省份历届入围项目数量变化图
资料来源：根据中国政府创新网上有关数据资料统计而来。

其次，从与国家和社会协同治理相关的地方政府创新奖入围项目总数的行政层级分布变化趋势来看，省级单位入围项目数量从无到有，从少到多，呈现出快速上升的态势，区县层级入围项目数量有升有降，并且总体上保持在高位上，地市级入围项目数量起伏波动较大，而目前保持在低位，乡镇层级入围项目数量总体持平，保持低位运行态势。省级政府在国家和社会协同治理方面的政府创新日趋活跃的趋势值得关注和鼓励。具体情况见图 6。

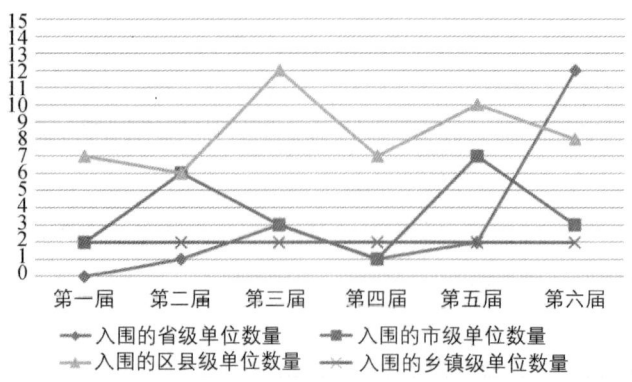

图6 历届入围项目行政层级分布变化图

资料来源：根据中国政府创新网上有关数据资料统计而来。

再次，从与国家和社会协同治理相关的地方政府创新奖入围项目总数的领域分布变化趋势来看，政治领域协同治理类入围项目的数量历年来虽然起伏波动较大，但总体上仍保持在较高的水平上，社会领域协同治理类入围项目数量总体上呈现出增加的趋势，而经济领域和文化领域协同治理类入围项目则始终保持在较低的水平上。社会领域协同治理入围项目总体上呈现出上升趋势，并保持高位，符合党和政府倡导社会管理创新、建设和谐社会的执政理念，反映出参与式治理和协同治理的先进理念日益为地方政府官员所接受，并在地方政府创新中得到体现。具体情况见图7。

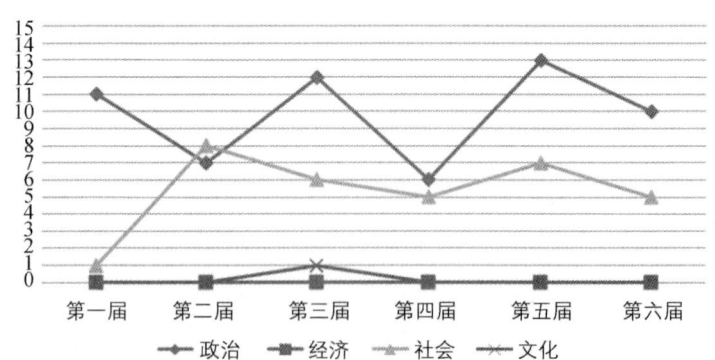

图7 历届入围项目领域分布变化图

资料来源：根据中国政府创新网上有关数据资料统计而来。

最后，从与国家和社会协同治理相关的地方政府创新奖入围项目总数的类别分布变化趋势来看，赋予权利类地方政府创新奖入围项目数量起伏变化较大，但仍处于高位；提供资源类地方政府创新奖入围项目数量总体上呈现出上升趋势；提供空间类地方政府创新奖入围项目数量历届起伏波动较大，总体上也呈现出上升趋势；能力建设类地方政府创新奖入围项目数量起点低，但总体上呈现缓慢增长趋势。具体情况见图8。

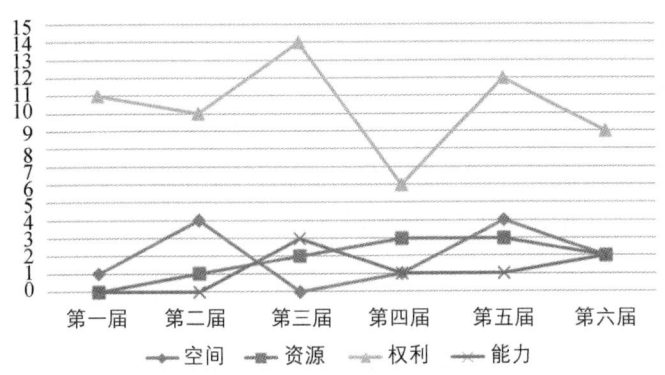

图8　历届入围项目类别分布变化图

资料来源：根据中国政府创新网上有关数据资料统计而来。

三、与国家和社会协同治理相关的地方政府创新的前景展望

随着改革开放的进程不断深入，政府将日益发觉自己的权力、能力、资源和信息都是有限的，社会问题将日益复杂多样，协同治理的必要性将进一步增加。与此同时，随着市场机制在资源配置中基础性作用的进一步发挥，人们生活水平的不断提高和权利意识的不断觉醒，相对独立于国家的社会所拥有的资源、能力和信息将进一步增多，来自社会的参与和协同将会提高治理水平，改善治理质量。国家和社会的协同治理将逐渐成为公共管理的主流，公共行政将逐步演变为以国家和社会协同治理为特征的公共治理。从这个趋势上说，地方政府创新中与国家和社会协同治理相关的项目所占的比例将会进一步提高。

目前，在与国家和社会协同治理相关的地方政府创新奖入围项目的地域分布中，东部地区明显高于西部地区和中部地区。无论是西部大开发战略的实施还是中部崛起战略的实施，单靠政府唱独角戏都会感觉严重超载，后劲不足，来自社会的参与和协同将会使政府如虎添翼，更好地实施上述区域发展战略。培育社会力量，主动将社会力量引入公共事务治理过程之中的趋势在中部和西部的地方政府创新中将会日益明显。

就与国家和社会协同治理相关的地方政府奖入围项目的行政层级分布来看，省级政府这类创新日益活跃的趋势将会继续下去。有越来越多的省级政府及其职能部门将会在培育社会力量、推动协同治理方面有所作为。这一方面是因为省级政府创新总体上呈现出日益活跃的态势，另一方面是因为已有的成功范例的示范作用将会鼓励更多的省级政府及其职能部门加入其中。乡镇级政府在国家与社会的协同治理方面有着强烈的需求，但是由于缺乏必要的自主权而束缚了他们的创新空间。如果未来能赋予乡镇政府更大的自主权，这个层级促进国家和社会协同治理的政府创新的比例有望进一步提高。近年来，区县和地市级政府与国家和社会协同治理相关的政府创新数量双双呈现出下降趋势，这或许与自上而下的维稳问责的压力日益增大有关。但如果没有公民参与和利益表达的制度化，没有社会力量参与民生政策决策、参与提供公共服务、参与社会矛盾化解和权益维护，单靠政府的强力维稳或花钱买稳定，维稳成本将日益增大并且难以持续。国家和社会协同治理的制度化是维护社会稳定的必由之路。即使从维护社会稳定的角度来看，各级政府以促进国家和社会协同治理为方向的政府创新都应当日趋活跃。维稳应当成为促进国家和社会协同治理方面的政府创新的动力和压力，推动更多的地方政府创新。

就与国家和社会协同治理相关的地方政府创新奖入围项目的领域分布来看，目前政治领域的地方政府创新处于领先地位。随着各地社会管理创新的日益活跃，社会领域中与国家和社会协同治理相关的地方政府创新有望超过政治领域。协同治理的理念对于经济领域、文化领域和生态领域同样适用。文化治理、生态治理都在呼唤着相关的政府创新。在这些领域，培育社会力量并引导他们参与文化治理和生态治理将成为更多的地方政府创新的优先考虑目标。

在空间提供、资源供给、权利保障和能力建设四大类别的地方政府创新中，目前，能力建设类的地方政府创新最为薄弱，空间让渡和资源引导类地方政府创新也较为薄弱。权利保障方面更重视选举权和被选举权、知情权和监督权。协同治理所迫切需要的结社权、组织内部自治权、意见表达权、社会公共服务行业准入权等权利仍受到种种限制。展望未来，如果要在社会管理和服务中发挥社会的参与和协同作用，实现建设和谐社会的目标，就需要有更多的政府创新和政府转型来为社会的发展壮大提供活动空间、资源保障、能力保障，同时为社会在公共治理过程中的参与和协同提供更多的权利保障。

附录

历届"中国地方政府创新奖"入围项目中
与国家和社会协同治理相关的项目名录

第一届（12项）	第二届（15项）
湖北省广水市"两票制"选举村党支部书记	安徽省舒城县干汊河镇"小城镇公益事业民营化"
贵州省贵阳市人大常委会推行市民旁听制度	广东省深圳市"公用事业市场化改革"
广西壮族自治区南宁市推行政府采购制度	北京市"社区公共服务平台"
河北省迁西县妇代会直接选举	河北省石家庄市"少年儿童保护教育中心"
四川省遂宁市市中区公推公选乡镇党委书记和乡长	海南省海口市龙华区"外来工之家"
江苏省沭阳县首创干部任前公示	北京市延庆县"制止和预防家庭暴力"
四川省平昌县公开评税	河北省迁西县"妇女维权"
新疆维吾尔自治区乌鲁木齐市七道湾乡村务公开	山东省青岛市"阳光救助"
河南省社旗县"下访团"	浙江省湖州市"户籍制度改革"
湖北省鹤峰县扶贫项目民营业主负责制	吉林省梨树县村民委员会"海选"
湖南省长沙市四级联动政务公开	四川省遂宁市市中区步云乡"乡长候选人直选"
广东省深圳市大鹏镇"三轮两票"选举镇长	浙江省温岭市"民主恳谈"
	四川省雅安市"直选县级党代表"
	浙江省台州市"乡镇（街道）团委书记之选"
	福建省厦门市思明区"公共部门绩效评估"

续表

第三届（19项）	第四届（11项）
辽宁省沈阳市沈河区"诚信体系建设"	浙江省宁波市海曙区政府：政府购买居家养老服务
广东省深圳市盐田区"社区治理体制改革"	
河北省迁安市"新型农村合作医疗制度"	浙江省瑞安市人民政府：农村合作协会
福建省厦门市思明区嘉莲街道"爱心超市"	广东省深圳市南山区：和谐社区建设"双向互动"制度创新
广西壮族自治区"五保村"建设	
福建省泉州市"构建外来工维权新模式"	上海市普陀区长寿路街道办事处：社区民间组织管理体制改革
北京市大兴区"巾帼维权岗"	
四川省平昌县"公推直选乡镇党委班子"	江西省民政厅：农村村落社区建设
重庆市"创建法治政府四项制度"	山东省莱西市人民政府：为民服务代理制
湖南省"农村妇女参与村级治理"	湖北省咸宁市咸安区委：乡镇行政管理体制改革
河北省青县村治模式	
重庆市开县麻柳乡"八步工作法"	山东省乳山市委：全面推进党内民主
安徽省芜湖市"政府利用网络实行政府与市民互动"	上海市南汇区惠南镇人大："公共预算制度改革"
四川省成都市新都区"基层民主政治建设"	四川省雅安市：乡镇人大代表选举制度改革
江苏省南京市白下区"淮海街道管理体制改革"	
江苏省徐州市贾汪区"公众全程监督服务"	
湖北省秭归县"撤组建设"探索村民自治新模式	
浙江省武义县"村务监督委员会"	
浙江省温州市"效能革命"	

续表

第五届（20 项）	第六届（15 项）
河北省青县县委县政府：农村合作养老制度建设	浙江省温岭市委市政府：工资集体协商制度
广东省深圳市民间组织管理局：社会组织登记管理体制改革	浙江省慈溪市委市政府：基层组织和社会组织协同治理模式
江苏省南京市民政局：社区社会组织登记管理体制改革	上海市浦东新区民政局：公益服务园
北京市大兴区清源街道办事处：参与式社会治理与社区服务项目化管理	广东省中山市三乡镇妇联：外来人口社区融入与发展
浙江省温岭市新河镇：参与式预算改革	广东省深圳市民政局：社会工作的民间化专业化
浙江省松阳县委县政府：农村宅基地换养老	天津市和平区行政许可服务中心：引入中介组织参与行政审批服务
山东省青岛市委市政府：多样化民考官机制	辽宁省纪委、省政府监察厅、省政府纠风办：民心网
陕西省石泉县委县政府：关爱留守儿童长效机制建设	浙江省乐清市人大常委会：人民听证制度
浙江省杭州市政府：开放式决策	浙江省杭州市综合考评委员会办公室：公民导向的综合考评
北京市政府"三效一创"绩效管理体系	山东省寿光市人民政府：寿光民声
辽宁省沈阳市委市政府：信访工作新机制	河南省安阳市政协：思辨堂
江苏省江阴市委市政府："幸福江阴"综合评价指标体系构建	江西省万载县委县政府"农村社会工作本土化的新模式"
贵州省湄潭县纪委：村民集中诉求会议制度	广东省深圳市盐田区委：完善民意畅达机制
浙江省湖州市委组织部：干部考核机制创新	四川省巴中市巴州区白庙乡政府：政府公务费开支明细公示
广东省揭阳市总工会：民间社团建工会	四川省遂宁市委政法委：重大事项社会稳定风险评估机制
四川省遂宁市政法委：社会稳定风险评估机制	
四川省总工会、成都市总工会：省际工会联动维护农民工权益机制	
宁夏盐池县外援项目办公室：推动农村社区公众参与	
江苏省淮安市信访局：阳光信访	
江苏省南京市六合区委区政府：自然村中的"农民会议"	

图书在版编目（CIP）数据

政府改革与公共治理／龙宁丽主编. —北京：中央编译出版社，2015.11
ISBN 978-7-5117-2825-8

Ⅰ. ①政…
Ⅱ. ①龙…
Ⅲ. ①国家行政机关－政治体制改革－研究 ②国家行政机关－公共管理－研究
Ⅳ. ①D035

中国版本图书馆 CIP 数据核字（2015）第 259671 号

政府改革与公共治理

出　版　人：刘明清
出版统筹：贾宇琰
责任编辑：王　琳
责任印制：尹　珺
出版发行：中央编译出版社
地　　　址：北京西城区车公庄大街乙 5 号鸿儒大厦 B 座（100044）
电　　　话：(010) 52612345（总编室）　　　　(010) 52612341（编辑室）
　　　　　　(010) 52612316（发行部）　　　　(010) 52612317（网络销售）
　　　　　　(010) 52612346（馆配部）　　　　(010) 55626985（读者服务部）
传　　　真：(010) 66515838
经　　　销：全国新华书店
印　　　刷：北京金瀑印刷有限责任公司
开　　　本：787 毫米×1092 毫米　1/16
字　　　数：317 千字
印　　　张：21.5
版　　　次：2015 年 11 月第 1 版第 1 次印刷
定　　　价：78.00 元

网　　　址：www.cctphome.com　　　　邮　　箱：cctp@cctphome.com
新浪微博：@中央编译出版社　　　　微　　信：中央编译出版社(ID: cctphome)
淘宝店铺：中央编译出版社直销店(http://shop108367160.taobao.com)　　　(010)52612349